# Excel
## 财会报表设计·制作·处理
## 从新手到高手

Excel在财务与会计管理中的应用

德胜书坊 编著

中国青年出版社
CHINA YOUTH PRESS

## 律师声明

北京市中友律师事务所李苗苗律师代表中国青年出版社郑重声明：本书由著作权人授权中国青年出版社独家出版发行。未经版权所有人和中国青年出版社书面许可，任何组织机构、个人不得以任何形式擅自复制、改编或传播本书全部或部分内容。凡有侵权行为，必须承担法律责任。中国青年出版社将配合版权执法机关大力打击盗印、盗版等任何形式的侵权行为。敬请广大读者协助举报，对经查实的侵权案件给予举报人重奖。

## 侵权举报电话

全国"扫黄打非"工作小组办公室  
010-65233456　65212870  
http://www.shdf.gov.cn

中国青年出版社  
010-50856028  
E-mail: editor@cypmedia.com

## 图书在版编目（CIP）数据

Excel财会报表设计、制作、处理从新手到高手: Excel在财务与会计管理中的应用 / 德胜书坊编著.
— 北京: 中国青年出版社，2018.8
ISBN 978-7-5153-5091-2
Ⅰ.①E… Ⅱ.①德… Ⅲ.①表处理软件－应用－财务管理　Ⅳ.①F275-39
中国版本图书馆CIP数据核字（2018）第086400号

### Excel财会报表设计、制作、处理从新手到高手：
### Excel在财务与会计管理中的应用

德胜书坊　编著

出版发行：中国青年出版社
地　　址：北京市东四十二条21号
邮政编码：100708
电　　话：（010）50856188 / 50856199
传　　真：（010）50856111
企　　划：北京中青雄狮数码传媒科技有限公司
策划编辑：张　鹏
责任编辑：张　军

印　　刷：三河市文通印刷包装有限公司
开　　本：787×1092　1/16
印　　张：16
版　　次：2018年8月北京第1版
印　　次：2018年8月第1次印刷
书　　号：ISBN 978-7-5153-5091-2
定　　价：59.90元（附赠案例素材文件、办公模板、语音视频教学、PDF电子书等海量资源）

本书如有印装质量等问题，请与本社联系
电话：（010）50856188 / 50856199
读者来信：reader@cypmedia.com
投稿邮箱：author@cypmedia.com
如有其他问题请访问我们的网站：http://www.cypmedia.com

# PREFACE 前言

首先感谢您阅读本书！

众所周知，Excel也称为电子表格，是Microsoft Office套装软件中一个重要的组成部分。利用Excel除了可以进行各种数据的混合运算外，还可以将其应用于财务会计、统计分析、市场营销等众多领域，本书将围绕Excel财会知识展开介绍。为了使广大财务人员能在短时间内掌握Excel的使用方法，提高工作效率，我们组织了一批富有教学和实践经验的教师精心编写了本书，旨在用最高效的方法帮助读者解决在财务工作中遇到的种种疑难问题。

## 本书特色

**讲解新颖，注重实用。** 全书以实际应用为出发点，打破传统按部就班地讲解知识的模式，根据会计人员的实际工作特点，合理地安排结构框架。

**图文并茂，一步一图。** 全书采用图文结合的方式进行讲解，每一个操作步骤都有对应的插图，使读者在学习的过程中能够更加直观、清晰地看到操作效果。

**由浅到深，由点到面。** 在学习完每章知识内容后，结尾还设立了"动手练习"和"高手进阶"两个版块，从而进一步巩固和拓展本章所学的内容。

**案例丰富，内容详细。** 在编写过程中，本书以大量贴近实际工作的经典案例为主要内容，涉及财务管理的各个方面，在讲解案例的同时，介绍Excel的相关知识。

## 内容概述

| 章节 | 主讲 | 内容介绍 |
| --- | --- | --- |
| 01 | Excel与会计的不解之缘 | 主要介绍现金日记账、费用统计表以及应收账款统计等的制作 |
| 02 | 利用Excel来记账 | 主要介绍会计科目表、记账凭证、记账凭证汇总表以及总分类账等的制作 |
| 03 | 薪酬管理 | 主要介绍工资信息表、工资明细表、工资条以及工资发放表等的制作 |
| 04 | 进销存的管理 | 主要介绍使用Excel进行采购管理、销售管理以及库存管理等的方法 |
| 05 | 固定资产的管理 | 主要介绍制作固定资产管理表以及对固定资产折旧进行计算等操作 |
| 06 | 往来账务的处理 | 主要介绍应收账款的统计和处理、应收账款的账龄分析以及应付账款的统计和分析等 |
| 07 | 月度账务的处理 | 主要介绍结转利润、编制科目汇总表、编制财务明细账表以及保护财务账目等操作 |
| 08 | 企业会计报表 | 主要介绍创建资产负债表、利润表以及现金流量表等的方法 |

(续表)

| 章节 | 主讲 | 内容介绍 |
|---|---|---|
| 09 | 其他常用报表的创建 | 主要介绍银行存款日记账、销售业绩分析表以及生产成本汇总表等的创建方法 |
| 10 | 财务分析和财务预算 | 主要介绍核算各种财务比率、财务对比分析、杜邦分析以及日常业务预算等的方法 |

## 适用读者群

本书主要面向大中专院校、高等院校相关专业的学生，会计人员、财务管理人员。除此之外，还可以作为企业管理人员、计算机办公应用用户的参考书籍。在学习过程中，欢迎加入读者交流群（QQ群：59505680）进行交流探讨。

本书在编写过程中力求严谨细致，但由于时间仓促，书中难免存在疏漏和不足之处，望广大读者批评指正。

编 者

# CONTENTS 目录

## 01 Chapter  Excel与会计的不解之缘

- 1.1 费用统计表 ················································· 012
  - 1.1.1 数据的输入 ·········································· 012
  - 1.1.2 运用公式进行统计 ································ 013
  - 1.1.3 使用图表进行分析 ································ 013
- 1.2 现金日记账 ················································· 015
  - 1.2.1 现金日记账的创建 ································ 015
  - 1.2.2 数据格式的设置 ···································· 016
  - 1.2.3 表格格式的设置 ···································· 017
- 1.3 应收账款统计表 ·········································· 020
  - 1.3.1 应收账款统计表的创建 ························· 020
  - 1.3.2 到期提示的设置 ···································· 022
  - 1.3.3 记录单的使用 ······································· 023
- 动手练习 | 创建费用报销审批单 ······················· 025
- 高手进阶 | 创建员工医疗费用统计表 ················ 027

## 02 Chapter  利用Excel记账

- 2.1 会计科目 ····················································· 032
  - 2.1.1 会计科目概要 ······································· 032
  - 2.1.2 会计科目表的制作 ································ 032
- 2.2 会计凭证 ····················································· 035
  - 2.2.1 原始凭证的制作 ···································· 035
  - 2.2.2 记账凭证的制作 ···································· 036
  - 2.2.3 记账凭证的填制 ···································· 039
- 2.3 凭证汇总表 ················································· 041
  - 2.3.1 凭证汇总表的制作 ································ 041
  - 2.3.2 记账凭证汇总表的填制 ························· 042
- 2.4 总分类账 ····················································· 045
  - 2.4.1 期初余额统计表的编制 ························· 045
  - 2.4.2 期初余额的录入 ···································· 046
  - 2.4.3 期末余额的计算 ···································· 048

2.4.4　试算平衡表的制作 ·············································· 049
动手练习｜编制产品订单明细表 ············································· 050
高手进阶｜快速汇总订单总额 ··············································· 052

# 03 Chapter

## 薪酬管理

### 3.1　工资信息表 ························································· 056
　　3.1.1　员工基本信息表的制作 ·············································· 056
　　3.1.2　员工考勤表的制作 ·················································· 057
　　3.1.3　销售业绩统计表的制作 ·············································· 060
　　3.1.4　基本福利表的制作 ·················································· 061
　　3.1.5　应扣应缴统计表的制作 ·············································· 062
　　3.1.6　税率表的制作 ······················································ 064

### 3.2　工资明细表 ························································· 066
　　3.2.1　表格样式的设置 ···················································· 066
　　3.2.2　基本工资数据的输入 ················································ 068

### 3.3　工资条 ····························································· 071
　　3.3.1　工资条的制作 ······················································ 071
　　3.3.2　工资发放表的制作 ·················································· 072

动手练习｜查询员工工资 ··················································· 074
高手进阶｜为员工工资条添加超链接 ········································· 077

# 04 Chapter

## 进销存管理

### 4.1　采购管理 ··························································· 082
　　4.1.1　采购申请单的创建 ·················································· 082
　　4.1.2　采购统计表的创建 ·················································· 084
　　4.1.3　采购物资的账务处理 ················································ 086

### 4.2　销售管理 ··························································· 088
　　4.2.1　销售统计表的编制 ·················································· 088
　　4.2.2　销售商品的账务处理 ················································ 090
　　4.2.3　销售数据分析 ······················································ 091

### 4.3　库存管理 ··························································· 094
　　4.3.1　商品分类表的制作 ·················································· 094
　　4.3.2　入库单的制作 ······················································ 095
　　4.3.3　入库统计表的编制 ·················································· 097
　　4.3.4　出库统计表的编制 ·················································· 099

4.3.5　使用函数进行库存统计 …………………………… 100
　　　4.3.6　库存情况分析 …………………………………… 103
　动手练习｜分析采购数据 ……………………………………… 104
　高手进阶｜制作委外加工单 …………………………………… 105

# 05 Chapter

## 固定资产管理

5.1　盘点固定资产 ………………………………………………… 110
　　　5.1.1　固定资产管理表的编制 …………………………… 110
　　　5.1.2　固定资产的变更 …………………………………… 112
5.2　固定资产的折旧 ……………………………………………… 114
　　　5.2.1　固定资产折旧统计表的创建 ……………………… 114
　　　5.2.2　平均年限法的应用 ………………………………… 115
　　　5.2.3　余额递减法的应用 ………………………………… 116
　　　5.2.4　双倍余额递减法的应用 …………………………… 117
　　　5.2.5　年数总和法的应用 ………………………………… 119
　动手练习｜制作固定资产标识卡 ……………………………… 120
　高手进阶｜创建固定资产查询系统 …………………………… 122

# 06 Chapter

## 往来账务处理

6.1　统计应收账款 ………………………………………………… 128
　　　6.1.1　应收账款统计表的美化 …………………………… 128
　　　6.1.2　应收账款的账务处理 ……………………………… 130
6.2　分析应收账款 ………………………………………………… 131
　　　6.2.1　逾期应收账款分析 ………………………………… 131
　　　6.2.2　应收账款的账龄分析 ……………………………… 133
　　　6.2.3　添加图表辅助分析 ………………………………… 134
　　　6.2.4　应收账款催款单的制作 …………………………… 139
　　　6.2.5　坏账准备的账务处理 ……………………………… 143
6.3　统计应付账款 ………………………………………………… 144
　　　6.3.1　利用表格统计应付账款 …………………………… 144
　　　6.3.2　添加图表辅助分析 ………………………………… 146
　　　6.3.3　应付账款的账务处理 ……………………………… 150
　动手练习｜制作客户信息统计表 ……………………………… 151
　高手进阶｜创建信用决策模型 ………………………………… 152

## 07 Chapter 月度账务处理

**7.1** 结转利润 ………………………………………………… 156
**7.2** 编制科目汇总表 …………………………………………… 159
    7.2.1 将所有科目进行分类 ………………………………… 159
    7.2.2 多栏式科目汇总表的创建 …………………………… 163
**7.3** 设置总分类账 …………………………………………… 166
    7.3.1 设置总分类账的背景 ………………………………… 166
    7.3.2 在总分类账中添加批注 ……………………………… 167
**7.4** 编制财务明细账表 ……………………………………… 169
**7.5** 账务核对和平衡检验 …………………………………… 173
动手练习｜为财务报表设置访问密码 …………………………… 174
高手进阶｜创建零钱统计表 ……………………………………… 176

## 08 Chapter 企业会计报表

**8.1** 资产负债表 ……………………………………………… 180
    8.1.1 资产负债表的创建 …………………………………… 180
    8.1.2 资产负债表的发布 …………………………………… 186
**8.2** 利润表 …………………………………………………… 187
    8.2.1 利润表的创建 ………………………………………… 187
    8.2.2 收入和费用分析 ……………………………………… 189
**8.3** 现金流量表 ……………………………………………… 193
    8.3.1 认识现金流量表 ……………………………………… 193
    8.3.2 现金流量表的创建 …………………………………… 194
    8.3.3 现金流量趋势分析 …………………………………… 196
动手练习｜保护资产负债表中的计算公式 ……………………… 202
高手进阶｜编制经费收支账表 …………………………………… 204

## 09 Chapter 其他常用报表创建

**9.1** 银行账表 ………………………………………………… 210
    9.1.1 银行存款日记账的创建 ……………………………… 210
    9.1.2 银行存款日记账汇总表的创建 ……………………… 212
**9.2** 销售分析表 ……………………………………………… 214
    9.2.1 销售业绩分析表的创建 ……………………………… 214
    9.2.2 利用图表辅助分析 …………………………………… 215

## CONTENTS

**9.3 生产成本表** ............ 217
    9.3.1 生产成本月度汇总表的创建 ............ 217
    9.3.2 生产成本年度汇总表的创建 ............ 219
    9.3.3 利用饼图辅助分析 ............ 222
动手练习｜制作借款单 ............ 224
高手进阶｜构建销售业绩统计表 ............ 226

## Chapter 10 财务分析和财务预算

**10.1 财务比率** ............ 230
    10.1.1 常见比率指标 ............ 230
    10.1.2 比率分析表的创建 ............ 232
    10.1.3 计算各种财务比率 ............ 234

**10.2 财务对比分析** ............ 238
    10.2.1 利用数据透视表进行财务对比分析 ............ 238
    10.2.2 利用图表进行直观分析 ............ 240

**10.3 杜邦分析** ............ 243
    10.3.1 初识杜邦分析体系 ............ 243
    10.3.2 利用杜邦指标进行分析 ............ 243

**10.4 日常业务预算** ............ 247
    10.4.1 销售预算 ............ 247
    10.4.2 生产预算 ............ 249

动手练习｜制作采购预算表 ............ 251
高手进阶｜创建财务分析导航页面 ............ 253

# 01 Chapter

011~030

# Excel与会计的不解之缘

Excel是Office办公软件的一个重要组成部分，利用它可以制作各种表格，也可以进行数据的处理和统计分析。此外，Exce在财务管理中也有着广泛的应用，利用Excel可以非常方便地制作各种财务单据和统计报表，本章将介绍使用Excel制作各种常见财务表格的操作方法。

**本章所涉及的知识要点：**

- ◆ 制作现金日记账
- ◆ 制作费用统计表
- ◆ 制作应收账款统计表
- ◆ 制作差旅费报销单

**本章内容预览：**

现金日记账

应收账款统计表

# 1.1 费用统计表

费用统计表是依据支出凭证建立的，是用于记录企业日常费用支出的明细表。费用统计表可以把日常费用综合起来，然后通过对数据进行分析，来查看各种费用的消耗情况，以便进行成本控制。

## 1.1.1 数据的输入

费用统计表用于统计各部门的日常费用情况，要创建费用统计表，首先需在表格中输入数据，由于不同的数据需要设置不同的格式，所以用户可以事先设置好单元格的格式，再进行输入，具体操作方法如下。

**步骤01** 新建工作表，输入费用统计表的基本信息，合并第一行的单元格，为表格添加边框，选中A3:A16单元格区域。

**步骤02** 打开"开始"选项卡，单击"数字"选项组中的"数字格式"下拉按钮，从下拉列表中选择"文本"选项。

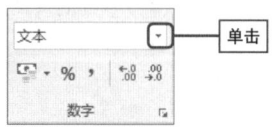

**步骤03** 设置完成后，选择F3:F16单元格区域。

**步骤04** 单击"数字"选项组中的"数字格式"下拉按钮，从下拉列表中选择"会计专用"选项。

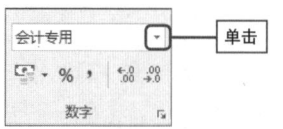

**步骤05** 然后依次在D3、D4、D6、D7、D8单元格中输入"人事部"、"客服部"、"财务部"、"采购部"和"销售部"。选中D5单元格，单击鼠标右键，在弹出的快捷菜单中选择"从下拉列表中选择"命令。

**步骤06** 此时，在D5单元格的下方弹出一个下拉列表，选择员工对应的部门，此处选择"财务部"选项。

**步骤07** 按照同样的方法，完成其他员工"所属部门"的输入。接着完善表格信息，然后选中F17单元格，输入求和公式。

**步骤 08** 按回车键,此时在F17单元格中显示了求和的结果。

| | A | B | C | D | E | F | G |
|---|---|---|---|---|---|---|---|
| 1 | 日常费用统计表 | | | | | | |
| 2 | 编号 | 日期 | 姓名 | 所属部门 | 费用类别 | 金额 | 备注 |
| 3 | 001 | 2017/10/1 | 赵红 | 人事部 | 招聘费 | ¥ 300.00 | 招聘费 |
| 4 | 002 | 2017/10/2 | 李燕 | 管理部 | 交通费 | ¥ 20.00 | |
| 5 | 003 | 2017/10/5 | 周平 | 财务部 | 交通费 | ¥ 40.00 | |
| 6 | 004 | 2017/10/8 | 李才 | 财务部 | 办公费 | ¥ 500.00 | 办公用纸 |
| 7 | 005 | 2017/10/9 | 张光 | 采购部 | 交通费 | ¥ 200.00 | |
| 8 | 006 | 2017/10/11 | 王珂 | 销售部 | 办公费 | ¥ 100.00 | 办公用纸 |
| 9 | 007 | 2017/10/15 | 乔治 | 销售部 | 招待费 | ¥ 400.00 | 应酬 |
| 10 | 008 | 2017/10/18 | 张馨月 | 销售部 | 差旅费 | ¥ 1,200.00 | |
| 11 | 009 | 2017/10/21 | 韦林 | 财务部 | 差旅费 | ¥ 1,000.00 | 出差 |
| 12 | 010 | 2017/10/24 | 李林 | 销售部 | 差旅费 | ¥ 200.00 | 出差 |
| 13 | 011 | 2017/10/25 | 王达 | 人事部 | 办公费 | ¥ 500.00 | 出差 |
| 14 | 012 | 2017/10/26 | 王华 | 人事部 | 办公费 | ¥ 120.00 | 购买办公品 |
| 15 | 013 | 2017/10/27 | 周星 | 采购部 | 办公费 | ¥ 200.00 | 购买办公桌 |
| 16 | 014 | 2017/10/28 | 李月 | 客服部 | 办公费 | ¥ 300.00 | 办公用纸 |
| 17 | | | | | 费用合计 | ¥ 5,080.00 | |

## 1.1.2 运用公式进行统计

由于日常费用统计表属于明细表,如果用户想知道各种费用的汇总值,那么就需要通过公式将各类费用进行汇总。

下面介绍分类汇总日常费用统计表中各项费用的操作方法。

**步骤 01** 在I1:J7单元格区域中,创建"费用分类汇总"表格。

| I | J |
|---|---|
| 费用分类汇总 | |
| 费用类别 | 金额 |
| 差旅费 | |
| 办公费 | |
| 招待费 | |
| 招聘费 | |
| 交通费 | |

**步骤 02** 选中J3单元格,输入公式"=SUMIF($E$3:$E$16,I3,$F$3:$F$16)"。

| I | J | K | L |
|---|---|---|---|
| 费用分类汇总 | | | |
| 费用类别 | 金额 | | |
| 差旅费 | =SUMIF($E$3:$E$16,I3,$F$3:$F$16) | | |
| 办公费 | | | |
| 招待费 | | | |
| 招聘费 | | | |
| 交通费 | | | |

### 函数解析

**SUMIF函数**
SUMIF函数用于对指定区域中满足条件的值进行求和。该函数的语法格式为:
**SUMIF(range,criteria,[sum_range])**
其中range参数是必需的,表示用于条件计算的区域;criteria参数是必需的,表示求和的条件;sum_range参数是可选的,表示求和区域。

**步骤 03** 按回车键,在选定单元格中就会显示计算的结果,将光标移动到J3单元格的右下角,当光标变成+形状时,按住鼠标左键不放,向下拖动。

| I | J |
|---|---|
| 费用分类汇总 | |
| 费用类别 | 金额 |
| 差旅费 | 1700 |
| 办公费 | |
| 招待费 | |
| 招聘费 | 复制公式 |
| 交通费 | |

**步骤 04** 将公式复制到下面的单元格中,统计出各类费用的汇总值。

| I | J |
|---|---|
| 费用分类汇总 | |
| 费用类别 | 金额 |
| 差旅费 | 1700 |
| 办公费 | 1220 |
| 招待费 | 400 |
| 招聘费 | 300 |
| 交通费 | 1460 |

### 操作提示

**绝对引用与相对引用的区别**
绝对引用的引用单元格位置不会随着公式的单元格变化而变化,若多行或多列地复制或填充公式,绝对引用也不会改变。相对引用是基于包含公式和单元格引用的单元格的相对位置,即公式单元格位置发生改变,所引用的单元格位置也随之改变。

## 1.1.3 使用图表进行分析

图表是以图形的形式来展示数据,它可以使数据看起来更加直观,而且可以更加方便地进行数据之间的比较。为了更加直观地查看各种费用，用户可以通过创建图表来进行辅助分析。

下面以柱形图为例，介绍如何创建日常费用统计图。

**步骤01** 打开工作表，选中I2:J7单元格区域。

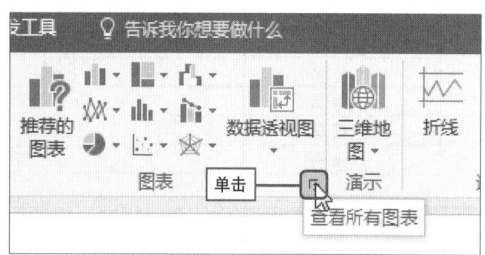

**步骤02** 打开"插入"选项卡，单击"图表"选项组的对话框启动器按钮。

**步骤03** 弹出"插入图表"对话框，打开"所有图表"选项卡，选择"柱形图>三维簇状柱形图"选项。

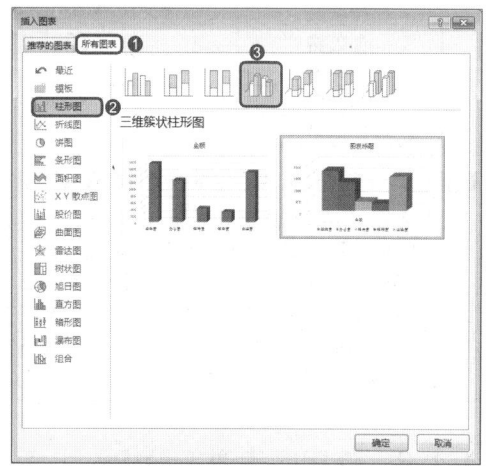

**步骤04** 单击"确定"按钮，即可在工作表中创建柱形图图表。

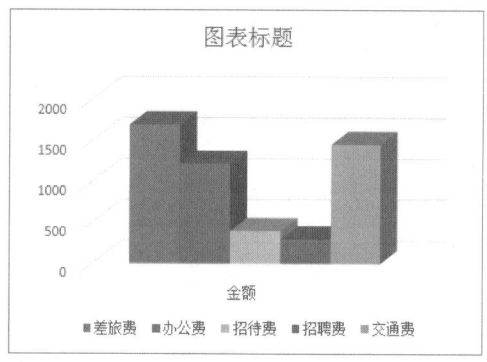

**步骤05** 选中"图表标题"文本框，将其中的文本修改为"日常费用统计"。

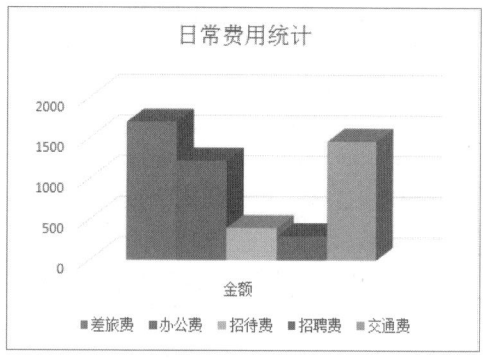

**步骤06** 将"费用分类汇总"表按金额进行降序排序，此时图表中也将按金额进行降序排序，查看最终效果。此时比较各类费用就一目了然了。

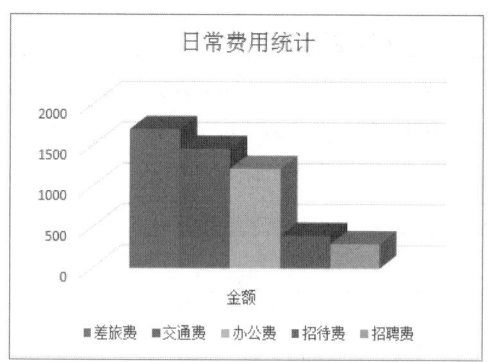

# 1.2 现金日记账

现金日记账是逐日反映库存现金的收入、付出及结余情况的特殊日记账，由单位出纳人员根据审核无误的现金收、付款凭证和从银行提现的付款凭证逐笔进行登记。

## 1.2.1 现金日记账的创建

用户在创建现金日记账时，需要运用Excel的公式和函数计算每日余额和借方、贷方的合计额，然后按类别汇总现金额。现金日记账的具体创建过程如下。

**步骤 01** 新建一个工作表，并在工作表中制作表格，输入基本数据，并设置表格边框。

**步骤 02** 选择F4单元格并输入公式，然后按回车键计算出结果。

**步骤 03** 将光标移动到F4单元格的右下角，当光标变成+形状时，按住鼠标左键不放，向下拖动，填充公式。

**步骤 04** 选择D13单元格，输入求和公式，然后按回车键计算出结果。

**函数解析**

**SUM函数**
SUM函数用于将指定参数的所有数字相加。该函数的语法格式为：
**SUM(number1,[number2], )**
其中number1参数是必需的，为相加的第1个数值参数，number2是可选的，表示相加的第2个数值参数，最多为255个参数。

**步骤 05** 选择E13单元格，输入求和公式，然后按回车键计算出结果。

**步骤 06** 选择F13单元格，输入公式，然后按回车键计算出结果。

## 1.2.2 数据格式的设置

用户在现金日记账中输入数据，并使用公式进行计算汇总后，还需要对其中的数据格式进行设置。下面介绍设置数据格式常用的几种方法。

**1 功能按钮法**

通过功能区按钮设置数据格式（设置为会计专用）的具体操作介绍如下：

步骤01 创建现金日记账工作表后，选中需要设置数据格式的单元格区域。

步骤02 打开"开始"选项卡，单击"数字"选项组中的"数字格式"下拉按钮，从列表中选择"会计专用"选项。

步骤07 在H1:I5单元格区域内制作一个数据汇总表格，用于汇总现金日记账中的数据。

步骤08 选择I3单元格，输入计算公式，然后按回车键计算出结果。

步骤09 选择I4单元格，输入计算公式，然后按回车键计算出结果。

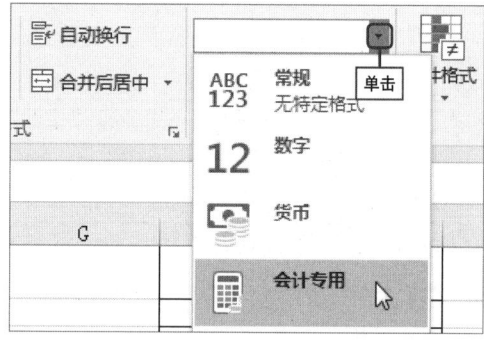

步骤03 此时，选中单元格区域中的数字格式就变成了会计专用格式。

步骤10 将I3单元格中的公式复制到I5单元格中。即可汇总现金日记账中三种类别的数据。

**2 "设置单元格格式"对话框**

通过"设置单元格格式"对话框设置数据格式（设置为会计专用）的具体操作方法为：

步骤01 选中需要设置数据格式的单元格区域，打开"开始"选项卡，单击"数字"选项组中的对话框启动器按钮。

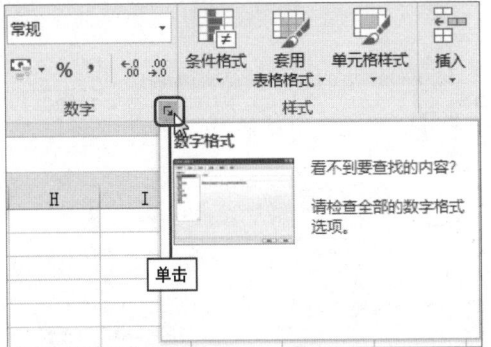

**步骤02** 弹出"设置单元格格式"对话框,在"分类"列表框中选择"会计专用"选项,将小数位数设置为2,然后单击"确定"按钮即可。

**操作提示**

**通过右键快捷菜单打开"设置单元格格式"对话框**

选中数据后,在数据区域单击鼠标右键,从弹出的快捷菜单中选择"设置单元格格式"命令,也可打开"设置单元格格式"对话框,然后设置单元格格式。

## 1.2.3 表格格式的设置

对现金日记账的数据格式进行设置后,用户还可以对表格进行简单的美化,使现金日记账看起来更加美观。

### 1 套用已有样式

为"现金日记账"表格套用"蓝色,表样式浅色9"样式的具体操作方法如下:

**步骤01** 打开"现金日记账"工作表,选中除第一行之外的整个表格区域。

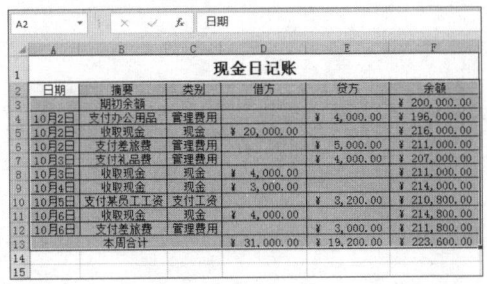

**步骤02** 打开"开始"选项卡,单击"样式"选项组中的"套用表格格式"按钮,选择"蓝色,表样式浅色9"选项。

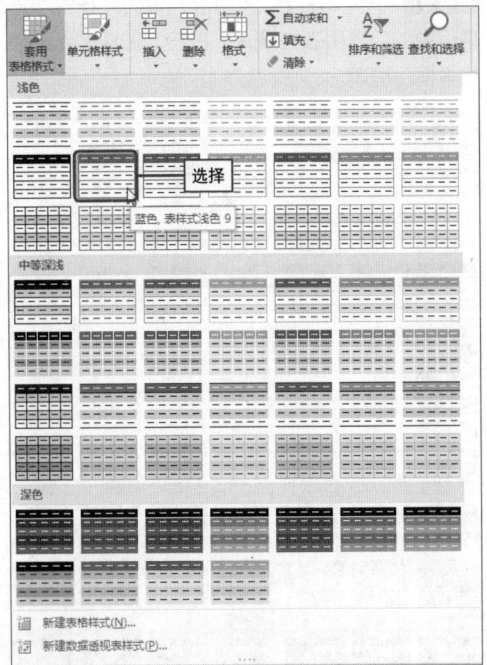

**步骤03** 弹出"套用表格式"对话框,保持默认设置,单击"确定"按钮。

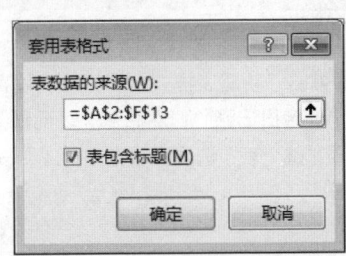

**步骤 04** 返回现金日记账，可以看到套用表格格式后的效果。

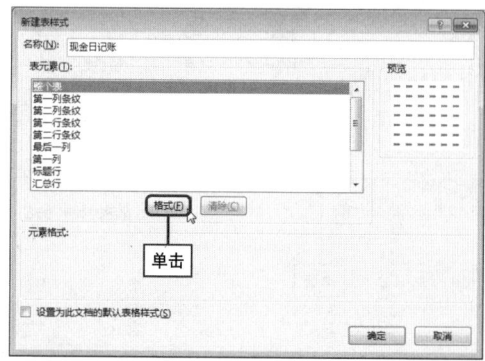

### 2 自定义样式

下面介绍自定义表格样式，并应用于"现金日记账"表格的具体操作方法。

**步骤 01** 打开"开始"选项卡，单击"样式"选项组中的"套用表格格式"按钮，选择"新建表格样式"选项。

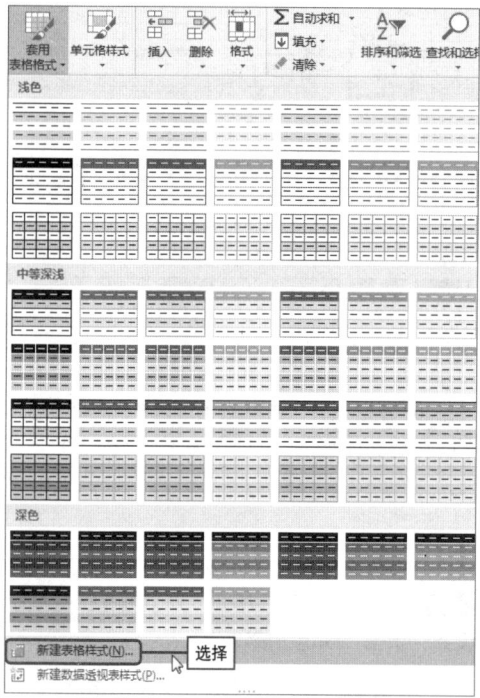

**步骤 02** 弹出"新建表样式"对话框，设置"名称"为"现金日记账"，然后在"表元素"列表框中选择"整个表"选项，单击"格式"按钮。

**步骤 03** 弹出"设置单元格格式"对话框，打开"边框"选项卡，设置表格样式后，将边框颜色设置为浅蓝色，单击"确定"按钮。

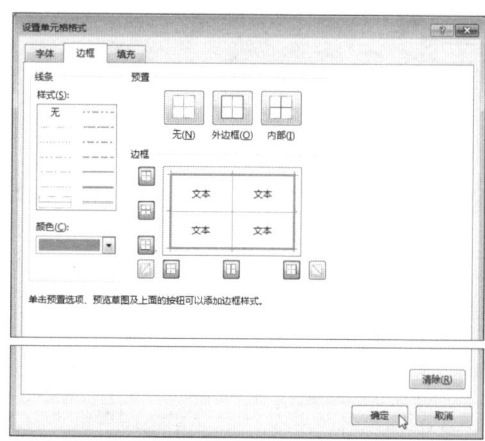

**步骤 04** 返回"新建表样式"对话框，在"表元素"列表框中选择"第一行条纹"选项，单击"格式"按钮。

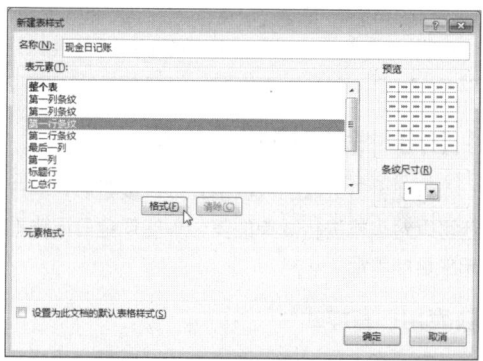

**步骤 05** 弹出"设置单元格格式"对话框,打开"填充"选项卡,从中选择合适的填充色,然后单击"确定"按钮。

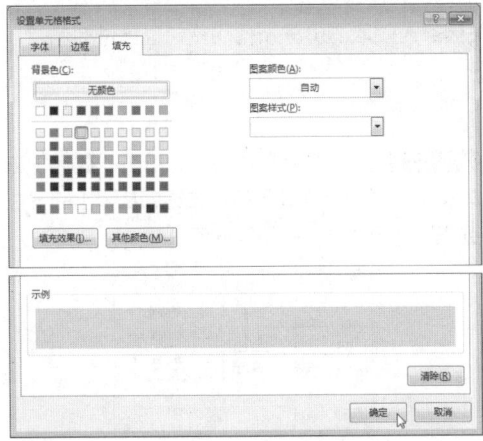

**步骤 06** 返回"新建表样式"对话框,单击"确定"按钮。

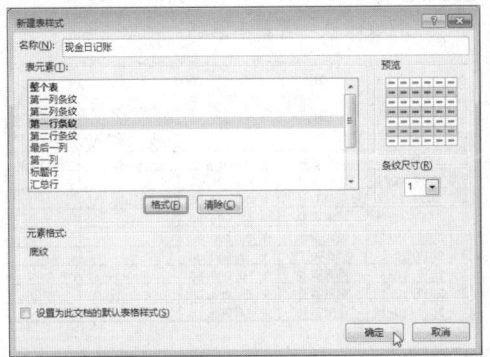

**步骤 07** 返回工作表编辑区后,选择除第一行外的所有表格区域。

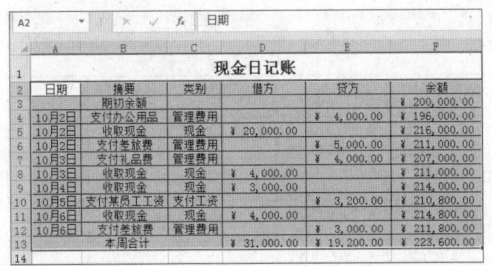

**步骤 08** 单击"样式"选项组中的"套用表格格式"按钮,在"自定义"选项区域内选择"现金日记账"选项。

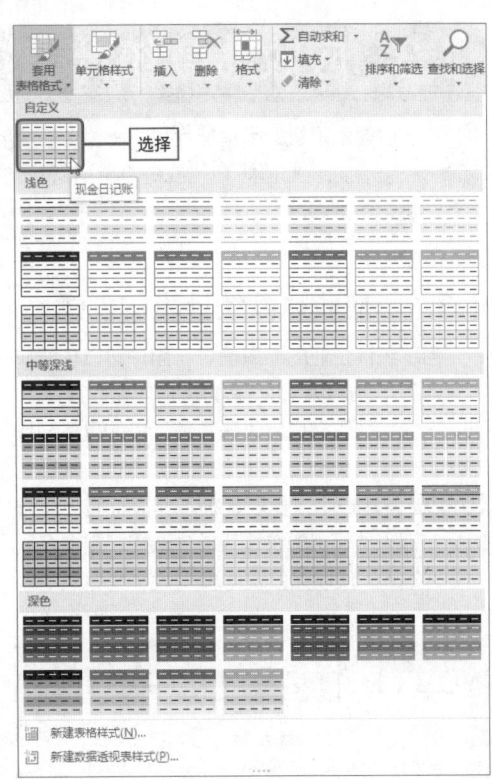

**步骤 09** 弹出"套用表格式"对话框,保持默认设置不变,单击"确定"按钮。

**步骤 10** 返回工作表编辑区后,查看应用自定义样式后的现金日记账效果。

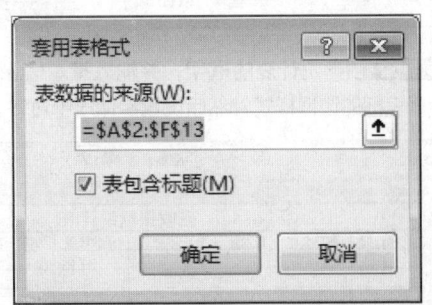

# 1.3 应收账款统计表

应收账款是企业因销售商品、提供劳务等经营活动，应向购货单位或接受劳务单位收取的款项，主要包括企业销售商品或提供劳务等应向有关债务人收取的价款及代购货单位垫付的包装费、运杂费等。

## 1.3.1 应收账款统计表的创建

为了统计企业的赊销信息，用户可以创建应收账款统计表，以便进行良好的应收账款管理。

下面将介绍客户应收账款统计表的具体制作方法。

**步骤01** 新建一个工作表，在工作表标签上单击鼠标右键，从弹出的快捷菜单中选择"重命名"命令，输入"应收账款统计表"。

**步骤02** 创建统计表的框架，并输入基本信息，设置表格的边框样式，然后设置字体居中对齐。

**步骤03** 选中C3:E12和H3:H12单元格区域。

**步骤04** 打开"开始"选项卡，单击"数字"选项组中的"数字格式"下拉按钮，从弹出的下拉列表中选择"会计专用"选项。

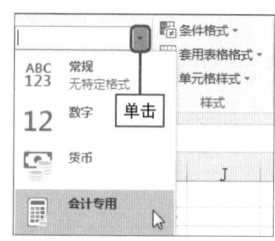

**步骤05** 在表格中输入"交易日期"、"客户名称"、"应收账款"等基本信息。

| 交易日期 | 客户名称 | 应收账款 | 已收账款 | 未收账款 |
|---|---|---|---|---|
| 2017/10/1 | 民清实业 | ¥ 43,300.00 | | |
| 2017/10/2 | 东风实业 | ¥ 46,000.00 | ¥ 10,000.00 | |
| 2017/10/3 | 拉米实业 | ¥ 57,000.00 | | |
| 2017/10/11 | 酷我箱包 | ¥ 23,600.00 | | |
| 2017/10/11 | 好嗨子KTV | ¥ 32,000.00 | | |
| 2017/10/11 | 民清实业 | ¥ 50,000.00 | | |
| 2017/10/12 | 东风实业 | ¥ 69,000.00 | | |
| 2017/10/12 | 拉米实业 | ¥ 39,000.00 | | |

**步骤06** 选中E3单元格，输入公式"=C3-D3"，然后按回车键计算出结果。

| 客户名称 | 应收账款 | 已收账款 | 未收账款 | 到期日期 |
|---|---|---|---|---|
| 民清实业 | ¥ 43,300.00 | | =C3-D3 | |
| 东风实业 | ¥ 46,000.00 | ¥ 10,000.00 | | |
| 拉米实业 | ¥ 57,000.00 | | | |
| 酷我箱包 | ¥ 23,600.00 | | | |
| 好嗨子KTV | ¥ 32,000.00 | | | |
| 民清实业 | ¥ 50,000.00 | | | |
| 东风实业 | ¥ 69,000.00 | | | |
| 拉米实业 | ¥ 39,000.00 | | | |

**步骤07** 将光标移动到E3单元格的右下角，当光标变成+形状时，按住鼠标左键不放，向下拖动，填充公式。

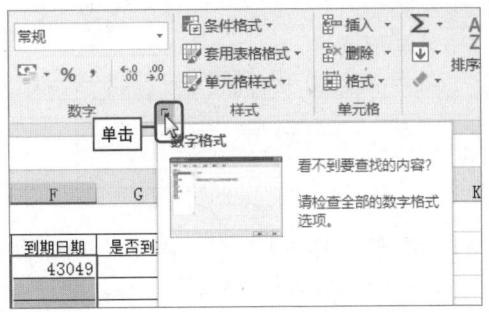

**步骤08** 选中F3单元格，输入公式"=WORKDAY(A3,30)"，然后按回车键计算出结果。

**函数解析**

**WORKDAY函数**

WORKDAY函数用来返回某日期之前或之后、相隔指定工作日的日期值。该函数的语法格式为：

**WORKDAY(start_date,days,[holidays])**

参数start_date代表开始的日期，参数days表示start_date之前或之后不含周末及节假日的天数，参数holidays表示从工作日中排除的一个或多个日期。

**步骤09** 此时，在F3单元格中出现的日期并非以日期形式显示，需要更改其格式，选中F3:F12单元格区域。

**步骤10** 打开"开始"选项卡，单击"数字"选项组的对话框启动器按钮。

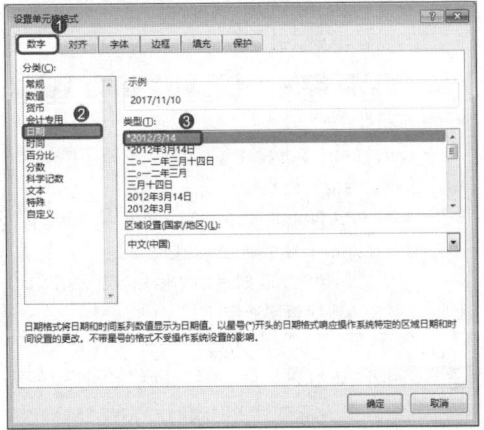

**步骤11** 弹出"设置单元格格式"对话框，打开"数字"选项卡，在"分类"列表框中选择"日期"选项，接着在"类型"列表框中选择"*2012/3/14"选项。

**步骤12** 单击"确定"按钮后，将F3单元格中的公式复制到其下方的单元格中，根据实际情况，更改公式中的天数。然后选中第二行，单击鼠标右键，从弹出的快捷菜单中选择"插入"命令。

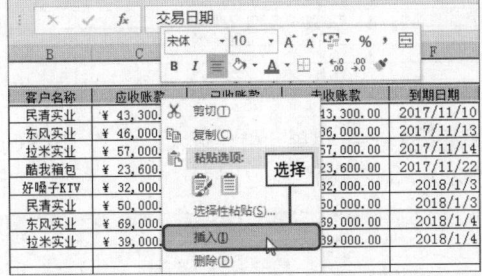

**步骤13** 插入一行后，在F2单元格中输入"当前日期"文本，在G2单元格中输入公式"=TODAY()"。

| D | E | F | G | H |
|---|---|---|---|---|
| 应收账款统计表 | | | | |
| | | 当前日期 | =TODAY() | |
| 已收账款 | 未收账款 | 到期日期 | 是否到期 | 未到期金额 |
| | ¥ 43,300.00 | 2017/11/10 | | |
| ¥ 10,000.00 | ¥ 36,000.00 | 2017/11/13 | | |
| | ¥ 57,000.00 | 2017/11/14 | | |
| | ¥ 23,600.00 | 2017/11/22 | | |
| | ¥ 32,000.00 | 2018/1/3 | | |
| | ¥ 50,000.00 | 2018/1/3 | | |

**步骤 14** 按回车键确认后，在G2单元格中就显示了当前日期，在G4单元格中输入公式"=IF(F4<$G$2,"是","否")"。

| D | E | F | G | H |
|---|---|---|---|---|
| 应收账款统计表 | | | | |
| | | 当前日期 | 2017/10/24 | |
| 已收账款 | 未收账款 | 到期日期 | 是否到期 | 未到期金额 |
| | ¥ 43,300.00 | 2017/11/10 | =IF(F4<$G$2,"是","否") | |
| ¥ 10,000.00 | ¥ 36,000.00 | 2017/11/13 | | |
| | ¥ 57,000.00 | 2017/11/14 | | |
| | ¥ 23,600.00 | 2017/11/22 | | |
| | ¥ 32,000.00 | 2018/1/3 | | |
| | ¥ 50,000.00 | 2018/1/3 | | |

**函数解析**

**IF函数**
IF函数用于判断条件的真假，返回不同的数值。该函数的语法格式为：
**IF(logical_test,[value_if_true],[ value_if_false])**
其中参数logical_test为任意值或表达式；参数value_if_true是条件为真时返回的值；参数value_if_false是条件为假时返回的值。

**步骤 15** 按回车键确认后，将光标移动到G4单元格右下角，当光标变成+形状时，按住鼠标左键不放，向下移动。

| D | E | F | G | H |
|---|---|---|---|---|
| 应收账款统计表 | | | | |
| | | 当前日期 | 2017/10/24 | |
| 已收账款 | 未收账款 | 到期日期 | 是否到期 | 未到期金额 |
| | ¥ 43,300.00 | 2017/11/10 | 否 | |
| ¥ 10,000.00 | ¥ 36,000.00 | 2017/11/13 | 否 | |
| | ¥ 57,000.00 | 2017/11/14 | 否 | |
| | ¥ 23,600.00 | 2017/11/22 | 否 | |
| | ¥ 32,000.00 | 2018/1/3 | 否 | |
| | ¥ 50,000.00 | 2018/1/3 | 否 | |
| | ¥ 69,000.00 | 2018/1/4 | 否 | |
| | ¥ 39,000.00 | 2018/1/4 | 否 | |

**步骤 16** 选中H4单元格，输入公式"=IF($G$2-F4<0,E4,0)"。

| D | E | F | G | H | I |
|---|---|---|---|---|---|
| 应收账款统计表 | | | | | |
| | | 当前日期 | 2017/10/24 | | |
| 已收账款 | 未收账款 | 到期日期 | 是否到期 | 未到期金额 | |
| | ¥ 43,300.00 | 2017/11/10 | 否 | =IF($G$2-F4<0,E4,0) | |
| ¥ 10,000.00 | ¥ 36,000.00 | 2017/11/13 | 否 | | |
| | ¥ 57,000.00 | 2017/11/14 | 否 | | |
| | ¥ 23,600.00 | 2017/11/22 | 否 | | |
| | ¥ 32,000.00 | 2018/1/3 | 否 | | |
| | ¥ 50,000.00 | 2018/1/3 | 否 | | |
| | ¥ 69,000.00 | 2018/1/4 | 否 | | |
| | ¥ 39,000.00 | 2018/1/4 | 否 | | |

**步骤 17** 按回车键确认后，选中C12单元格，输入公式"=SUM(C4:C11)"。

| B | C | D | E | F |
|---|---|---|---|---|
| 应收账款统计表 | | | | |
| 客户名称 | 应收账款 | 已收账款 | 未收账款 | 到期日期 |
| 民青实业 | ¥ 43,300.00 | | ¥ 43,300.00 | 2017/11/10 |
| 东风实业 | ¥ 46,000.00 | ¥ 10,000.00 | ¥ 36,000.00 | 2017/11/13 |
| 拉米实业 | ¥ 57,000.00 | | ¥ 57,000.00 | 2017/11/14 |
| 酷我箱包 | ¥ 23,600.00 | | ¥ 23,600.00 | 2017/11/22 |
| 好嗨子KTV | ¥ 32,000.00 | | ¥ 32,000.00 | 2018/1/3 |
| 民青实业 | ¥ 50,000.00 | | ¥ 50,000.00 | 2018/1/3 |
| 东风实业 | ¥ 69,000.00 | | ¥ 69,000.00 | 2018/1/4 |
| 拉米实业 | ¥ 39,000.00 | | ¥ 39,000.00 | 2018/1/4 |
| 合计 | =SUM(C4:C11) | | | |

**步骤 18** 按回车键确认后，将公式复制到其他求和的单元格中，查看最终效果。

| B | C | D | E | F |
|---|---|---|---|---|
| 应收账款统计表 | | | | |
| 客户名称 | 应收账款 | 已收账款 | 未收账款 | 到期日期 |
| 民青实业 | ¥ 43,300.00 | | ¥ 43,300.00 | 2017/11/10 |
| 东风实业 | ¥ 46,000.00 | ¥ 10,000.00 | ¥ 36,000.00 | 2017/11/13 |
| 拉米实业 | ¥ 57,000.00 | | ¥ 57,000.00 | 2017/11/14 |
| 酷我箱包 | ¥ 23,600.00 | | ¥ 23,600.00 | 2017/11/22 |
| 好嗨子KTV | ¥ 32,000.00 | | ¥ 32,000.00 | 2018/1/3 |
| 民青实业 | ¥ 50,000.00 | | ¥ 50,000.00 | 2018/1/3 |
| 东风实业 | ¥ 69,000.00 | | ¥ 69,000.00 | 2018/1/4 |
| 拉米实业 | ¥ 39,000.00 | | ¥ 39,000.00 | 2018/1/4 |
| 合计 | ¥ 359,900.00 | ¥ 10,000.00 | ¥ 349,900.00 | |

## 1.3.2 到期提示的设置

在日常的应收账款管理工作中，财务人员会根据应收账款的到期日期，推算催款日期，然后将需要进行催款的客户通知销售人员，提醒他们及时收款，减少财务坏账情况的发生。为了方便催款，财务人员可以设置到期提示，突出显示快到期的账款。

在此将距到期日小于18天的款项标记为"红色"（以醒目的红色提示工作人员需要收款），其具体的操作方法如下：

**步骤 01** 在应收账款统计表中，选中H4:H11单元格区域。

| | E | F | G | H |
|---|---|---|---|---|
| 1 | 应收账款统计表 | | | |
| 2 | | 当前日期 | 2017/10/24 | |
| 3 | 未收账款 | 到期日期 | 是否到期 | 未到期金额 |
| 4 | ¥ 43,300.00 | 2017/11/10 | 否 | ¥ 43,300.00 |
| 5 | ¥ 36,000.00 | 2017/11/13 | 否 | ¥ 36,000.00 |
| 6 | ¥ 57,000.00 | 2017/11/14 | 否 | ¥ 57,000.00 |
| 7 | ¥ 23,600.00 | 2017/11/22 | 否 | ¥ 23,600.00 |
| 8 | ¥ 32,000.00 | 2018/1/3 | 否 | ¥ 32,000.00 |
| 9 | ¥ 50,000.00 | 2018/1/3 | 否 | ¥ 50,000.00 |
| 10 | ¥ 69,000.00 | 2018/1/4 | 否 | ¥ 69,000.00 |
| 11 | ¥ 39,000.00 | 2018/1/4 | 否 | ¥ 39,000.00 |
| 12 | ¥ 349,900.00 | | | ¥ 349,900.00 |

**步骤 02** 打开"开始"选项卡，单击"样式"选项组中的"条件格式"下拉按钮，从下拉列表中选择"新建规则"选项。

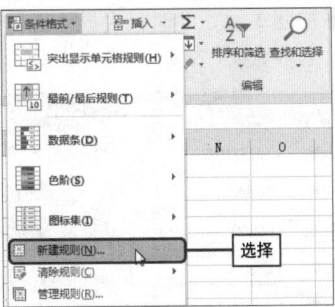

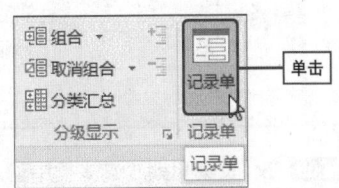

**步骤03** 弹出"新建格式规则"对话框，在"选择规则类型"列表框中选择"使用公式确定要设置格式的单元格"选项，在"为符合此公式的值设置格式"文本框中输入公式。

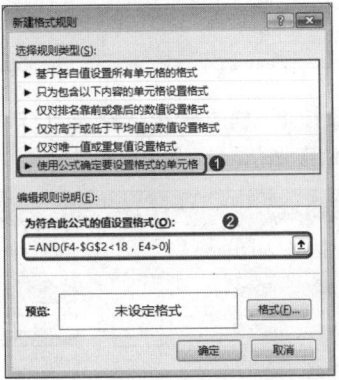

**步骤04** 单击"格式"按钮，弹出"设置单元格格式"对话框，打开"填充"选项卡，选择"红色"选项，单击"确定"按钮。返回"新建格式规则"对话框，单击"确定"按钮。

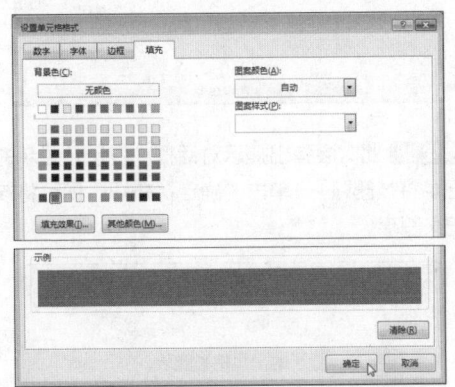

**步骤05** 返回到工作表编辑区后，可以看到距到期日天数小于18天的款项被标记成了红色。

### 1.3.3 记录单的使用

通常情况下，企业的应收账款是不断发生变化的，每发生一笔赊销业务，就增加一条记录，随着时间的推移，有些应收账款到期，会经常收到账款，就需要修改原始数据，如果表中数据非常多，那么操作起来就非常麻烦，这时可以使用记录单来解决。

下面介绍使用记录单将客户"东风实业"的已收账款修改为"18000"，将2017年10月11日，民清实业的记录删除，其具体的操作方法如下：

**步骤01** 选中应收账款统计表，打开"数据"选项卡，单击"记录单"选项组中的"记录单"按钮。

**步骤02** 弹出相应的对话框，从中列出了第一条记录的详细信息，如果用户想要查看下一条记录，可以单击"下一条"按钮。

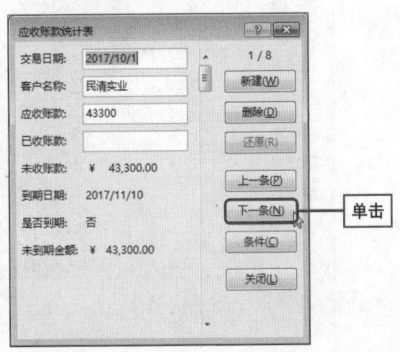

**步骤03** 此时，对话框中就会显示下一条记录，如果记录较多，可以单击"条件"按钮。

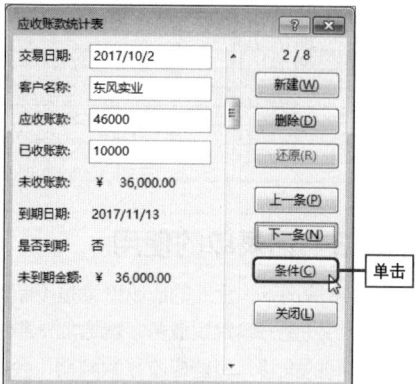

**步骤04** 此时，会弹出一条空白记录，在其右上角有Criteria字样。

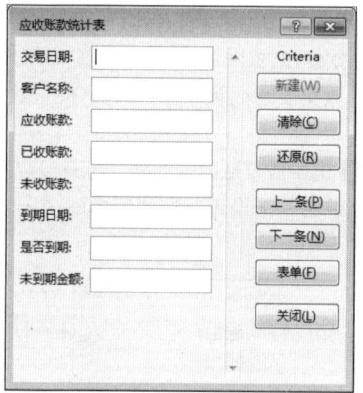

**步骤05** 在"交易日期"文本框中输入"2017/10/2"，在"客户名称"文本框中输入"东风实业"。

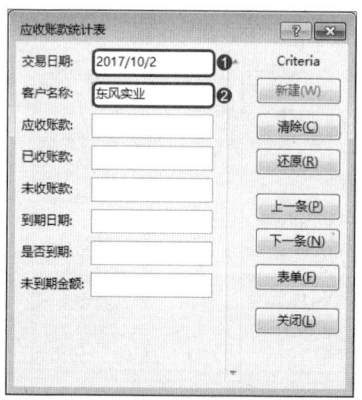

**步骤06** 按回车键，此时就会显示查找到的记录，在"已收账款"文本框中输入18000。

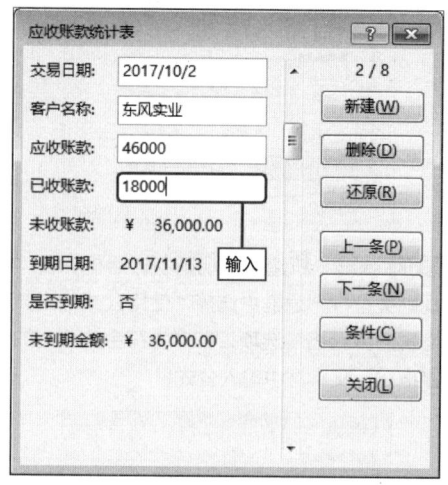

**步骤07** 按照同样的方法，查找2017年10月11日，民清实业的记录，然后单击"删除"按钮。

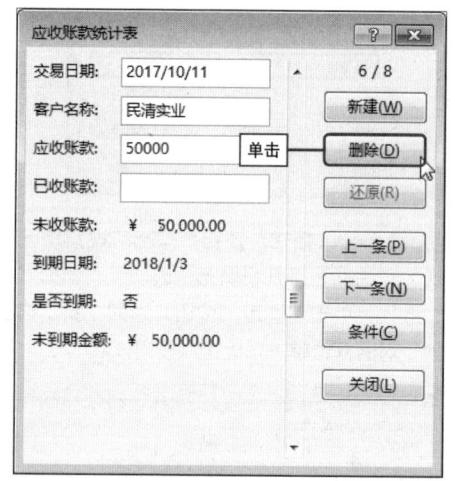

**步骤08** 此时会弹出提示对话框，提示"显示的记录将被删除"，单击"确定"按钮，即可将该记录删除。

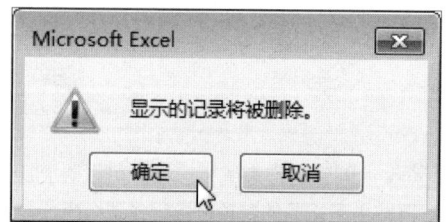

# 动手练习 | 创建费用报销审批单

通过对本章内容的学习，用户对使用Excel创建会计报表有了一定的了解。下面将通过创建费用报销审批单来温习前面所学的知识。

**步骤 01** 创建一个名为"费用报销审批单"的工作表，在其中输入基本信息。

**步骤 02** 选择A1:F1单元格区域，打开"开始"选项卡，单击"对齐方式"选项组的对话框启动器按钮。

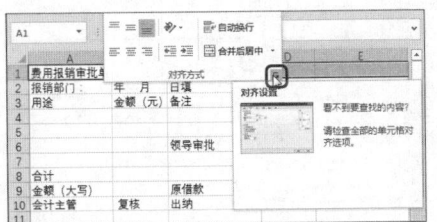

**步骤 03** 弹出"设置单元格格式"对话框，打开"字体"选项卡，将文本字体设置为"宋体"、"加粗"、16号和"会计用双下划线"。

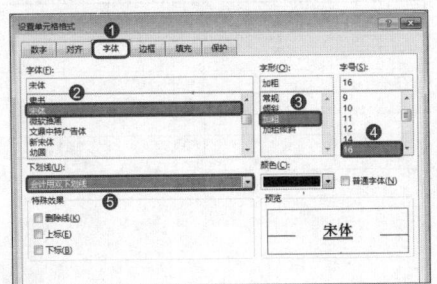

**步骤 04** 打开"对齐"选项卡，将"水平对齐"设置为"居中"，勾选"合并单元格"复选框，然后单击"确定"按钮。

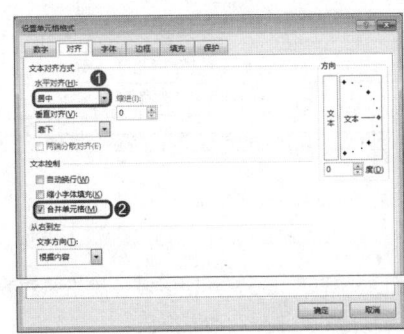

**步骤 05** 选中A3:F9单元格区域，打开"设置单元格格式"对话框，打开"边框"选项卡，在"样式"列表框中选择合适的线条样式，然后单击"外边框"按钮。

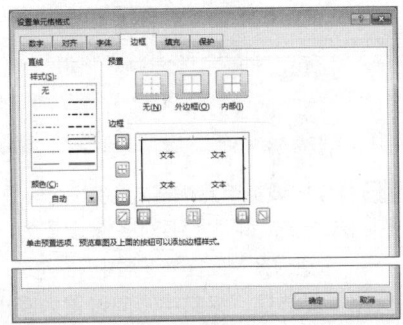

**步骤 06** 在"样式"列表框中选择合适的线条样式，单击"内部"按钮，然后单击"确定"按钮。

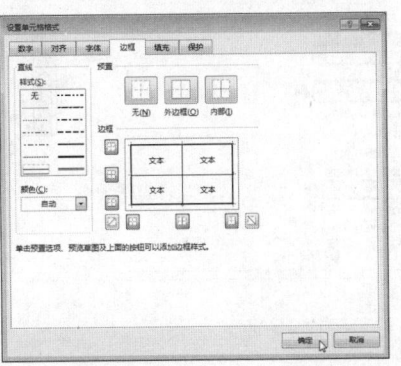

步骤 07 按住Ctrl键，选择A9:B9、C9:D9和E9:F9单元格区域，打开"开始"选项卡，单击"对齐方式"选项组中的"合并后居中"下拉按钮，选择"合并单元格"选项。

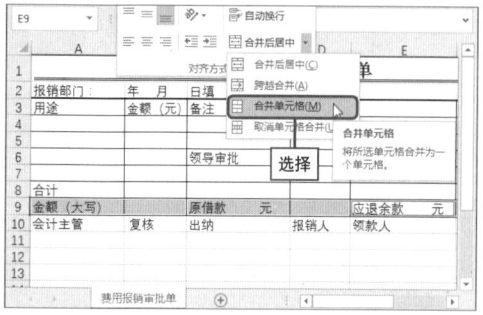

步骤 08 选择C3:C5单元格区域，单击"对齐方式"选项组的对话框启动器按钮。

步骤 09 弹出"设置单元格格式"对话框，打开"对齐"选项卡，将"水平对齐"设置为"居中"，将"垂直对齐"设置为"居中"，勾选"合并单元格"复选框，将文字方向设置为竖排显示，然后单击"确定"按钮。

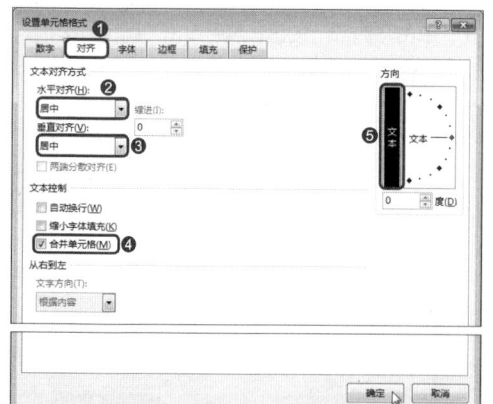

步骤 10 按照同样的方法，设置C6:C8单元格区域的格式。然后选择D3:F5单元格区域，打开"开始"选项卡，单击"对齐方式"选项组中的"合并后居中"下拉按钮，从弹出的下拉列表中选择"合并单元格"选项。

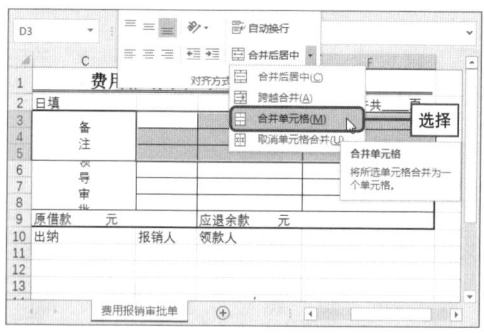

步骤 11 按照同样的方法设置D6:F8单元格区域的格式。然后选中A列，单击鼠标右键，从弹出的快捷菜单中选择"插入"命令。

步骤 12 设置字体格式，适当调整行高和列宽，最后查看设置效果。

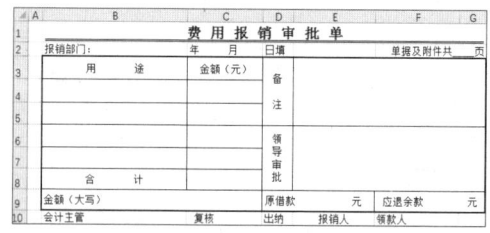

# 高手进阶 | 创建员工医疗费用统计表

员工医疗费用统计表用于统计员工的医疗费用情况，从而更好地对员工报销医疗费用进行管理，下面通过创建员工医疗费用统计表操作来拓展前面所学的知识。

**步骤 01** 新建"员工医疗费用统计表"工作表，输入基本信息。

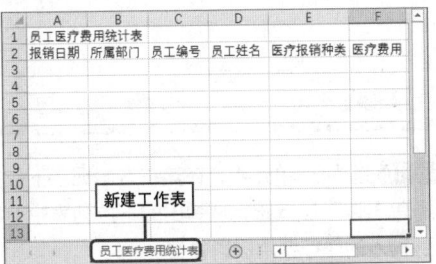

**步骤 02** 选中A1:G1单元格区域，打开"开始"选项卡，单击"对齐方式"选项组中的"合并后居中"按钮。

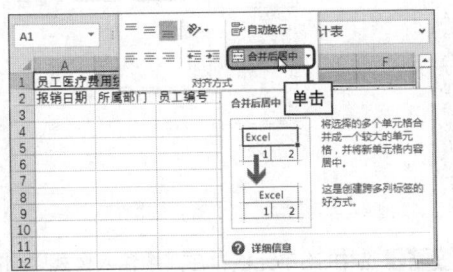

**步骤 03** 单击"字体"选项组的对话框启动器按钮，弹出"设置单元格格式"对话框，打开"字体"选项卡，设置标题字体为"宋体"、"加粗"和16号，单击"确定"按钮。

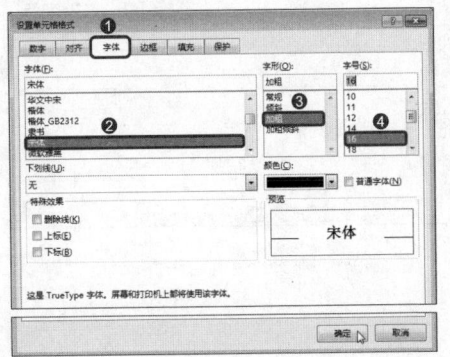

**步骤 04** 选中C3:C30单元格区域，单击鼠标右键，从弹出的快捷菜单中选择"设置单元格格式"命令。

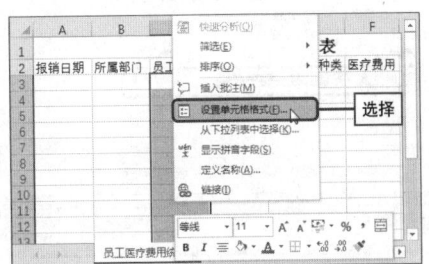

**步骤 05** 弹出"设置单元格格式"对话框，打开"数字"选项卡，在"分类"列表框中选择"文本"选项。

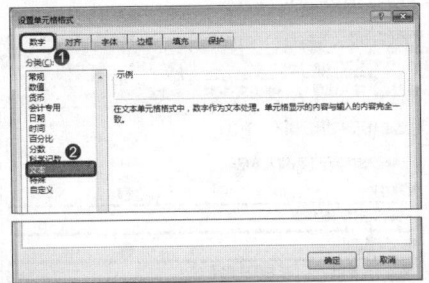

**步骤 06** 选中E3:E30单元格区域，打开"数据"选项卡，单击"数据工具"选项组中的"数据验证"下拉按钮，从弹出的下拉列表中选择"数据验证"选项。

步骤 07 弹出"数据验证"对话框,打开"设置"选项卡,在"允许"下拉列表中选择"序列"选项,在"来源"文本框中输入各种可以报销的费用名称,中间用英文形式的逗号隔开。

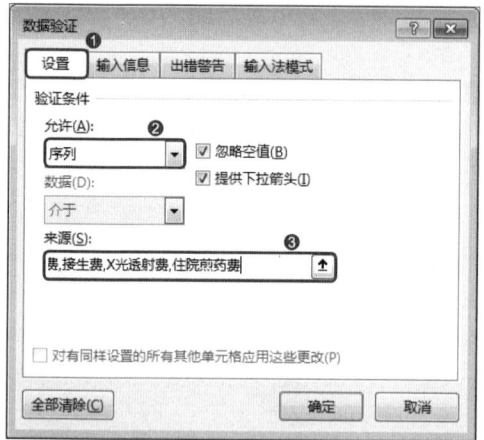

步骤 08 打开"输入信息"选项卡,在"标题"文本框中输入"请输入医疗报销种类!",在"输入信息"文本框中输入"单击下拉按钮,从下拉列表中选择!"。

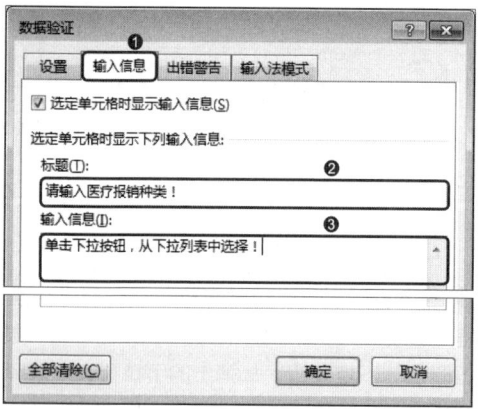

步骤 09 打开"出错警告"选项卡,在"样式"下拉列表中选择"停止"选项,在"标题"文本框中输入"超出报销范围!",在"错误信息"文本框中输入"请单击下拉按钮,从下拉列表中选择!",单击"确定"按钮。

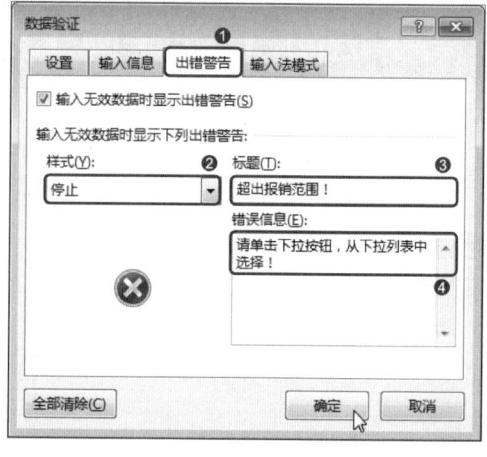

步骤 10 选中E3单元格,在其右方出现了下拉按钮,单击该下拉按钮,从弹出的下拉列表中可以看到输入的医疗费用报销种类。

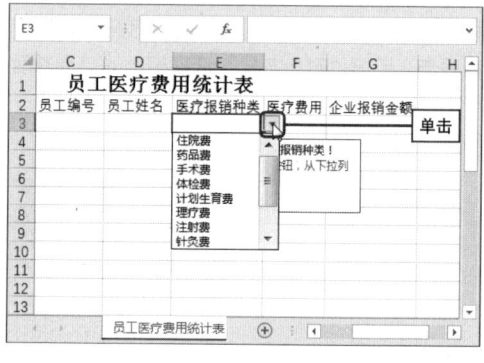

步骤 11 选中G3单元格,在其中输入公式"=IF(F3="","",F3*0.75)",然后按回车键确认。

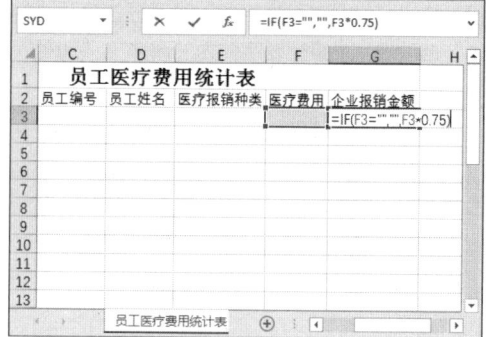

步骤 12 将光标移动到G3单元格的右下角，当光标变成+形状时，按住鼠标左键不放，向下拖动，填充公式。

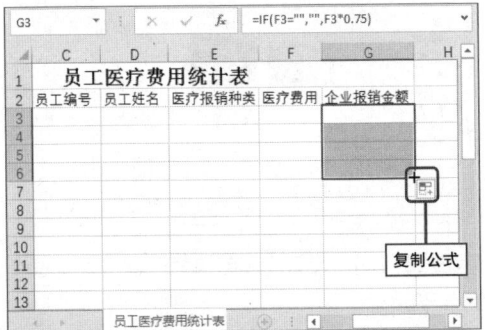

步骤 13 选中F3:G30单元格区域，打开"开始"选项卡，单击"数字"选项组中的"数字格式"下拉按钮，从弹出的下拉列表中选择"会计专用"选项。

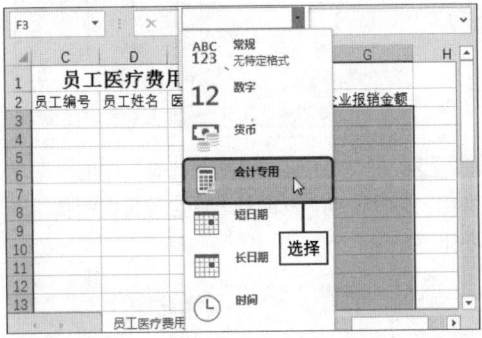

步骤 14 设置好格式后，添加边框并在表格中输入信息。

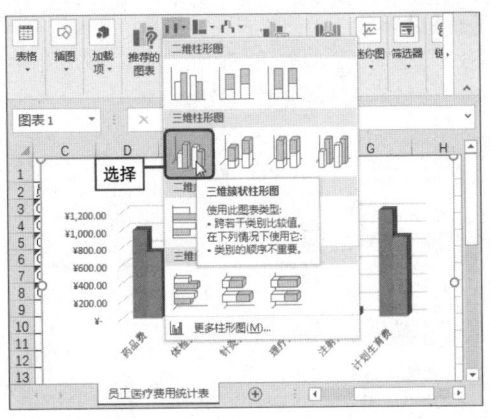

步骤 15 选中E2:G8单元格区域，打开"插入"选项卡，单击"图表"选项组中的"插入柱形图或条形图"下拉按钮，从弹出的下拉列表中选择"三维簇状柱形图"选项。

步骤 16 选中"图表标题"文本框，将其修改为"员工医疗费用统计表"。

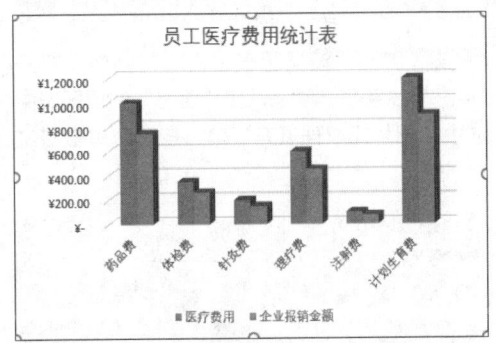

步骤 17 选中图表，打开"图表工具-设计"选项卡，单击"图表样式"选项组中的"快速样式"下拉按钮，从弹出的下拉列表中选择"样式2"选项。

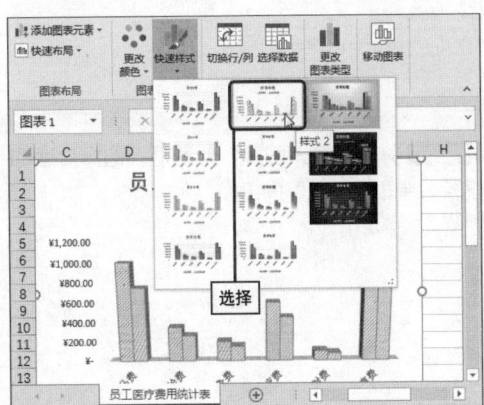

**步骤18** 单击图表的图表区，打开"图表工具-格式"选项卡，单击"当前所选内容"选项组中的"设置所选内容格式"按钮。

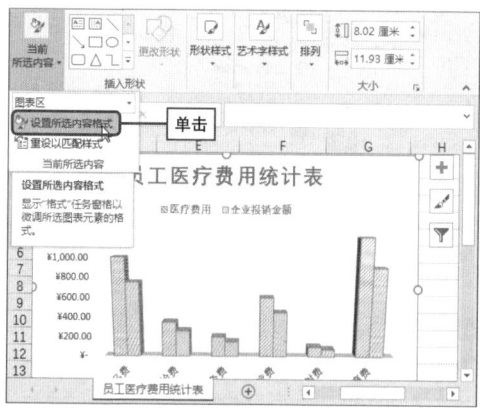

**步骤19** 弹出"设置图表区格式"窗格，打开"填充与线条"选项卡，在"填充"选项区域中选中"图片或纹理填充"单选按钮，单击"文件"按钮。

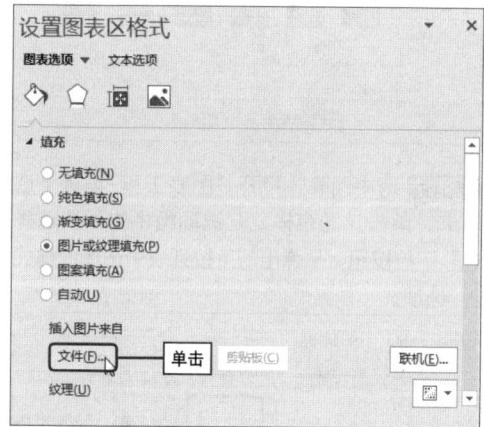

**步骤20** 弹出"插入图片"对话框，选择合适的图片，单击"插入"按钮。

**步骤21** 关闭"设置图表区格式"窗格，查看设置效果。

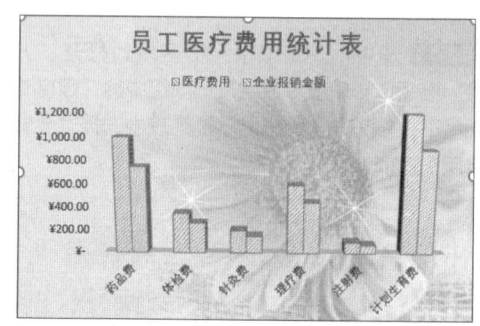

**步骤22** 将"员工医疗费用统计表"中的"医疗费用"降序排序，此时图表中也将按医疗费用降序排序。

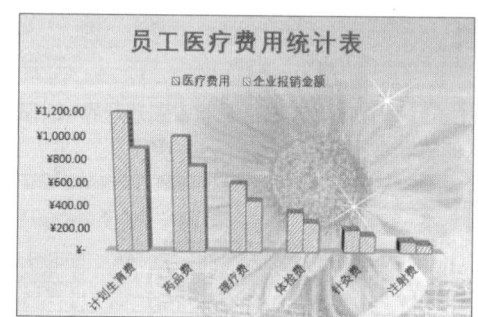

# 02 Chapter

031~054

# 利用Excel记账

在实际工作中，会计记账时必须遵循"有借必有贷，借贷必相等"的记账原则，会计人员必需根据具体的经济业务填制原始凭证和记账凭证，然后再根据审核无误的凭证登记凭证汇总表，最后根据凭证汇总表登记相关的账薄。本章将介绍使用Excel进行会计记账的相关知识。

## 本章所涉及的知识要点：

◆ 制作会计科目表　　　◆ 制作记账凭证

◆ 制作记账凭证汇总表　◆ 制作总分类账

## 本章内容预览：

会计科目表

总分类账

# 2.1 会计科目

会计科目表是指按照经济业务的内容和经济管理的要求,对会计要素的具体内容进行分类核算的会计科目所构成的集合。

## 2.1.1 会计科目概要

为了全面核算和监督各会计要素的增减变化情况,满足经济管理及各方面对会计信息的质量要求,需对会计要素进行细化,设置会计科目。

**1 设置会计科目的意义**

会计科目是进行各项会计记录和提供各项会计信息的基础,在会计核算中具有重要的意义,具体表现在:

- 会计科目是复式记账的基础。
- 会计科目是编辑记账凭证的基础。
- 会计科目为成本计算和财产清查提供了前提条件。
- 会计科目为编制会计报表提供了方便。

**2 会计科目的分类**

- **按经济内容分类分为:** 资产类、负债类、共同类、所有者权益类、成本类和损益类。
- **按提供信息的详细程度及其统驭关系不同分为:** 总分类科目和明细分类科目。

**3 会计科目的设置原则**

会计科目将反应会计要素的构成和变化,是为投资者、债权人、企业经营管理者等提供会计信息的重要手段,所以在其设置过程中,应遵循以下原则:

(1)合法性原则

企业应当按照国家财政部门制定的会计制度法规中规定的会计科目,设置本企业适用的会计科目。

(2)相关性原则

设置会计科目应为提供各方所需的会计信息服务,满足企业有关方面对其财务报告的要求。

(3)实用性原则

企业应在合法性的基础上,根据自身的特点,设置符合企业实际情况的会计科目。

**4 账户**

账户是用于分类反映会计要素增减变动情况及其结果的载体。账户是根据会计科目设置的,是会计科目的具体运用。

## 2.1.2 会计科目表的制作

在日常的会计核算中,为避免记账和整理时发生混乱,通常以"科目代码"取代"科目名称"作为输入会计科目的依据,在制作会计科目表时,每个会计科目名称必须对应唯一的科目代码。

下面以会计科目表的制作为例展开介绍,并让每个会计科目对应唯一的科目代码。

**步骤 01** 创建一个新的工作表,在其标签上单击鼠标右键,从弹出的快捷菜单中选择"重命名"命令。

**步骤 02** 将名称命名为"会计科目表",然后在表格中输入会计科目表的基本信息。

步骤03 选择A1:E1单元格区域，打开"开始"选项卡，单击"对齐方式"选项组中的"合并后居中"按钮。

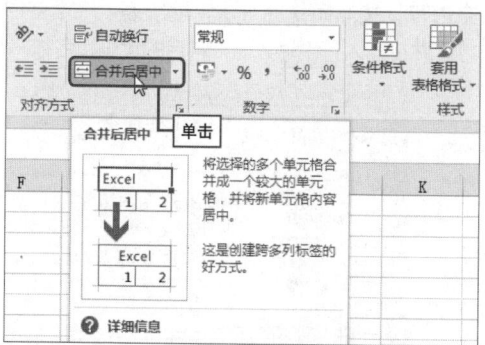

步骤04 选中A1单元格，单击"对齐方式"选项组的对话框启动器按钮。

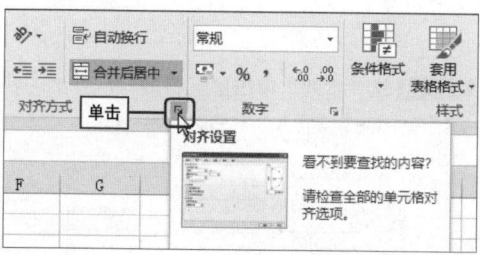

步骤05 弹出"设置单元格格式"对话框，打开"字体"选项卡，将标题设置为"华文楷体"、"加粗"、18号大小和"会计用双下划线"，单击"确定"按钮。

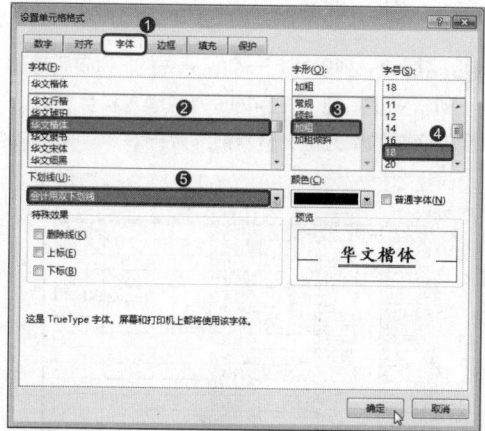

步骤06 在A3单元格中输入1，然后选中A3:A94单元格区域。

步骤07 打开"开始"选项卡，单击"编辑"选项组中的"填充"下拉按钮，从下拉列表中选择"序列"选项。

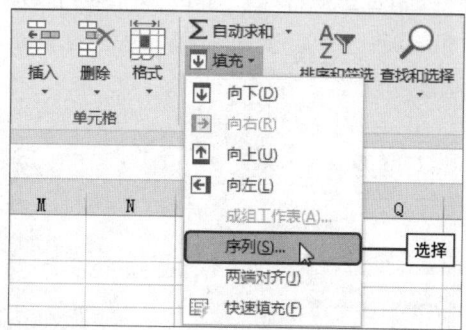

步骤08 弹出"序列"对话框，在"序列产生在"区域中选择"列"单选按钮，在"类型"区域中选择"等差序列"单选按钮，将步长值设置为1，单击"确定"按钮。

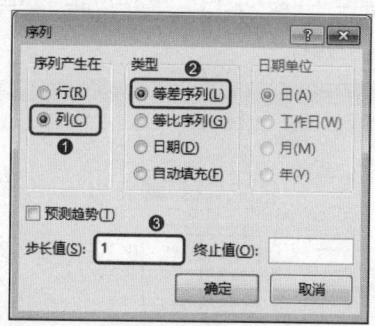

步骤09 此时在选定的单元格区域中就填充了步长为1的等差数列，选中C3:C94单元格区域，打开"设置单元格格式"对话框，在"数字"选项卡的"分类"列表框中选择"文本"选项。

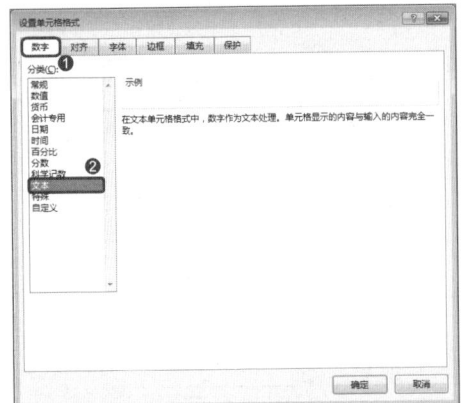

**步骤 10** 单击"确定"按钮后，选中A2:D94单元格区域，打开"边框"选项卡，在"样式"列表框中选择合适的线条样式，单击"外边框"按钮。

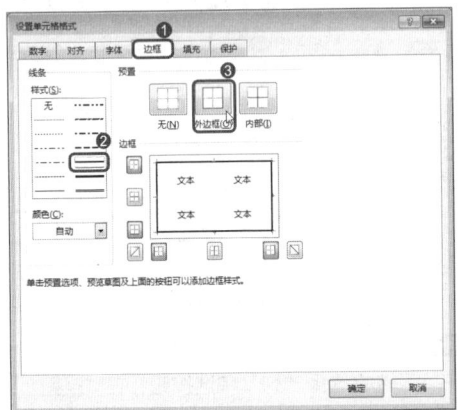

**步骤 11** 在"样式"列表框中选择合适的线条样式，单击"内部"按钮，设置内边框，然后单击"确定"按钮。

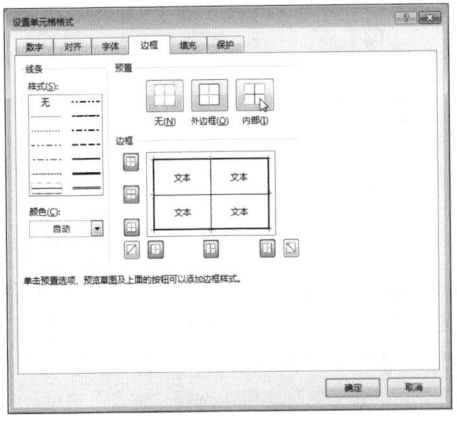

**步骤 12** 在表格中输入科目代码和科目名称，然后选择第5行，单击鼠标右键，从弹出的快捷菜单中选择"插入"命令，在第5行上方插入一个空白行，按照同样的方法，继续插入一个空白行，并在插入行中输入明细科目的代码和名称。

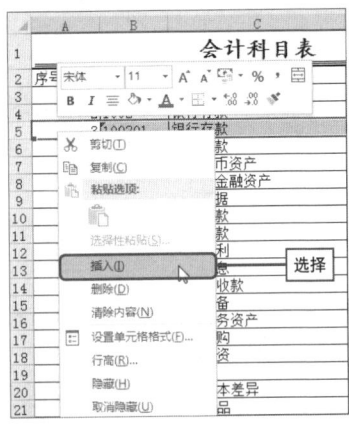

**步骤 13** 选中B列，单击鼠标右键，从弹出的快捷菜单中选择"插入"命令。

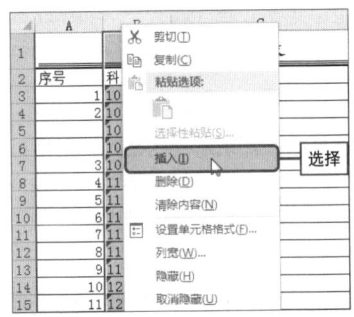

**步骤 14** 在B列前插入一列，原先的B列向后移动一列，变成C列，在新的B列中输入科目性质，合并必要的单元格，查看最终效果。

## 2.2 会计凭证

会计凭证是指记录经济业务发生或完成情况的书面证明,包括原始凭证和记账凭证,是登记账簿的依据。会计凭证是记录经济信息的载体。

### 2.2.1 原始凭证的制作

原始凭证是在经济业务发生时或完成时取得或填制的,是用以证明经济业务发生或完成情况的最初书面证明,是会计核算的原始依据,也叫原始单据。下面以制作材料入库验收单为例展开介绍。

**步骤01** 新建一个名为"材料入库验收单"的工作表,在表格中输入基本的数据。

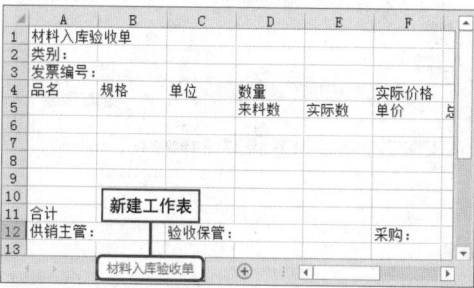

**步骤02** 选中A1:K1单元格区域,打开"开始"选项卡,单击"对齐方式"选项组中的"合并后居中"按钮。

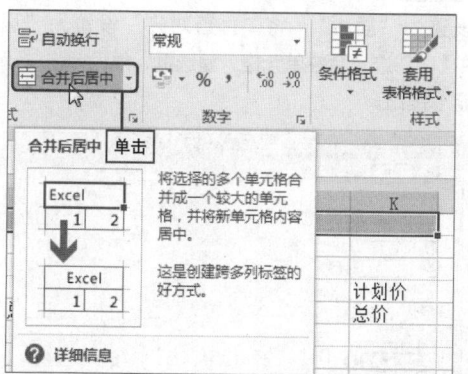

**步骤03** 单击"对齐方式"选项组的对话框启动器按钮,弹出"设置单元格格式"对话框,将标题设置为"华文行楷"、"常规"、16号和"单下划线",单击"确定"按钮。

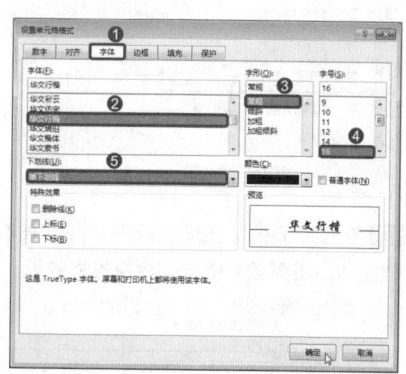

**步骤04** 选中A4:K11单元格区域,打开"设置单元格格式"对话框,打开"边框"选项卡,在"样式"列表框中选择合适的边框线条样式,单击"外边框"按钮。然后在"样式"列表框中选择合适的边框线条样式,单击"内部"按钮。

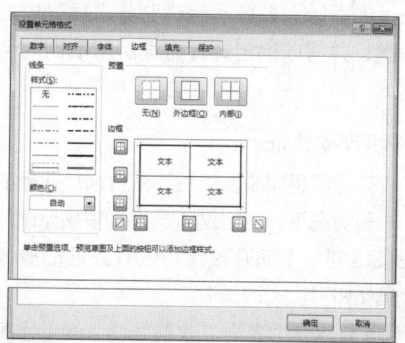

**步骤05** 单击"确定"按钮后,合并表格中的某些单元格,并设置文字的对齐方式,选中L1:L12单元格区域。

步骤06 打开"开始"选项卡,单击"对齐方式"选项组中的"方向"下拉按钮,从下拉列表中选择"竖排文字"选项。

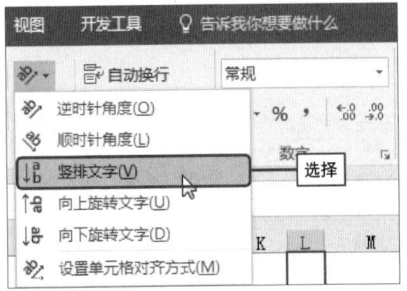

步骤07 对表格的列宽做适当调整,并在表格中输入数据,设置其数字格式,查看最终效果。

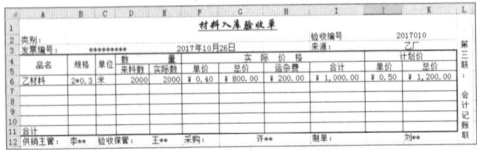

## 2.2.2 记账凭证的制作

记账凭证又称记账凭单,是会计人员根据审核无误的原始凭证按照经济业务事项的内容加以分类,并据以确定会计分录后所填制的会计凭证。

### 1 制作收款凭证

收款凭证是用来反映货币资金增加业务的凭证,一般情况下,由出纳人员根据审核无误的原始凭证填制。下面介绍制作收款凭证的操作方法,具体如下。

步骤01 新建一个名为"收款凭证"的工作表,在表格中输入基本信息。

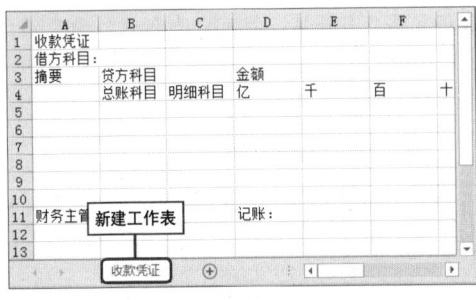

步骤02 选中A1:O1单元格区域,单击鼠标右键,从弹出的快捷菜单中选择"设置单元格格式"命令。

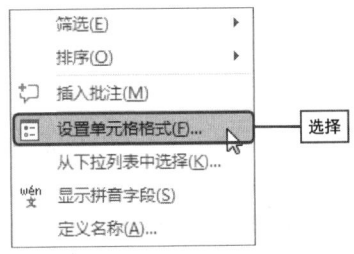

步骤03 弹出"设置单元格格式"对话框,打开"字体"选项卡,将标题设置为"楷体"、"常规"、18号和"单下划线"。

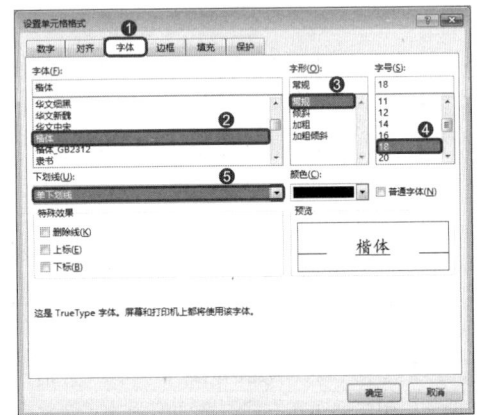

步骤04 打开"对齐"选项卡,将"水平对齐"设置为"居中",将"垂直对齐"设置为"居中",勾选"合并单元格"复选框,然后单击"确定"按钮。

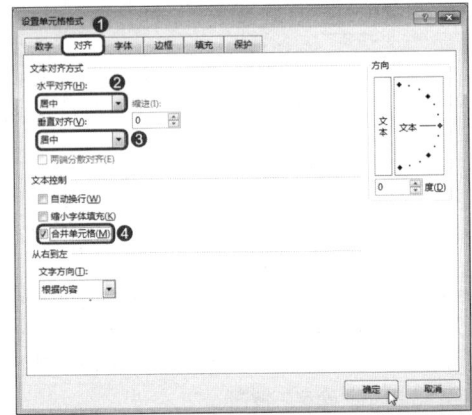

步骤05 选中A3:O10单元格区域，打开"设置单元格格式"对话框，打开"边框"选项卡，在"样式"列表框中选择合适的线条样式，单击"外边框"按钮。然后在"样式"列表框中选择合适的线条样式，单击"内部"按钮，单击"确定"按钮。

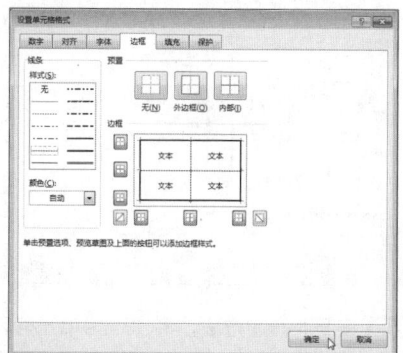

步骤06 选中D3:N10单元格区域，打开"设置单元格格式"对话框，打开"边框"选项卡，在"样式"列表框中选择合适的样式，单击预览草图上的左右边框，然后单击"确定"按钮。

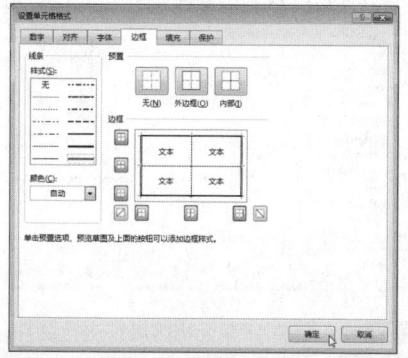

步骤07 为表格添加边框后，合并必要的单元格，调整列宽，设置数字格式和文字的对齐方式，打开"视图"选项卡，在"显示"选项组中，取消对"网格线"复选框的勾选。

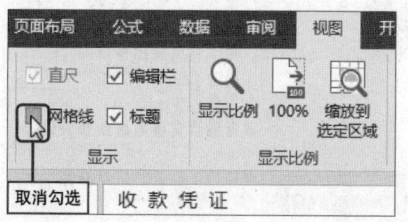

步骤08 选中A1:P11单元格区域，打开"开始"选项卡，单击"字体"选项组中的"填充颜色"下拉按钮，选择合适的颜色，即可为表格添加背景色。

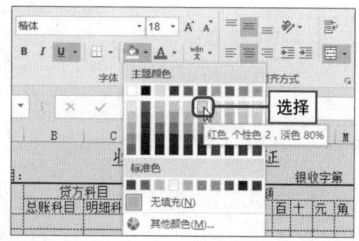

步骤09 对收款凭证做适当的调整，一张空白的收款凭证就制作完成了，查看最终效果。

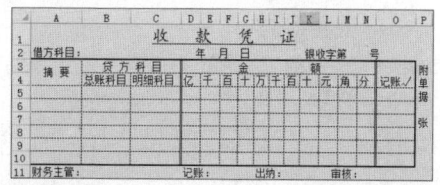

**操作提示**

**记账凭证的分类**

记账凭证按其所反映的经济业务是否与货币有关，可分为收款凭证、付款凭证和转账凭证等几种。付款凭证的制作方法和收款凭证相似，只是借贷方向不同。

## 2 创建通用记账凭证

通用记账凭证是指以一种格式记录全部经济业务的凭证，主要适用于经济业务比较简单的单位，所有业务都采用一种格式的凭证加以登记，可以简化凭证。下面将对通用记账凭证的制作方法展开介绍。

步骤01 新建一个名为"通用记账凭证"的工作表，在工作表标签上单击鼠标右键，从弹出的快捷菜单中选择"工作表标签颜色>浅绿"命令。

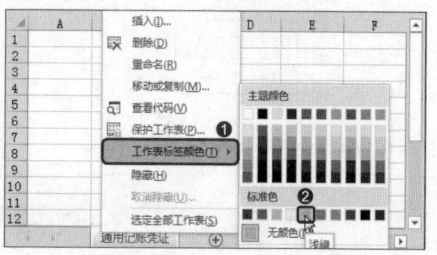

**步骤02** 在工作表中输入文字，设置标题的格式和对齐方式，并调整列宽，然后选中A3:Z9单元格区域。

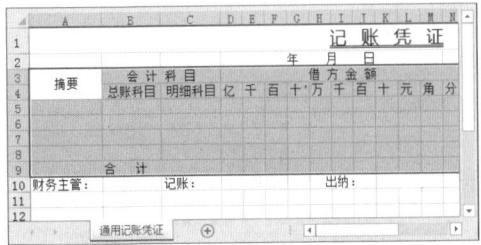

**步骤03** 按Ctrl+1组合键，弹出"设置单元格格式"对话框，打开"边框"选项卡，在"样式"列表框中选择粗一点的线条样式，单击"外边框"按钮，设置外边框。

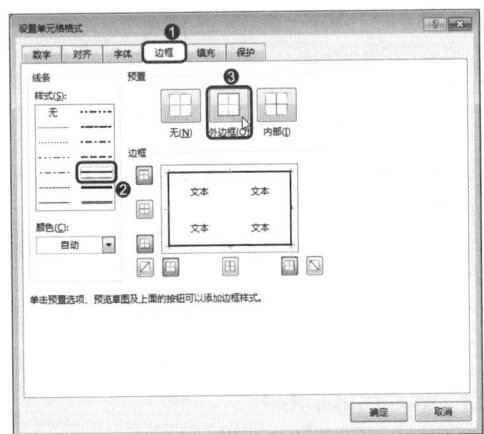

**步骤04** 在"样式"列表框中选择细一点的线条样式，单击"内部"按钮，设置内边框，然后单击"确定"按钮。

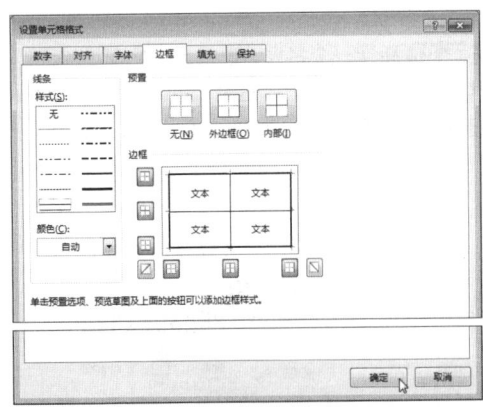

**步骤05** 选中D3:N9单元格区域，按Ctrl+1组合键，弹出"设置单元格格式"对话框，打开"边框"选项卡，在"样式"列表框中选择虚线线条样式，然后单击预览图中间的垂直直线，单击"确定"按钮。

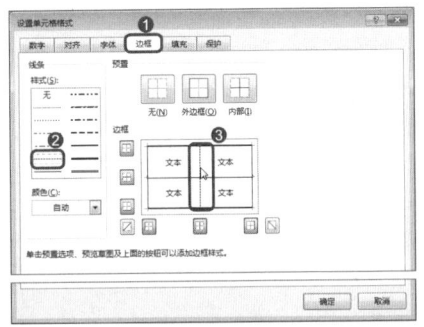

**步骤06** 按照同样的方法，将O3:Y9单元格区域中的竖线也设置成虚线。选中AA1:AA9单元格区域，按Ctrl+1组合键，弹出"设置单元格格式"对话框，打开"对齐"选项卡，将文本方向设置为竖排文字，单击"确定"按钮。

**步骤07** 将AA1:AA9单元格区域并进行合并，输入"附件　张"文本。选中A1:AA10单元格区域，打开"开始"选项卡，单击"填充颜色"下拉按钮，选择合适的颜色。

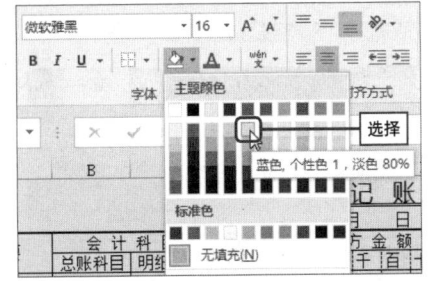

步骤08 打开"视图"选项卡，在"显示"选项组中取消对"网格线"复选框的勾选，取消显示网格线。

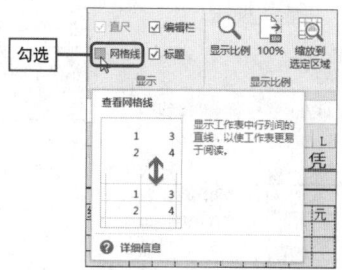

步骤09 对表格进行适当的调整，这样一张空白的通用记账凭证就创建好了，查看最终效果。

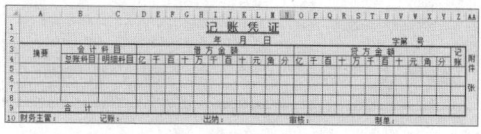

## 2.2.3 记账凭证的填制

填制记账凭证，就是以审核无误的原始凭证作为依据，由会计人员将各项记账凭证要素按照规定的方法填制齐全，以备相关账薄的登记。下面将对填制通用记账凭证的方法展开介绍。

步骤01 打开"通用记账凭证"工作表，在记账凭证中输入日期和附件张数等信息。

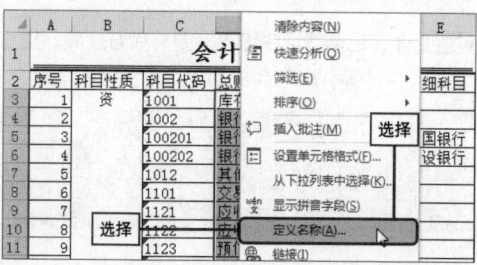

步骤02 切换到"会计科目表"工作表，选中"总账科目"列中所有科目名称，单击鼠标右键，从弹出的快捷菜单中选择"定义名称"命令。

步骤03 弹出"新建名称"对话框，在"名称"文本框中输入"总账科目"，其他保持默认设置，单击"确定"按钮。

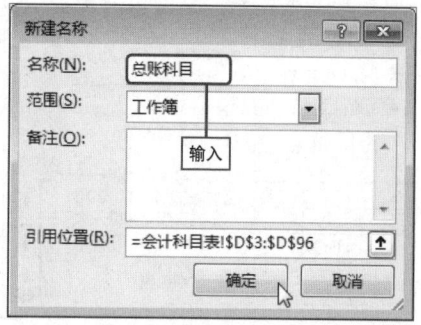

步骤04 选中"明细科目"列中所有科目名称，打开"新建名称"对话框，在"名称"文本框中输入"明细科目"，其他保持默认设置，单击"确定"按钮。

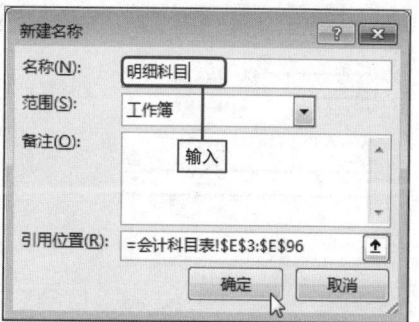

步骤05 切换到"通用记账凭证"工作表，选中B5: B8单元格区域。

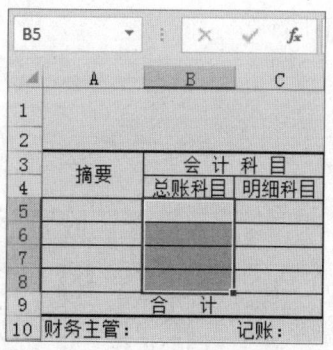

步骤06 打开"数据"选项卡，单击"数据工具"选项组中的"数据验证"下拉按钮，从下拉列表中选择"数据验证"选项。

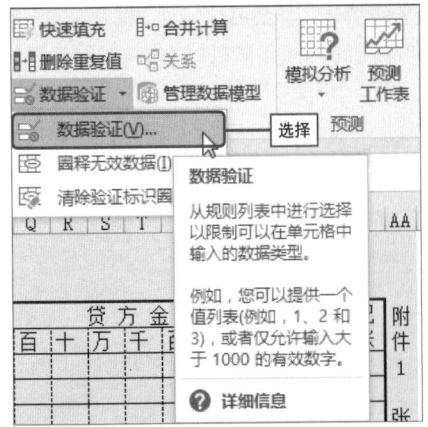

**步骤07** 弹出"数据验证"对话框,在"允许"下拉列表中选择"序列"选项,在"来源"文本框中输入"=总账科目",单击"确定"按钮。

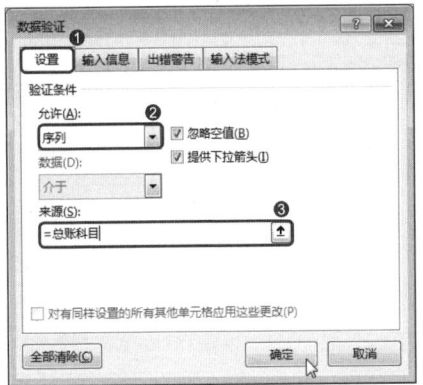

**步骤08** 选中B5单元格,其右方会出现下拉按钮,单击该按钮,从展开的下拉列表中选择合适的总账科目选项。

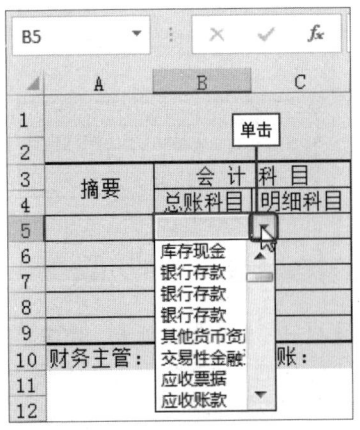

**步骤09** 选中C5:C8单元格区域,打开"数据验证"对话框,在"允许"下拉列表中选择"序列"选项,在"来源"文本框中输入"=明细科目",单击"确定"按钮。

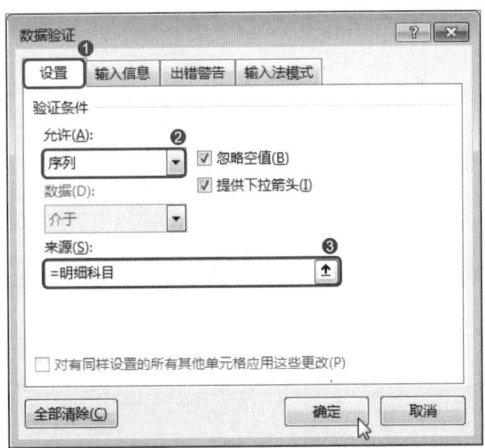

**步骤10** 选中C5单元格,其右方会出现下拉按钮,单击该按钮,从展开的下拉列表中选择合适的明细科目选项。

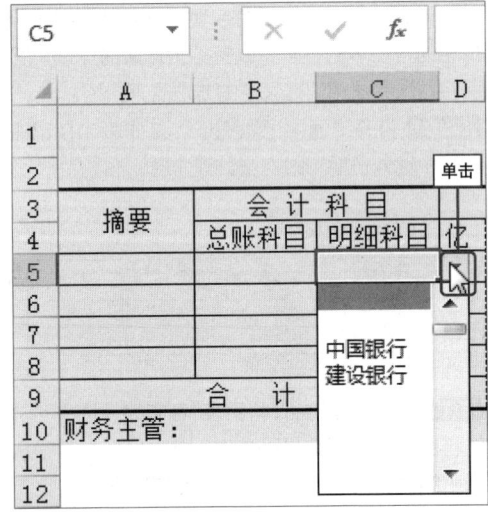

**步骤11** 在记账凭证中输入摘要、借方金额、贷方金额、合计等,即可完成通用记账凭证的填制。

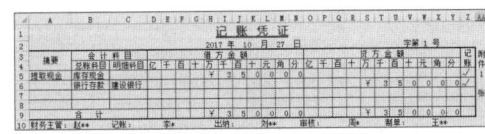

# 2.3 凭证汇总表

记账凭证汇总表亦称"科目汇总表",用于定期对全部记账凭证进行汇总,按各个会计科目列示其借方发生额和贷方发生额的一种汇总凭证。编制凭证汇总表,可以方便会计人员进行相关账薄的登记。

## 2.3.1 凭证汇总表的制作

凭证汇总表中包含凭证号、凭证类别、摘要、科目代码、总账科目、明细科目、借方金额和贷方金额等。

下面将对凭证汇总表的创建进行介绍。

**步骤 01** 新建一个名为"记账凭证汇总表"的工作表,在该工作表标签上单击鼠标右键,从弹出的快捷菜单中选择"移动或复制"命令。

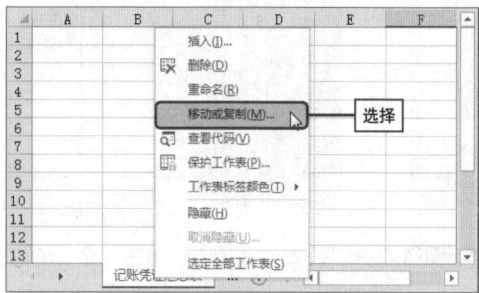

**步骤 02** 弹出"移动或复制工作表"对话框,在"下列选定工作表之前"列表框中选择"(移至最后)"选项,然后单击"确定"按钮。

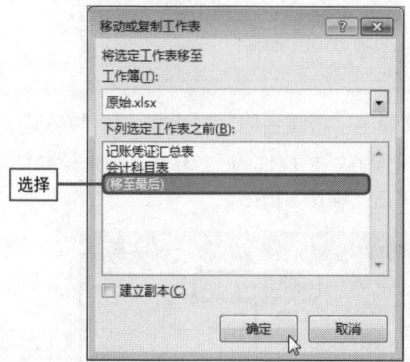

**步骤 03** 将记账凭证汇总表移动到最后,然后在表格中输入表格标题和列标题,并对标题格式进行设置。

**步骤 04** 选中B2、I2和K2单元格,打开"开始"选项卡,单击"对齐方式"选项组中的"自动换行"按钮。

**步骤 05** 选中A2:K2单元格区域,单击"对齐方式"选项组中的"居中"按钮,将选中单元格中的文字水平居中显示。

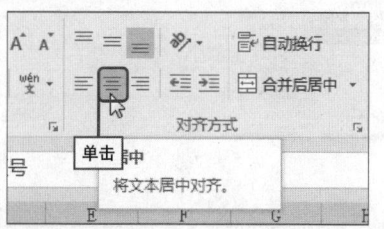

**步骤 06** 单击"对齐方式"选项组中的"垂直居中"按钮,将选中单元格中的文字垂直居中显示。

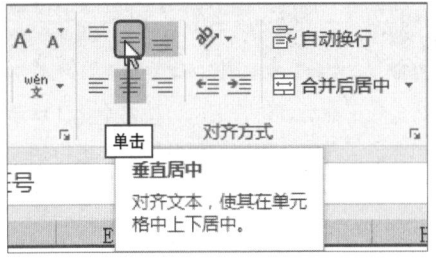

**步骤07** 选中A2:K20单元格区域，打开"设置单元格格式"对话框，打开"边框"选项卡，设置选中区域的外边框和内边框样式后，单击"确定"按钮。

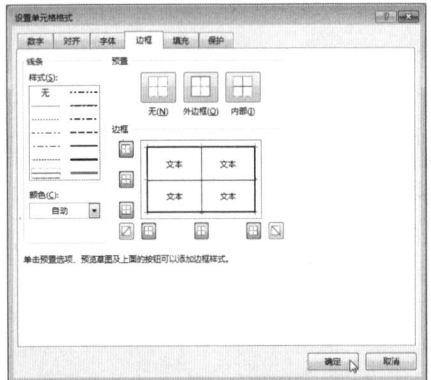

### 2.3.2 记账凭证汇总表的填制

接下来，需要将所有审核无误的记账凭证汇总登记到记账凭证汇总表中，方便用户登记各种相关的账薄。填制凭证汇总表的过程如下。

**步骤01** 打开"会计科目表"工作表，选中C3:C96单元格区域。

**步骤02** 打开"公式"选项卡，单击"定义的名称"选项组中的"定义名称"按钮。

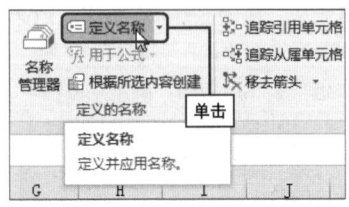

**步骤03** 弹出"新建名称"对话框，在"名称"文本框中输入"科目代码"，其他参数保持默认设置，单击"确定"按钮。

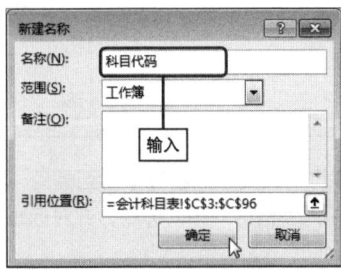

**步骤08** 选中A3:A20单元格区域，打开"设置单元格格式"对话框，打开"数字"选项卡，在"分类"列表框中选择"自定义"选项，然后在"类型"文本框中输入"00#"，单击"确定"按钮。

**步骤09** 设置好数字格式后，调整表格的列宽，这样，空白的凭证汇总表就制作完成了。

步骤 04 切换到"记账凭证汇总表"工作表，选中D3:D20单元格区域，打开"数据"选项卡，单击"数据工具"选项组中的"数据验证"下拉按钮，从下拉列表中选择"数据验证"选项。

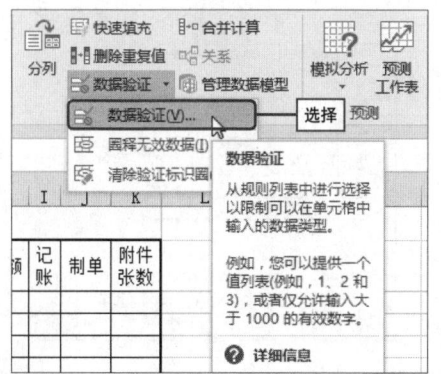

步骤 05 弹出"数据验证"对话框，打开"设置"选项卡，在"允许"下拉列表中选择"序列"选项，在"来源"文本框中输入"=科目代码"，单击"确定"按钮。

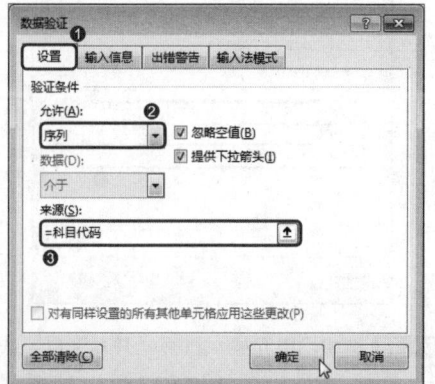

步骤 06 此时单击选定区域的任意单元格，在单元格右方，会出现一个下拉按钮，单击该下拉按钮，从展开的下拉列表中选择合适的科目代码。

步骤 07 切换到"会计科目表"工作表，选中D3:D96单元格区域。

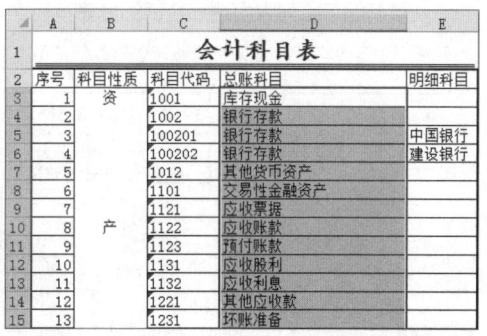

步骤 08 打开"新建名称"对话框，在"名称"文本框中输入"总账科目"，其他参数保持默认设置，单击"确定"按钮。

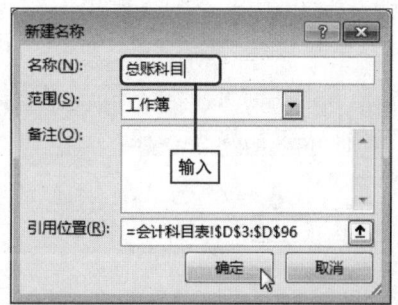

步骤 09 切换到"记账凭证汇总表"工作表，选中E3:E20单元格区域，打开"数据验证"对话框，打开"设置"选项卡，在"允许"下拉列表中选择"序列"选项，在"来源"文本框中输入"=总账科目"，单击"确定"按钮。

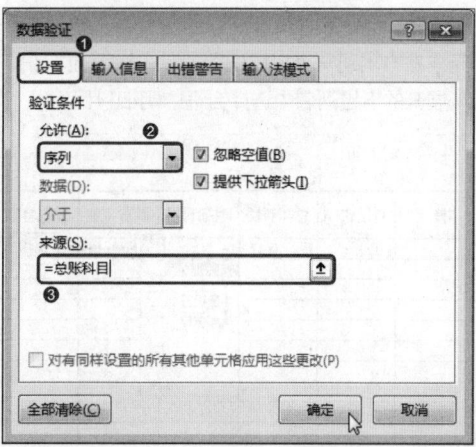

**步骤10** 此时单击选定区域的任意单元格,在单元格右方,会出现一个下拉按钮,单击该下拉按钮,从展开的下拉列表中选择合适的总账科目。

**步骤11** 按照同样的方法定义明细科目,然后切换到"记账凭证汇总表"工作表,选中F3:F20单元格区域,打开"数据验证"对话框,打开"设置"选项卡,在"允许"下拉列表中选择"序列"选项,在"来源"文本框中输入"=明细科目",单击"确定"按钮。

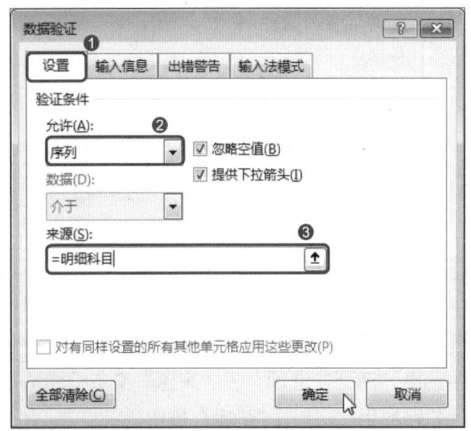

**步骤12** 此时单击选定区域的任意单元格,在单元格右方出现一个下拉按钮,单击该下拉按钮,从展开的下拉列表中选择合适的明细科目。

**步骤13** 选中B3:B20单元格区域,打开"数据验证"对话框,打开"设置"选项卡,在"允许"下拉列表中选择"序列"选项,在"来源"文本框中输入"现收,银收,现付,银付,转账"。

**步骤14** 打开"输入信息"选项卡,在"标题"文本框中输入"凭证类别",在"输入信息"文本框中输入"请单击下拉按钮,选择凭证类别!",然后单击"确定"按钮。

**步骤15** 选中I3单元格,打开"开发工具"选项卡,单击"控件"选项组中的"插入"按钮,从弹出的下拉列表中选择"复选框"选项。在I3单元格中插入一个复选框。

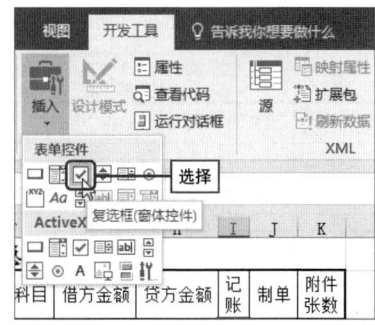

步骤 16 选中G3:H20单元格区域，打开"开始"选项卡，单击"数字"选项组中的"数字格式"下拉按钮，从列表中选择"会计专用"选项。

步骤 17 按照记账凭证内容，在记账汇总表中录入数据，查看最终的效果。

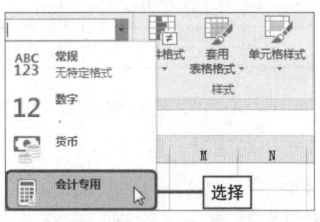

## 2.4 总分类账

总分类账是指按照总分类科目设置，公允货币计量单位进行登记，用来提供总括核算资料的账户。总分类账所提供的核算资料，是编制会计报表的主要依据，任何单位必须设置总分类账。

### 2.4.1 期初余额统计表的编制

期初余额统计表是用来统计财务期初账务的表格，用于记录科目代码、科目名称和各科目期初余额等信息，是制作总分类账的基础。下面介绍期初余额统计表的制作过程。

步骤 01 新建一个名为"期初余额统计表"的工作表，在其中输入标题和列标题。

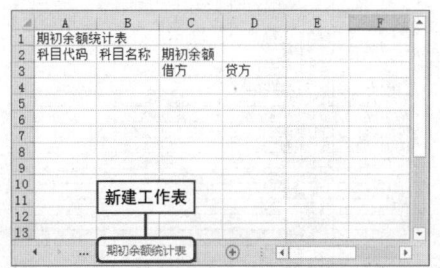

步骤 02 选中A1:D1单元格区域，打开"开始"选项卡，单击"字体"选项组的对话框启动器按钮。

步骤 03 弹出"设置单元格格式"对话框，打开"字体"选项卡，将标题设置为"黑体"、"常规"和18号。

步骤 04 打开"对齐"选项卡，将"水平对齐"和"垂直对齐"都设置为"居中"，勾选"合并单元格"复选框。

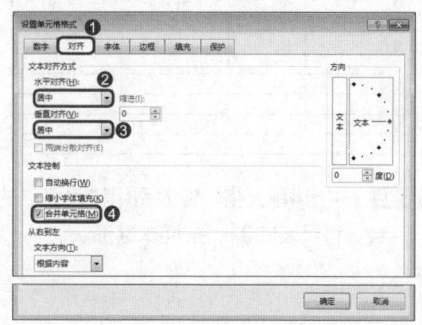

步骤05 选中A2:D24单元格区域，打开"设置单元格格式"对话框，打开"边框"选项卡，在"样式"列表框中选择粗一点的线条样式，单击"外边框"按钮。

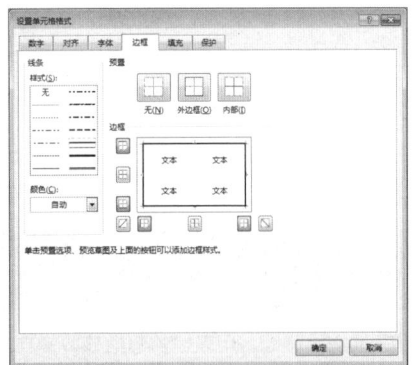

步骤06 然后在"样式"列表框中选择细一点的线条样式，单击"内部"按钮。

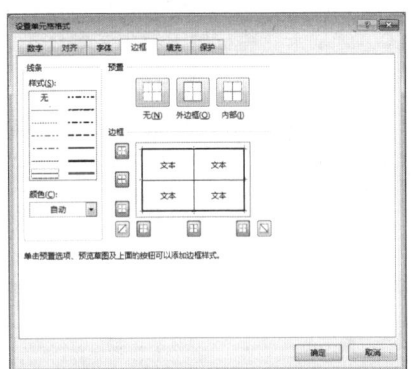

步骤07 选中A4单元格，输入引用科目代码的公式"=会计科目表!C3"，按回车键确认。

|   | A | B | C | D |
|---|---|---|---|---|
| 1 | 期初余额统计表 | | | |
| 2 | 科目代码 | 科目名称 | 期初余额 | |
| 3 | | | 借方 | 贷方 |
| 4 | =会计科目表!C3 | | | |
| 5 | | | | |
| 6 | | | | |
| 7 | | | | |
| 8 | | | | |
| 9 | | | | |
| 10 | | | | |

步骤08 选中B4单元格，输入引用科目名称的公式"=会计科目表!D3"，按回车键确认。

|   | A | B | C | D |
|---|---|---|---|---|
| 1 | 期初余额统计表 | | | |
| 2 | 科目代码 | 科目名称 | 期初余额 | |
| 3 | | | 借方 | 贷方 |
| 4 | 1001 | =会计科目表!D3 | | |
| 5 | | | | |
| 6 | | | | |
| 7 | | | | |

步骤09 选中C4:D24单元格区域，打开"设置单元格格式"对话框，打开"数字"选项卡，在"分类"列表框中选择"会计专用"选项，将小数位数设置为2，单击"确定"按钮。

步骤10 按照同样的方法，引用其他科目代码和科目名称，并录入各科目的期初余额，查看最终效果。

|   | A | B | C | D |
|---|---|---|---|---|
| 1 | 期初余额统计表 | | | |
| 2 | 科目代码 | 科目名称 | 期初余额 | |
| 3 | | | 借方 | 贷方 |
| 4 | 1001 | 库存现金 | ¥ 16,000.00 | |
| 5 | 1002 | 银行存款 | ¥ 1,300,000.00 | |
| 6 | 1012 | 其他货币资金 | ¥ 11,000.00 | |
| 7 | 1101 | 交易性金融资产 | | |
| 8 | 1121 | 应收票据 | ¥ 50,000.00 | |
| 9 | 1122 | 应收账款 | ¥ 60,000.00 | |
| 10 | 1123 | 预付账款 | ¥ 3,000.00 | |
| 11 | 1131 | 应收股利 | ¥ 60,000.00 | |
| 12 | 1132 | 应收利息 | ¥ 20,000.00 | |
| 13 | 1221 | 其他应收款 | ¥ 1,000,000.00 | |
| 14 | 1231 | 坏账准备 | | ¥ 60,000.00 |
| 15 | 1321 | 代理业务资产 | | ¥ 90,000.00 |
| 16 | 1401 | 材料采购 | | ¥ 5,000.00 |
| 17 | 1402 | 在途物资 | | ¥ 16,000.00 |
| 18 | 2211 | 应付职工薪酬 | | ¥ 9,000.00 |
| 19 | 6601 | 销售费用 | | ¥ 140,000.00 |

## 2.4.2 期初余额的录入

总分类账提供的核算资料，是编制会计报表的主要依据，任何单位都必须设置总分类账。要设置总分类账，首先需要创建总分类账。

下面将讲解总分类账的制作过程，并依据期初余额统计表，录入期初余额。

步骤01 新建一个名为"总分类账"的工作表，在其中输入标题和列标题。

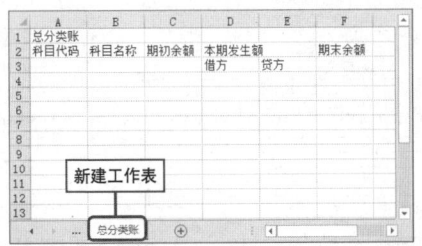

**步骤 02** 选中A1:F1单元格区域，打开"开始"选项卡，单击"对齐方式"选项组的对话框启动器按钮。

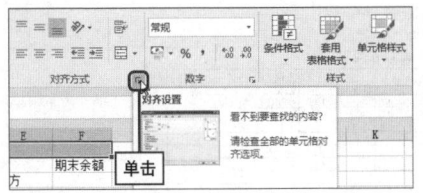

**步骤 03** 弹出"设置单元格格式"对话框，打开"字体"选项卡，将标题设置为"楷体"、"常规"和18号。

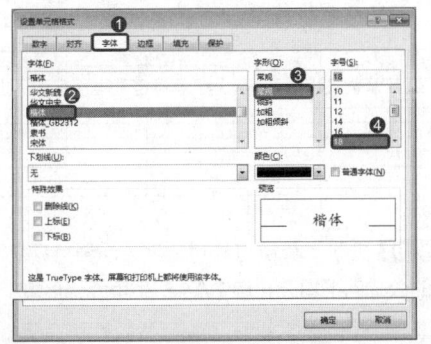

**步骤 04** 打开"对齐"选项卡，将"水平对齐"和"垂直对齐"都设置为"居中"，勾选"合并单元格"复选框，单击"确定"按钮。

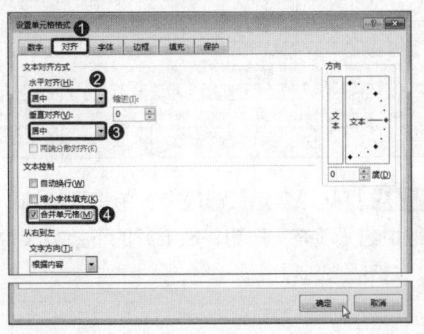

**步骤 05** 选中A2:F20单元格区域，单击"对齐方式"选项组的对话框启动器按钮。

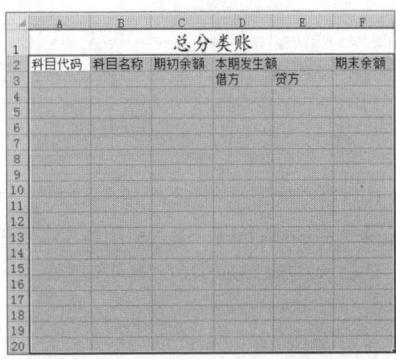

**步骤 06** 弹出"设置单元格格式"对话框，打开"边框"选项卡，在"样式"列表框中选择合适的线条样式，然后单击"外边框"按钮。接着在"样式"列表框中选择合适的线条样式，单击"内部"按钮，然后单击"确定"按钮。

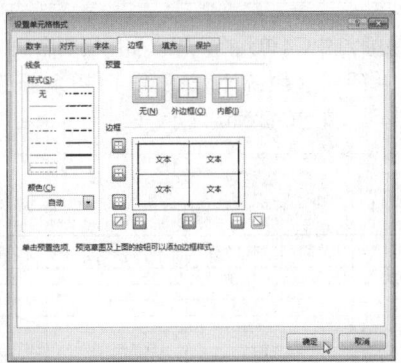

**步骤 07** 添加边框后，根据需要合并单元格，然后选中C4:F20单元格区域，单击"数字"选项组中的"数字格式"下拉按钮，选择"会计专用"选项。

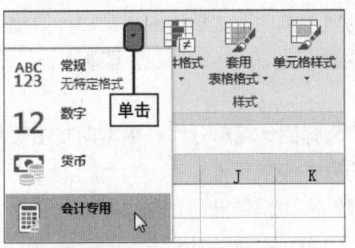

**步骤 08** 选中A4单元格，输入引用科目代码的公式"=期初余额统计表!A4"，按回车键确认。

**步骤 09** 选中B4单元格，输入引用科目名称的公式"=期初余额统计表!B4"，按回车键确认。

**步骤 10** 选中C4单元格，输入引用期初余额的公式"=期初余额统计表!C4-期初余额统计表!D4"，按回车键确认。

## 2.4.3 期末余额的计算

在总分类账中计算了期初余额是不够的，用户还需要将本期发生额和期末余额计算出来。本期发生额和期末余额是根据记账凭证汇总表录入的。

下面介绍计算总分类账中本期发生额和期末余额的具体操作方法。

**步骤 01** 选中D4单元格，在其中输入引用"记账凭证汇总表"本期借方发生额的公式"=SUMIF(记账凭证汇总表!$E$3:$E$8,B4,记账凭证汇总表!$G$3:$G$8)"，按回车键确认。

**步骤 02** 选中E4单元格，在其中输入引用"记账凭证汇总表"本期贷方发生额的公式"=SUMIF(记账凭证汇总表!$E$3:$E$8,B4,记账凭证汇总表!$H$3:$H$8)"，按回车键确认。

**步骤 03** 选中F4单元格，输入计算期末余额的公式"=C4+D4-E4"，按回车键确认。

**步骤 04** 为了计算所有科目的期末余额，需将引用的公式向下填充，选中A4:F20单元格区域。

**步骤 05** 打开"开始"选项卡，单击"编辑"选项组中的"填充"按钮，从展开的下拉列表中选择"向下"选项。

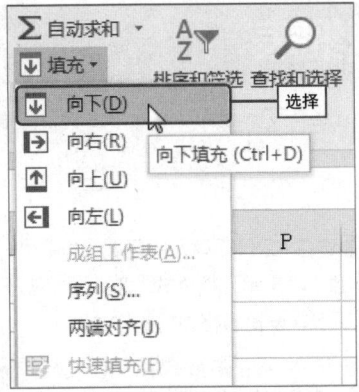

**步骤 06** 此时，选中单元格中依次出现了各种科目的期初余额、本期发生额和期末余额。

### 2.4.4 试算平衡表的制作

试算平衡表用以检查借贷方是否平衡，即检验账户记录是否有错的一种方式。试算平衡表不仅可以验算总分类账本期发生额和期末余额是否平衡外，还可以为编制会计报表提供依据。下面将对试算平衡表的制作过程进行介绍。

**步骤 01** 在"总分类账"工作表的H1:I5单元格区域中，创建一个简单的试算平衡表，用来试算本期借方发生额和本期贷方发生额是否平衡。

**步骤 02** 选中I2单元格，在其中输入汇总本期借方发生额的计算公式"=SUM(D4:D20)"，按回车键确认。

**步骤 03** 选中I3单元格，在其中输入汇总本期贷方发生额的计算公式"=SUM(E4:E20)"，按回车键确认。

**步骤 04** 选中I4单元格，在其中输入计算本期差额的公式"=I2-I3"，按回车键确认。

**步骤 05** 选中I5单元格，在其中输入计算借贷是否平衡的公式"=IF(I4=0,"平衡","不平衡")"，按回车键确认。

**步骤 06** 此时，在试算平衡表中显示了本期借方发生额、本期贷方发生额、本期差额和借贷平衡的情况，可看到通过试算，借贷是平衡的。

# 动手练习 | 编制产品订单明细表

通过对本章内容的学习，用户对使用Excel进行会计记账有了一定的了解。下面将通过编制产品订单明细表的操作，来温习前面所学的知识。

**步骤 01** 创建一个名为"产品订单明细表"的新工作表后，在其中输入相应的文字。

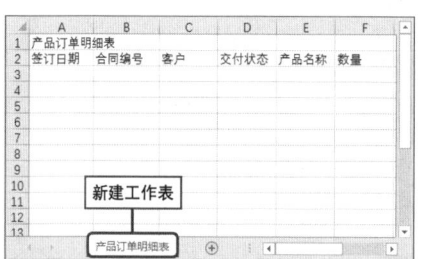

**步骤 02** 选中A1:H1单元格区域，打开"开始"选项卡，单击"对齐方式"选项组中的"合并后居中"按钮。

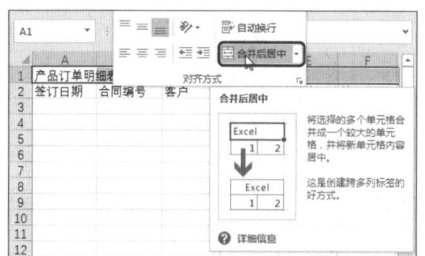

**步骤 03** 按Ctrl+1组合键，打开"设置单元格格式"对话框，打开"字体"选项卡，将标题字体格式设置为"宋体"、"加粗"和16号，单击"确定"按钮。

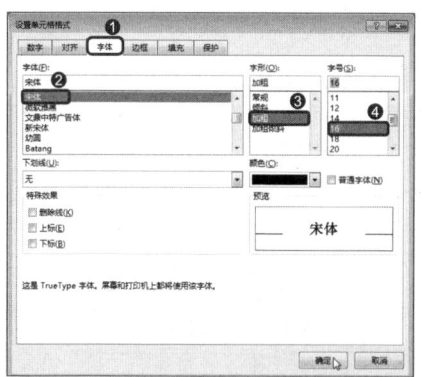

**步骤 04** 选中A2:H13单元格区域，按Ctrl+1组合键，弹出"设置单元格格式"对话框，打开"边框"选项卡，设置表格边框的样式。

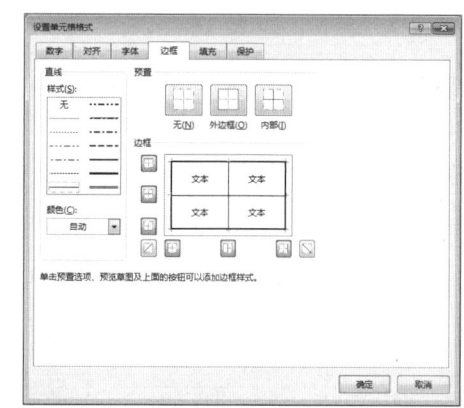

**步骤 05** 单击"确定"按钮后，选中G3:H13单元格区域。

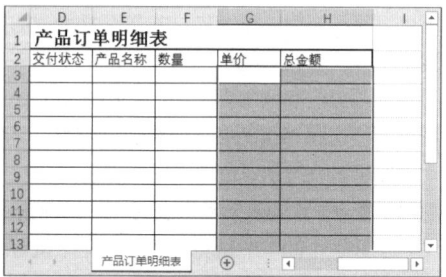

**步骤 06** 单击"数字"选项组中的"数字格式"下拉按钮，从弹出的列表中选择"货币"选项。

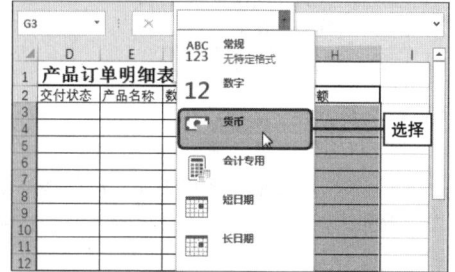

**步骤 07** 在创建的产品订单明细表中输入基本信息后，选中C3单元格。

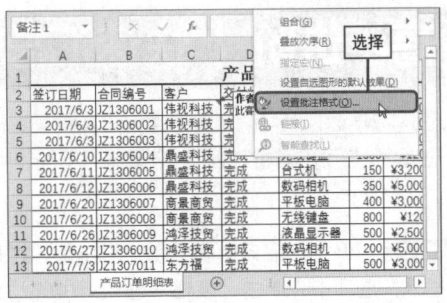

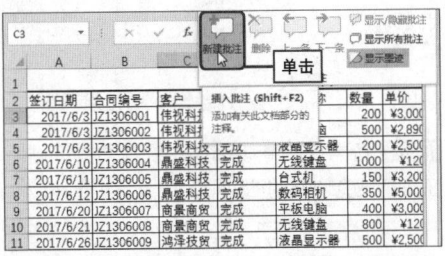

**步骤 08** 打开"审阅"选项卡，单击"批注"选项组中的"新建批注"按钮。

**步骤 09** 此时，选定单元格的右侧会出现一个批注框，由一根直线连接到C3单元格的右上角。

**步骤 10** 在批注框中输入注释的内容，此处输入"此客户要求在公司周年庆前送到"。

**步骤 11** 在批注框的框线上单击鼠标右键，从弹出的快捷菜单中选择"设置批注格式"命令。

**步骤 12** 弹出"设置批注格式"对话框，打开"字体"选项卡，从中将字体颜色设置为"红色"，单击"确定"按钮。

**步骤 13** 打开"审阅"选项卡，单击"批注"选项组中的"显示/隐藏批注"按钮。

**步骤 14** 此时，批注就隐藏起来了，只有将光标移动到C3单元格上时才会显示。

# 高手进阶 | 快速汇总订单总额

数据透视表可以快速分类汇总数据，数据透视图可以辅助数据透视表进行数据分析。下面通过介绍使用数据透视表分析产品订单明细表中数据的操作，来拓展前面所学的知识。

**步骤 01** 打开"产品订单明细表"工作表，打开"插入"选项卡，单击"表格"选项组中的"数据透视表"按钮。

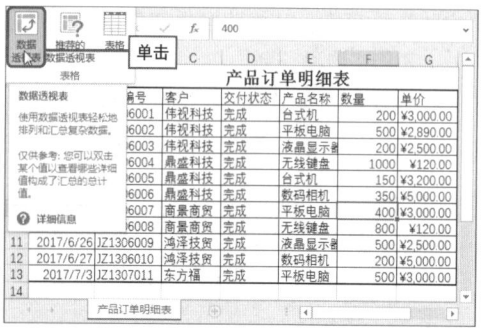

**步骤 02** 弹出"创建数据透视表"对话框，从中确认所选区域是否正确，选中"新工作表"单选按钮，单击"确定"按钮。

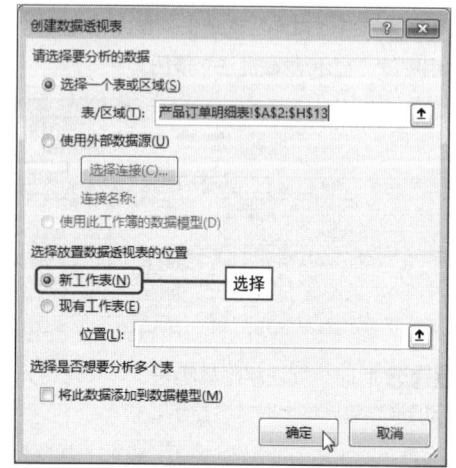

**步骤 03** 此时，弹出空白的数据透视表和"数据透视表字段"窗格，在"数据透视表字段"窗格中，将字段拖至合适的区域。

**步骤 04** 待需要的字段都拖动到合适的区域后，就形成了初步的数据透视表。

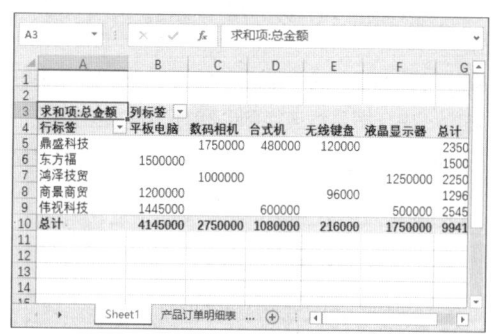

**步骤 05** 在行标签上双击，删除单元格中的内容，输入"客户"。

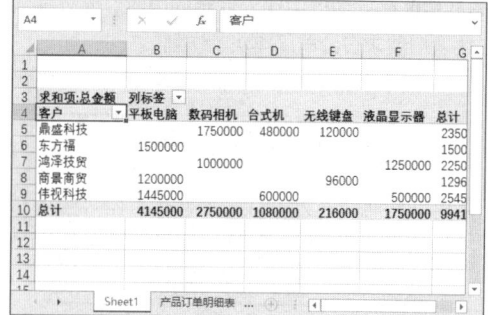

步骤 06 同样的方法，更改列标签的名称为"产品名称"。

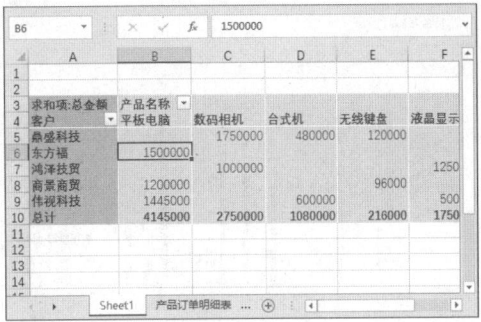

步骤 07 单击数据透视表中的任意单元格，打开"数据透视表工具-设计"选项卡，单击"布局"选项组中的"报表布局"按钮，从弹出的下拉列表中选择"以表格形式显示"选项。

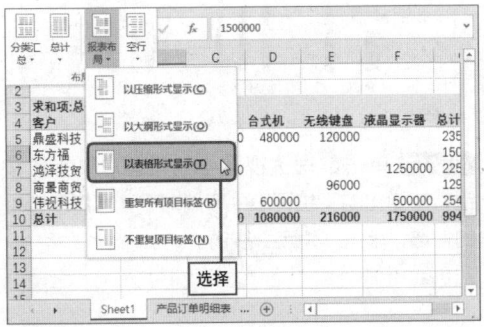

步骤 08 单击"数据透视表样式"选项组中的"其他"按钮，从弹出的下拉列表中选择"浅蓝，数据透视表样式中等深浅 27"选项。

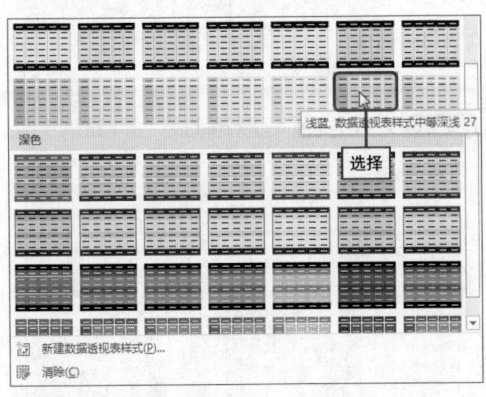

步骤 09 返回数据透视表编辑区，可以看到设置好的数据透视表格式。

步骤 10 打开"数据透视表工具-分析"选项卡，单击"工具"选项组中的"数据透视图"按钮。

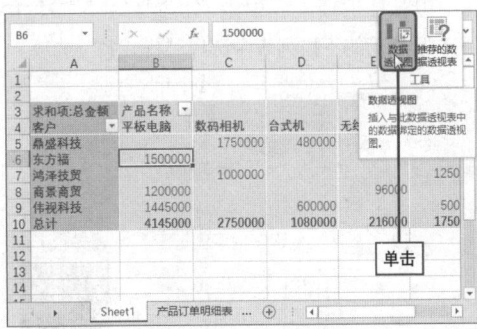

步骤 11 弹出"插入图表"对话框，从中选择"柱形图>簇状柱形图"选项，单击"确定"按钮。

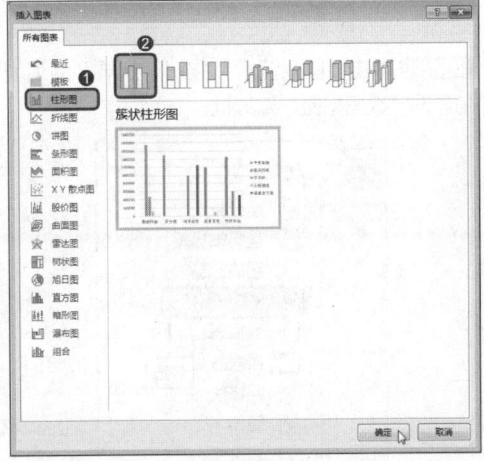

步骤 12 即可创建数据透视图，在图中显示了客户以及产品订单金额等信息。

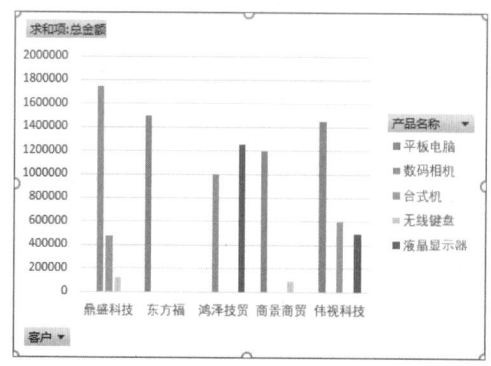

**步骤 13** 单击数据透视图，打开"数据透视图工具-设计"选项卡，单击"快速样式"下拉按钮，从弹出的下拉列表中选择"样式11"选项。

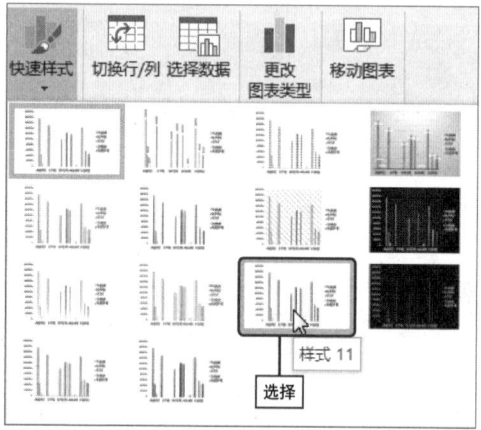

**步骤 14** 单击"图表元素"按钮，从展开的列表中勾选"数据标签"复选框。

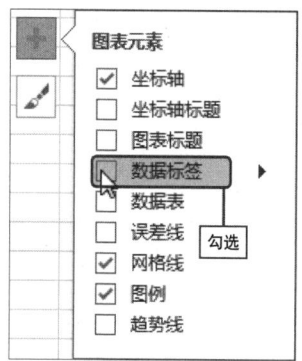

**步骤 15** 单击"添加图表元素"按钮，从弹出的下拉列表中选择"图表标题>图表上方"选项。

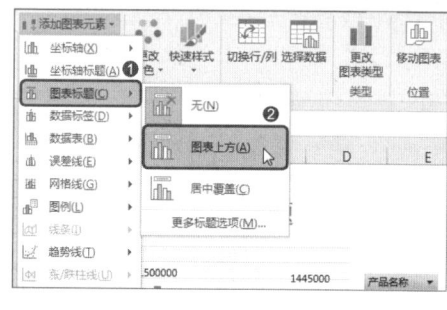

**步骤 16** 修改图表标题为"产品订单金额统计表"，查看设置后的数据透视图。

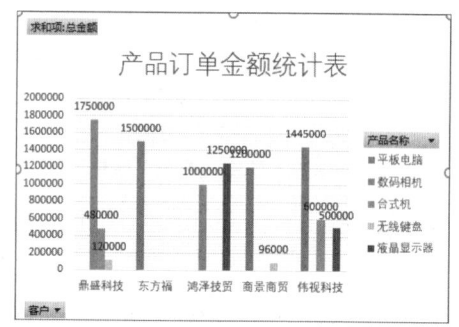

**步骤 17** 单击数据透视图中的"客户"字段按钮，从弹出的下拉列表中取消对一些客户复选框的勾选，单击"确定"按钮。

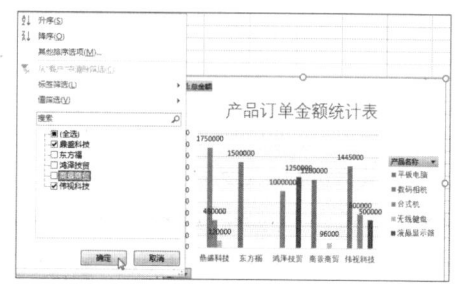

**步骤 18** 对数据透视图进行筛选后，查看最终效果。

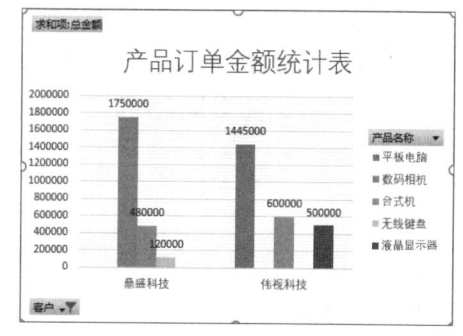

# 03 Chapter

055~079

# 薪酬管理

薪酬管理是在组织发展战略指导下，对员工薪酬支付原则、薪酬策略、薪酬水平、薪酬结构、薪酬构成等进行确定、分配和调整的动态管理过程。薪酬管理中涉及大量的数据和复杂计算，常常使财务人员忙得焦头烂额。Excel电子表格拥有强大的统计分析和计算能力，是财务人员进行薪酬管理的好帮手。

**本章所涉及的知识要点：**

◆ 制作工资信息表　　　　◆ 制作工资明细表

◆ 制作工资条　　　　　　◆ 制作工资发放表

**本章内容预览：**

员工基本信息表

应扣应缴统计表

# 3.1 工资信息表

工资信息表是与工资核算相关的一些表格,如员工基本信息表、员工考勤表和员工基本福利表等。制作这些表格,可以帮助财务人员有效地进行工资核算。

## 3.1.1 员工基本信息表的制作

员工基本信息表是薪酬管理中的重要表格,该表格记录了员工的工号、姓名、部门、入职时间、基本工资等信息。在此将详细讲解员工基本信息表的创建方法。

**步骤01** 单击状态栏中的"新工作表"按钮,新建一个表格,将其命名为"员工基本信息表"。

**步骤02** 在工作表中输入表格标题和列标题并设置其格式,然后为表格添加边框。

**步骤03** 选中A3:A38单元格区域,打开"开始"选项卡,单击"数字"选项组的对话框启动器按钮。

**步骤04** 弹出"设置单元格格式"对话框,打开"数字"选项卡,在"分类"列表框中选择"自定义"选项,在"类型"文本框中输入"000#",单击"确定"按钮。

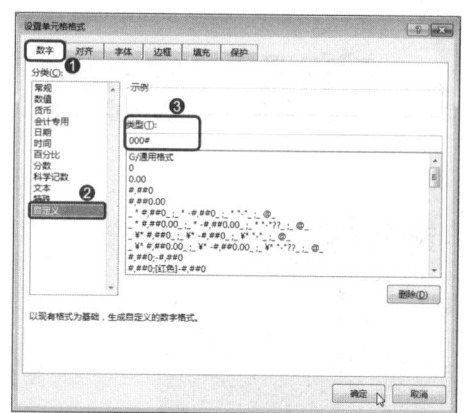

**步骤05** 选中F3单元格,在其中输入公式"=FLOOR(DAYS360(E3,TODAY())/365,1)",按回车键确认,计算员工的工作年限。

### 函数解析

**FLOOR函数**

FLOOR函数用于将数字向下舍入到最接近的整数或最接近的指定基数的倍数。该函数的语法格式为:

**FLOOR(number,significance)**

参数number表示要舍入的数值,参数significance为要舍入到的倍数。

步骤 06 选中G3单元格,在其中输入公式"=IF(C3="人事部",2500,IF(C3="财务部",2800,IF(C3="设计部",3500,IF(C3="办公室",2500,2000))))",按回车键确认,计算员工的基本工资。对于特殊岗位的员工工资,需手动修改。

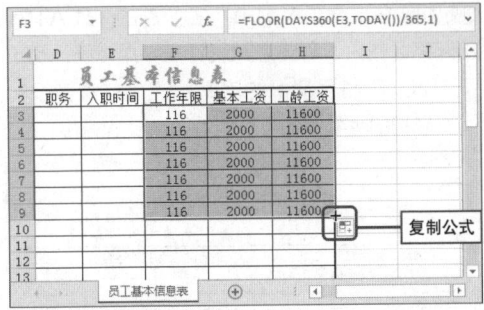

步骤 09 输入员工其他信息时,当输入"所属部门"时,基本工资会自动显示,输入"入职时间"时,"工作年限"和"工龄工资"会自动显示,查看最终的效果。

#### 函数解析

**DAYS360函数**

DAYS360函数将一年按照360天计算,返回两日期间相差的天数。该函数的语法格式为:

**DAYS360(start_date,end_date,[method])**

参数start_date表示计算的起始日期;参数end_date表示计算的终止日期;参数method是一个逻辑值,用于指定在计算中是采用欧洲方法还是美国方法。

步骤 07 选中H3单元格,输入公式"=IF(F3<=1,F3*50,IF(F3>=2,F3*100))",按回车键确认,计算员工的工龄工资。

步骤 08 选中F3:H3单元格区域,将光标移动到H3单元格的右下角,当光标变成+形状时,按住鼠标左键不放向下拖曳,填充公式。

### 3.1.2 员工考勤表的制作

员工考勤表是用来统计员工出勤情况的,主要用于记录员工一个月内病假、事假、年假、迟到等情况。

下面将介绍员工考勤记录表和考勤统计表的创建方法,具体如下。

步骤 01 新建一个名为"员工考勤表"的工作表,在A1:AH39单元格区域内创建考勤记录表,用来记录2017年1月,全体员工的出勤情况,其中s表示事假,b表示病假,k表示旷工,n表示年假,0.5表示迟到半小时。

**步骤02** 在"员工考勤表"工作表的AJ1:AT39单元格区域内,创建考勤统计表,用来统计每位员工2017年1月请假的次数、迟到的次数及时间、应扣的金额等信息。

**步骤03** 选中AJ4单元格,在其中输入公式"=COUNTIF(D4:AH4,"<=0.5")",按回车键确认,统计迟到半小时内的次数。

**函数解析**

**COUNTIF函数**

COUNTIF函数是用来计算指定区域中满足给定条件的单元格的个数。该函数的语法格式为:

**COUNTIF(range,criteria)**

参数range表示要对其进行计算的一个或多个单元格,其中包括数字、名称、数组或包含数字的引用,空值和文本值将被忽略;参数criteria用于定义将对哪些单元格进行计数的数字、表达式、单元格引用或文本字符串。

**步骤04** 选中AK4单元格,在其中输入公式"=COUNTIF(D4:AH4,">0.5")-COUNTIF(D4:AH4,">1")",按回车键确认,统计迟到1小时内的次数。

**步骤05** 选中AL4单元格,在其中输入公式"=COUNTIF(D4:AH4,">1")",按回车键确认,统计迟到1小时以上的次数。

**步骤06** 选中AM4单元格,在其中输入公式"=AJ4*20+AK4*50+AL4*100",按回车键确认,统计迟到造成的应扣金额。

**步骤07** 选中AN4单元格,在其中输入公式"=COUNTIF(D4:AH4,"s")",按回车键确认,统计本月请事假的次数。

**步骤 08** 选中AO4单元格,在其中输入公式"=COUNTIF(D4:AH4,"b")",按回车键确认,统计本月请病假的次数。

**步骤 09** 选中AP4单元格,在其中输入公式"=COUNTIF(D4:AH4,"k")",按回车键确认,统计本月旷工的次数。

**步骤 10** 选中AQ4单元格,在其中输入公式"=COUNTIF(D4:AH4,"n")",按回车键确认,统计本月请年假的次数。

**步骤 11** 选中AR4单元格,输入公式"=AN4*200+AO4*50+AP4*300+AQ4*0",按回车键确认,统计请假旷工应扣的金额。

**步骤 12** 选中AS4单元格,在其中输入公式"=AM4+AR4",按回车键确认,统计总共应扣的金额。

**步骤 13** 选中AT4单元格,在其中输入公式"=IF(AS4=0,200,0)",按回车键确认,统计满勤奖。

**步骤 14** 选中AJ4:AT4单元格区域,将光标移动到AT4单元格的右下角,当光标变成+形状时,按住鼠标左键不放向下拖曳,填充公式。

复制公式

**步骤 15** 公式填充完成后，根据考勤记录表统计的考勤统计表就制作完成了，查看最终效果。

## 3.1.3 销售业绩统计表的制作

通常情况下，公司的销售人员，除了基本工资外，还可以根据其销售业绩获得提成和奖金，这样可以激发员工的销售热情。财务部门根据公司的相关规定，制作销售业绩统计表，来进行销售员的业绩提成和奖金的统计。

| 级别 | 提成 | 奖金 |
| --- | --- | --- |
| 经理 | 全体员工业绩×1% | 总业绩超过100万元，奖励10000元 |
| 主管和员工 | （0元～20000元）×3%；<br>（20000元～50000元）×4%；<br>（50000元～100000元）×5%；<br>（>100000元）×6%； | 个人业绩超15万元，奖励5000元 |

下面介绍业绩统计表的创建方法，具体如下。

**步骤 01** 新建一个名为"销售业绩统计表"的工作表，在其中输入基本信息，添加表格边框，设置文本格式。

**步骤 02** 选中E4单元格，输入公式"=RANK(D4,$D$4:$D$13)"，按回车键确认，计算销售排名。

**函数解析**

**RANK函数**

RANK函数是用来返回一组数字的排列顺序。该函数的语法格式为：

**RANK(number,ref,[order])**

参数number表示需要找到排位数字；参数ref表示数字列表数组或对数字列表的引用，非数值型值将被忽略；参数order表示一个数字，指明数字排位的方式，order为0或忽略，按降序排序，否则按升序排位。

**步骤 03** 选中F4单元格，输入公式"=IF(D4>=100000,D4*0.06,IF(D4>=50000,D4*0.05,IF(D4>=20000,D4*0.04,D4*0.03)))"，按回车键确认，计算除经理外的销售提成。

**步骤 04** 选中G4单元格，输入公式"=IF(D4>150000,5000,0)"，按回车键确认，计算销售员的奖金。

**步骤 05** 选中F3单元格,输入公式"=SUM(D4: D13)*0.01",按回车键确认,计算销售经理的提成。

**步骤 06** 选中G3单元格,输入公式"=IF(SUM (D4:D13)>1000000, 10000,0)",按回车键确认,计算销售经理的奖金。

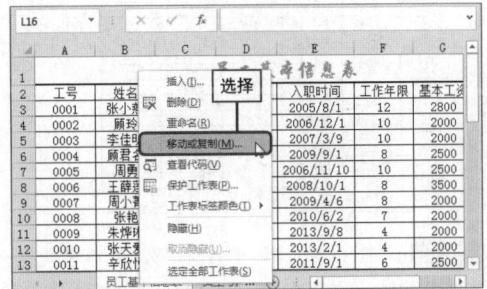

**步骤 07** 选中E4:G4单元格区域,将光标移动到G4单元格的右下角,当光标变成+形状时,按住鼠标左键不放向下拖曳,填充公式。

**步骤 08** 公式填充完成后,可以看到销售部每个员工的提成和奖金情况。

### 3.1.4 基本福利表的制作

通常情况下,公司会根据员工所在的岗位级别,给员工发放福利津贴。例如,经理级别的按基本工资的20%计算津贴,主管级别按基本工资的15%计算津贴,一般员工按照基本工资的10%计算津贴。

员工基本福利表的制作方法介绍如下:

**步骤 01** 打开员工基本信息表,在工作表标签上单击鼠标右键,从弹出的快捷菜单中选择"移动或复制"命令。

**步骤 02** 弹出"移动或复制工作表"对话框,在"下列选定工作表之前"列表框中选择"移至最后"选项,勾选"建立副本"复选框,单击"确定"按钮。

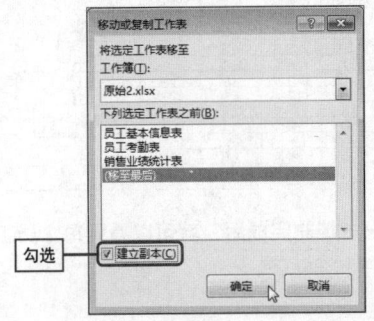

步骤 03 此时打开名为"员工基本信息表（2）"的工作表，在该工作表标签上单击鼠标右键，从弹出的快捷菜单中选择"重命名"命令，将工作表命名为"员工基本福利表"。

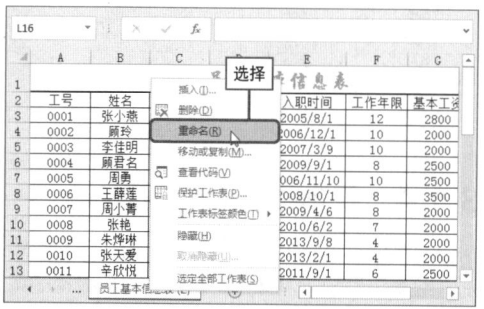

步骤 04 对表格进行修改，变成员工基本福利表。选中F3单元格，在其中输入公式"=IF(D3="经理",E3*20%,IF(D3="主管",E3*15%,IF(D3="员工",E3*10%,0)))"，按回车键确认。

步骤 05 选中F3单元格，将光标移动到该单元格的右下角，当光标变成+形状时，按住鼠标左键不放，向下拖曳填充公式。

步骤 06 公式填充完成后，就可以看到每个员工所获得的福利津贴了。

### 3.1.5 应扣应缴统计表的制作

应扣应缴统计表是用来统计员工工资中应扣除的五险一金的缴纳金额。一般情况下，除了生育保险和工伤保险全部由用人单位缴纳，其他由员工和公司共同缴纳。

应扣应缴统计表的具体制作方法介绍如下：

步骤 01 新建一个名为"应扣应缴统计表"的工作表，在其中输入基本信息，设置单元格格式，并为表格添加边框。

步骤 02 选中E3单元格，输入公式"=VLOOKUP(A3,员工基本信息表!$A:$H,7)+VLOOKUP(A3,员工基本信息表!$A:$H,8)+VLOOKUP(A3,员工基本福利表!$A:$F,6)"，按回车键确认，计算工资合计金额。

### 函数解析

**VLOOKUP函数**

VLOOKUP函数用于在数据表的首列查找指定的值，并返回数据表当前行中指定列的值。该函数的语法格式：

VLOOKUP(lookup_value,table_array,col_index_num,[range_lookup])

参数lookup_value表示要在表格或区域的第一列中搜索的值；参数table_array包含数据的单元格区域；参数col_index_num表示table_array中必须返回的匹配值的列标；参数range_lookup是一个逻辑值，如果为FALSE，函数将只查找精确匹配值。

**步骤 03** 选中F3单元格，在其中输入公式"=E3*0.08"，按回车键确认，计算养老保险应扣金额。

**步骤 04** 选中G3单元格，在其中输入公式"=E3*0.05"，按回车键确认，计算失业保险应扣金额。

**步骤 05** 选中I3单元格，在其中输入公式"=E3*0"，按回车键确认，计算生育保险应扣金额。生育保险和工伤保险都由单位缴纳，所以为0。

**步骤 06** 选中K3单元格，在其中输入公式"=E3*0.08"，按回车键确认，计算住房公积金应扣金额。

**步骤 07** 选中L3单元格，在其中输入公式"=SUM(F3:K3)"，按回车键确认，计算总共要扣除的金额。

**步骤 08** 将公式填充到下方的单元格中，这样每位员工各项应扣和总共应扣的金额就统计好了。

## 3.1.6 税率表的制作

根据国家的有关规定,员工工资超过起征点的需要交纳个人所得税。企业一般会从员工工资中扣除应交的个人所得税,然后代替员工缴纳。个人所得税代扣代激统计表是用来统计员工应交多少个人所得税的表格。

个人所得税代扣代缴统计表的制作方法介绍如下:

**步骤 01** 新建一个名为"税率表"的工作表,根据国家的有关规定,新建个人所得税税率表。

**步骤 02** 在税率表的F1:O38单元格区域中,创建个人所得税代扣代缴统计表,输入基本信息,并设置单元格格式。

**步骤 03** 选中J3单元格,输入公式"=VLOOKUP(F3,应扣应缴统计表!$A:$E,5,0)+VLOOKUP(F3,员工考勤表!$A:$AT,46)",按回车键确认,计算加上满勤奖的工资总和。

**步骤 04** 选中K3单元格,输入公式"=VLOOKUP(F3,应扣应缴统计表!$A:$L,12)+VLOOKUP(F3,员工考勤表!$A:$AT,45)",按回车键确认,计算缺勤应扣金额和五险一金应扣金额的总和。

**步骤 05** 选中L3单元格,输入公式"=IF(J3-K3>$D$2,J3-K3-$D$2,0)",按回车键确认,计算应纳所得税所得额。

**步骤 06** 选中M3单元格,输入公式"=IF(L3>=80000,45%,IF(L3>=55000,35%,IF(L3>=35000,30%,IF(L3>=9000,25%,IF(L3>=4500,20%,IF(L3>=1500,10%,IF(L3=0,0, 3%))))))",按回车键确认,计算应纳税所得额对应的税率。

步骤 07 选中N3单元格，输入公式"=IF(L3=0,0,LOOKUP(L3,$B$4:$B$10,$D$4:$D$10))"，按回车键确认，计算应纳税所得额对应的速算扣除数。

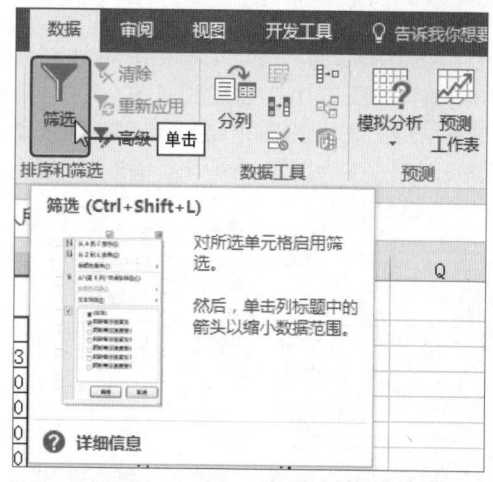

步骤 08 选中O3单元格，输入公式"=L3*M3-N3"，按回车键确认，计算代扣所得税额。

步骤 09 选中J3:O3单元格区域，将公式填充到下方的单元格区域中，然后选中P2单元格。

步骤 10 打开"数据"选项卡，单击"排序和筛选"选项组中的"筛选"按钮，为个人所得税代扣代缴统计表添加筛选按钮。

步骤 11 单击"所属部门"筛选按钮，从弹出的下拉列表框中取消对"全选"复选框的勾选，只勾选"销售部"复选框，单击"确定"按钮。

步骤 12 为了方便引用"销售业绩统计表"工作表中的数据，切换到"销售业绩统计表"工作表，为其添加"工号"列。

**步骤 13** 切换到"税率表"工作表，选中J4单元格，将公式修改为"=VLOOKUP(F4,应扣应缴统计表!$A:$E,5,0)+VLOOKUP(F4,员工考勤表!$A:$AT,46)+VLOOKUP(F4,销售业绩统计表!$A:$H,7)+VLOOKUP(F4,销售业绩统计表!$A:$H,8)"。

**步骤 14** 按回车键确认，然后将公式填充到下方的单元格中，这样就修改了所有销售部员工的工资总额。

**步骤 15** 退出筛选状态，此时可以清楚地查看这个月每个员工应扣除的个人所得税所得额。

## 3.2 工资明细表

每到月初，会计人员就需要计算上个月员工的应发工资，员工的应发工资是在基本工资的基础上，加上福利津贴、满勤奖等，销售员还需加上提成和奖金，最后扣除缺勤、五险一金、个人所得税等，剩余部分为发放的工资。

### 3.2.1 表格样式的设置

为了让表格看起来更加美观，用户可设置表格的样式，例如，套用表格格式或使用单元格样式等。下面将介绍设置员工工资明细表样式的方法。

**步骤 01** 单击"新工作表"按钮，新建一个工作表，将其命名为"工资明细表"。

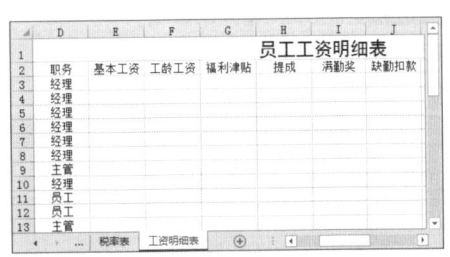

**步骤 02** 在表中输入表标题、行标题、列标题以及员工的基本信息。

**步骤 03** 选中A2:P38单元格区域，打开"开始"选项卡，单击"样式"选项组中的"套用表格格式"按钮，从展开的列表中选择"浅绿,表样式浅色18"选项。

步骤 04 弹出"套用表格式"对话框，从中确认表数据的来源是否正确，勾选"表包含标题"复选框，单击"确定"按钮。

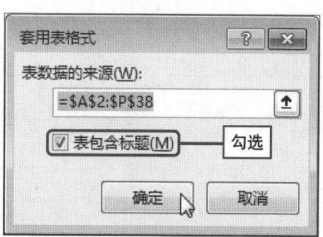

步骤 05 单击"样式"选项组的"单元格样式"按钮，在弹出的下拉列表的"标题"选项上单击鼠标右键，从快捷菜单中选择"修改"命令。

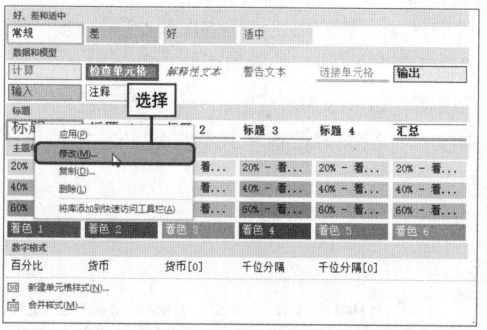

步骤 06 弹出"样式"对话框，保持默认设置，单击"格式"按钮。

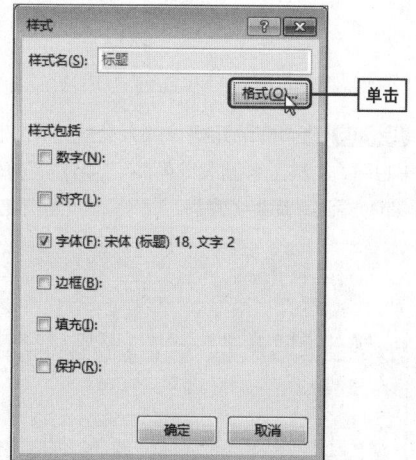

步骤 07 弹出"设置单元格格式"对话框，打开"字体"选项卡，设置字体为"楷体"、"常规"、18号和"红色"。

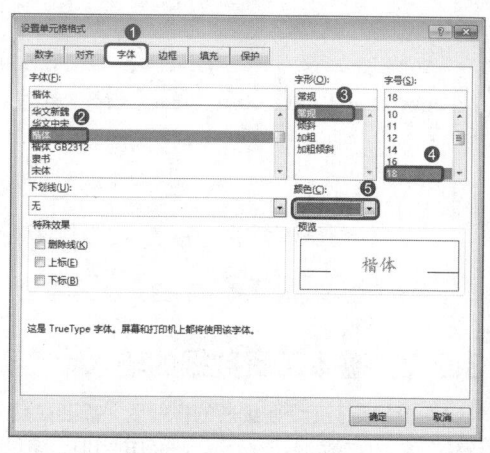

步骤 08 单击"确定"按钮，返回"样式"对话框，再次单击"确定"按钮。

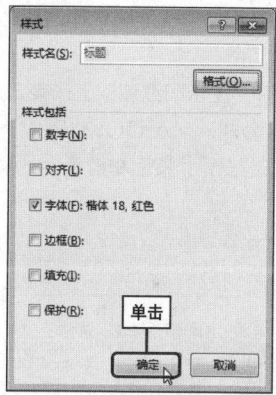

步骤 09 选中表格标题，单击"样式"选项组中的"单元格样式"按钮，从展开的列表中选择"标题"选项。

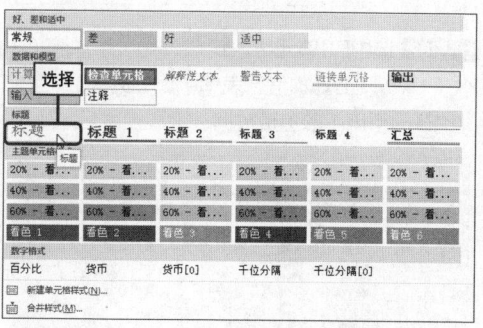

步骤 10 此时，表格标题就套用了设置的单元格样式。至此，员工工资明细表的样式就设置好了，查看最终效果。

## 3.2.2 基本工资数据的输入

设置好员工工资明细表的样式后，需要在其中输入员工工资的各项数据，此时用户可以通过公式引用其他工作表中的数据，如引用员工基本信息表中的基本工资。

下面将介绍如何使用公式输入数据，并计算员工的各项工资。

**步骤 01** 打开"工资明细表"工作表，选中E3单元格，输入公式"=VLOOKUP(A3,员工基本信息表!$A:$H,7)"，按回车键确认，引用基本工资数据。

**步骤 02** 选中F3单元格，输入公式"= VLOO-KUP(A3,员工基本信息表!$A:$H,8)"，按回车键确认，引用工龄工资数据。

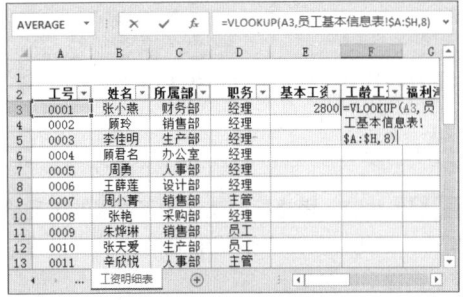

**步骤 03** 选中G3单元格，输入公式"= VLOO-KUP(A3,员工基本福利表!$A:$F,6)"，按回车键确认。

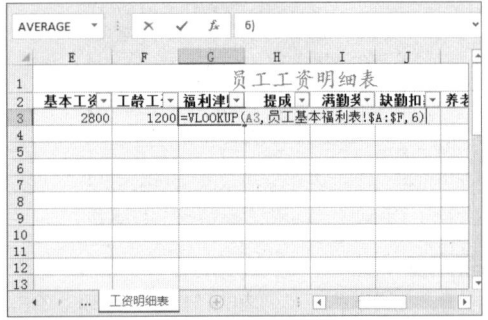

**步骤 04** 选中H3单元格，输入公式"= VLOO-KUP(A3,销售业绩统计表!$A:$H,7)"，按回车键确认。此时，H3单元格中将出现"#N/A"的错误值，这是因为对应的工号在销售业绩统计表中没有，后面修改该单元格中的公式为数字0即可。

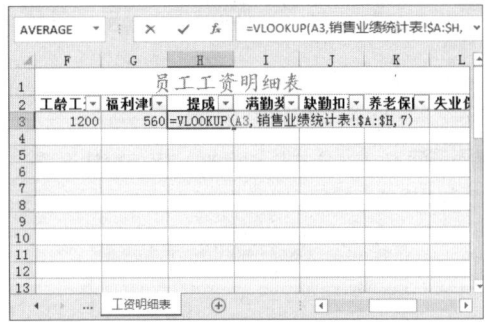

**步骤 05** 选中I3单元格，输入公式"= VLOO-KUP(A3,员工考勤表!$A:$AT,46)"，按回车键确认，引用满勤奖数据。

**步骤 06** 选中J3单元格，输入公式"= VLOOKUP(A3,员工考勤表!$A:$AT,45)"，按回车键确认，引用缺勤扣款数据。

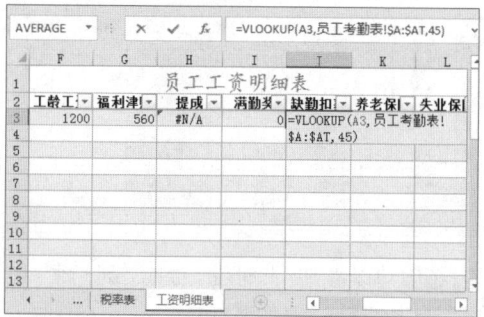

**步骤 07** 选中K3单元格，输入公式"= VLOOKUP(A3,应扣应缴统计表!$A:$L,6)"，按回车键确认，引用养老保险数据。

**步骤 08** 选中L3单元格，输入公式"= VLOOKUP(A3,应扣应缴统计表!$A:$L,7)"，按回车键确认，引用失业保险数据。

**步骤 09** 选中M3单元格，输入公式"= VLOOKUP(A3,应扣应缴统计表!$A:$L,8)"，按回车键确认，引用医疗保险数据。

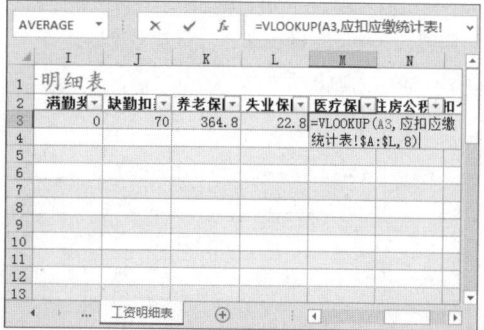

**步骤 10** 选中N3单元格，输入公式"= VLOOKUP(A3,应扣应缴统计表!$A:$L,11)"，按回车键确认，引用住房公积金数据。

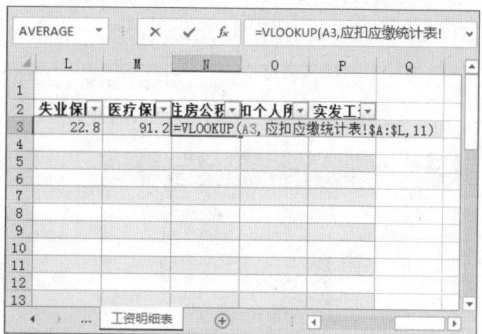

**步骤 11** 选中O3单元格，输入公式"=VLOOKUP(A3,税率表!$F:$O,10)"，按回车键确认，引用代扣个人所得税数据。

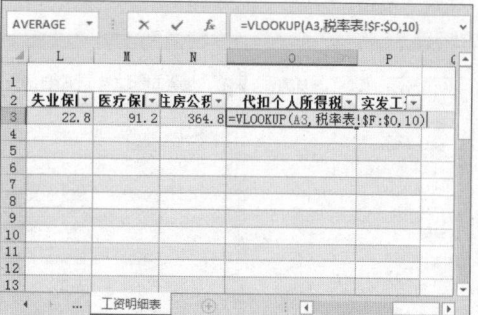

**步骤 12** 选中P3单元格，输入公式"=[@基本工资]+[@工龄工资]+[@福利津贴]+[@提成]+[@满勤奖]-[@缺勤扣款]-[@养老保险]-[@失业保险]-[@医疗保险]-[@住房公积金]-[@代扣个人所得税]"，按回车键确认，计算实发工资。

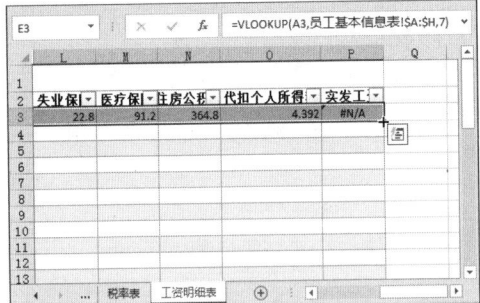

**步骤 13** 选中E3:P3单元格区域，将光标移动到P3单元格的右下角，当光标变成+形状时，按住鼠标左键不放，向下拖曳填充公式。

**步骤 14** 单击"所属部门"下拉按钮，在弹出的列表框中取消对"销售部"复选框的勾选，单击"确定"按钮。

**步骤 15** 将销售部外所有员工的提成都修改为0。

**步骤 16** 可以看到，此时在"提成"列，除了销售部员工有提成，其他都为0。

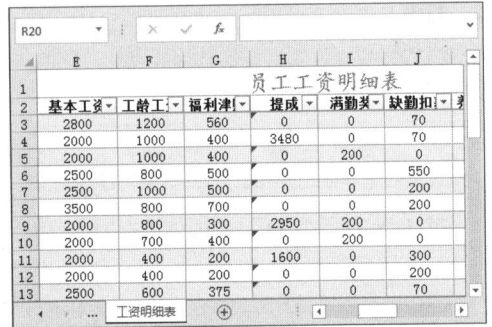

**步骤 17** 至此，员工工资明细表就制作完成了，其中包含了每个员工的工资明细。

# 3.3 工资条

工资条也叫工资表，是员工所在单位定期给员工反映工资的纸条。工资条分纸质版和电子版两种，记录着每个员工的月收入分项和收入总额。

## 3.3.1 工资条的制作

工资条应该包括工资明细表中的各个组成部分，如基本工资、提成、应扣个人所得税等项目。根据工资明细表，制作员工工资条的操作介绍如下：

**步骤 01** 打开"工资明细表"工作表，选中标题行，即选中A2:P2单元格区域，按Ctrl+C组合键，复制标题行。

**步骤 02** 切换到"工资条"工作表，单击A2单元格，按Ctrl+V组合键进行粘贴，然后输入工作表标题，构建工资条的基本框架。

**步骤 03** 在A3单元格中单击鼠标右键，从弹出的快捷菜单中选择"设置单元格格式"命令。

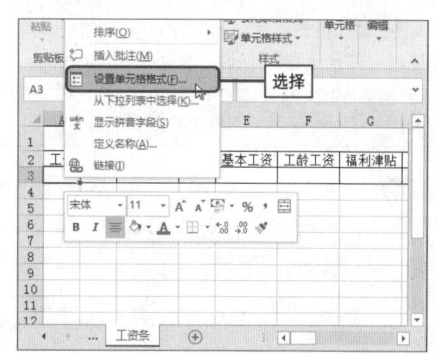

**步骤 04** 弹出"设置单元格格式"对话框，打开"数字"选项卡，在"分类"列表框中选择"自定义"选项，在"类型"文本框中输入"000#"，单击"确定"按钮。

**步骤 05** 在A3单元格中输入1，在B3单元格中输入公式"=VLOOKUP($A3,工资明细表!$A:$P,COLUMN(),0)"，按回车键确认。

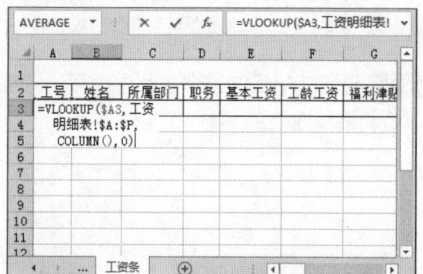

### 函数解析

**COLUMN函数**

COLUMN函数是用来返回指定单元格引用的列标，该函数的语法格式为：

**COLUMN([reference])**

参数reference表示要返回其列标的单元格或单元格区域，如果省略reference，则假定对函数COLUMN所在单元格的引用；如果reference为一个单元格区域，并且函数COLUMN作为水平数组输入，则函数COLUMN将reference中的列标以水平数组的形式返回。reference不能引用多个区域。

**步骤06** 选中B3单元格，将光标移动到该单元格的右下角，当光标变成"+"形状时，按住鼠标左键不放，向右拖曳填充公式。

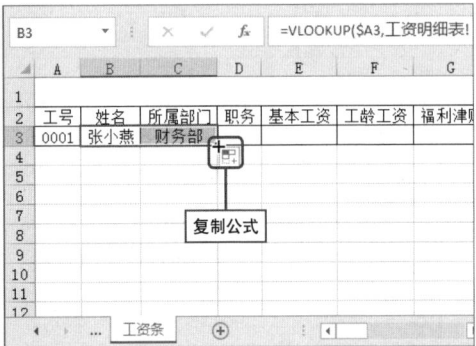

**步骤07** 选中A1:P3单元格区域，将光标移动到P3单元格的右下角，当光标变成+形状时，按住鼠标左键不放向下拖曳，批量生成工资条。

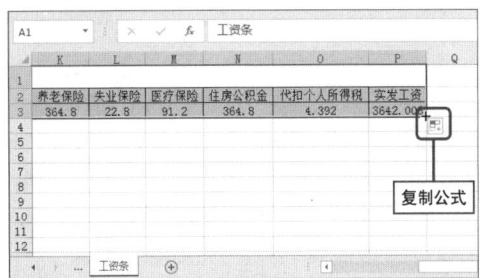

**步骤08** 当所有员工的工资条都生成后，释放鼠标，查看最终效果。

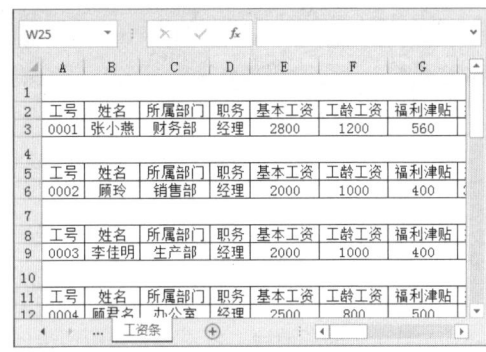

## 3.3.2 工资发放表的制作

工资发放表中包含员工的姓名、卡号、实发工资金额等信息。银行的工作人员会根据工资发放表，将工资打到员工的工资卡上。

根据工资明细表，创建工资发放表的操作方法介绍如下：

**步骤01** 单击"新工作表"按钮，新建一个工作表，将其重命名为"工资发放表"。

**步骤02** 在表格中输入基本信息，设置其格式，从员工基本信息表中将工号和姓名复制过来。

**步骤 03** 选中C3:C38单元格区域，单击鼠标右键，从弹出的快捷菜单中选择"设置单元格格式"命令。

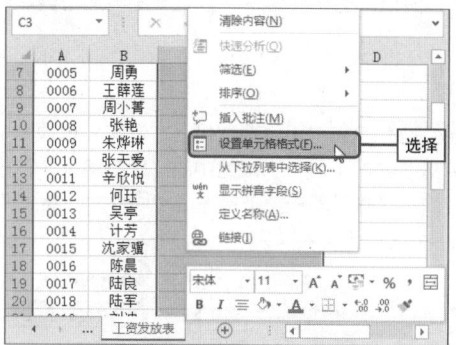

**步骤 04** 弹出"设置单元格格式"对话框，打开"数字"选项卡，在"分类"列表框中选择"文本"选项，单击"确定"按钮。

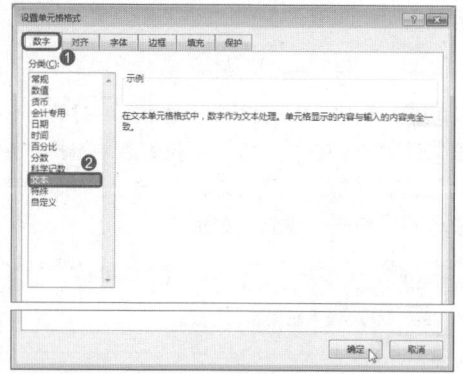

**步骤 05** 选中D3:D38单元格区域，打开"开始"选项卡，单击"数字"选项组中的"数字格式"下拉按钮，从展开的列表中选择"会计专用"选项。

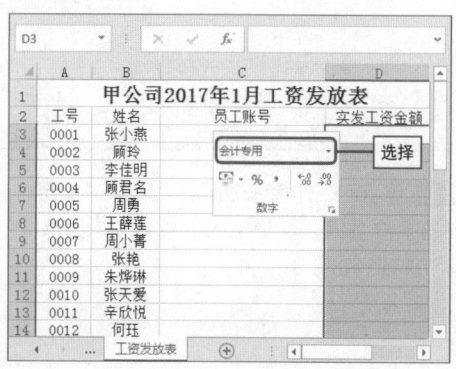

**步骤 06** 输入员工账号，选中D3单元格，输入公式"=VLOOKUP(A3,工资明细表!$A:$P,16)"，按回车键确认。

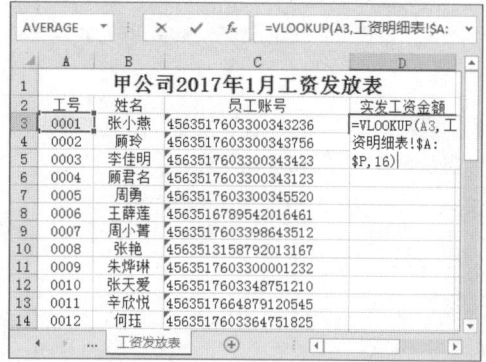

**步骤 07** 将光标移动到D3单元格的右下角，当光标变成+形状时，按住鼠标左键不放向下拖曳，填充公式。

**步骤 08** 最后为表格添加边框，至此员工工资发放表就制作完成了。

# 动手练习 | 查询员工工资

通过对本章内容的学习,用户对使用Excel进行工资核算有了一定的了解。下面再通过创建员工工资查询系统的操作,来温习前面所学的知识。

**步骤01** 单击"新工作表"按钮,新建工作表,将其重命名为"工资查询系统"。

**步骤02** 在工作表中构建查询系统的基本框架,设置文字格式后,为表格添加边框。

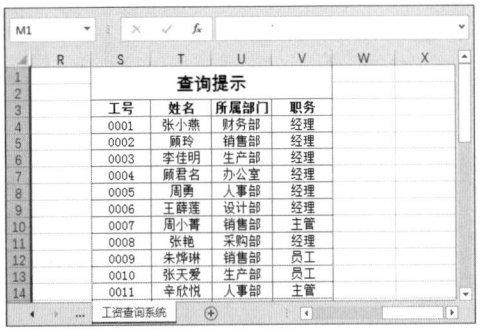

**步骤03** 在表格的S1:V39单元格区域设置查询提示,在查询提示中包含员工工号、姓名、所属部门和职务的信息。

**步骤04** 选中D1单元格,打开"数据"选项卡,单击"数据工具"选项组中的"数据验证"下拉按钮,从弹出的列表中选择"数据验证"选项。

**步骤05** 弹出"数据验证"对话框,打开"设置"选项卡,在"允许"下拉列表中选择"序列"选项,在"来源"文本框中输入"=$S$3:$V$3",单击"确定"按钮。

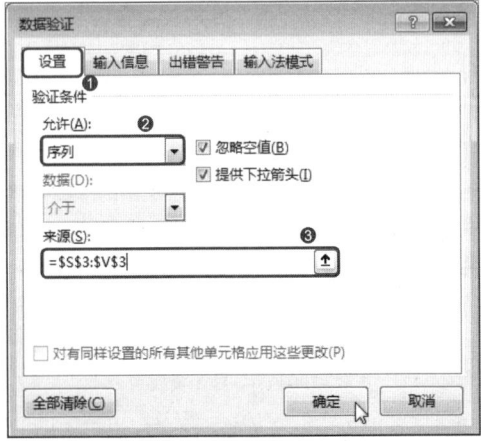

**步骤06** 返回工作表编辑区后,单击D1单元格右侧的下拉按钮,从弹出的下拉列表中选择"工号"选项。

**步骤07** 选中E1单元格，打开"数据验证"对话框，打开"设置"选项卡，在"允许"下拉列表中选择"序列"选项，在"来源"文本框中输入"=IF($D$1="工号",$S$4:$S$39,IF($D$1="姓名",$T$4:$T$39,IF($D$1="所属部门",$U$4:$U$9,IF($D$1="职务",$V$10:$V$12))))"。

**步骤08** 单击"确定"按钮后，单击E1单元格右侧的下拉按钮，从弹出的下拉列表中选择0001选项。接着在A4单元格中输入1，在A5单元格中输入2，选中A4:A5单元格区域，将光标移动到A4:A5单元格区域的右下角，当光标变成+形状时，按住鼠标左键不放向下拖曳，填充序列。

**步骤09** 切换到"工资明细表"工作表，在"工号"列前插入一列，用来辅助公式的使用。选中A3单元格，输入公式"=IF(IF(工资查询系统!$D$1="工号",B3,IF(工资查询系统!$D$1="姓名",C3,IF(工资查询系统!$D$1="所属部门",D3,IF(工资查询系统!$D$1="职务",E3))))=工资查询系统!$E$1,A2+1,A2)"，按回车键确认。

**步骤10** 将A3单元格中的公式填充到其下方的单元格中。切换到"工资查询系统"工作表，选中B4单元格，输入公式"=IF(ISNA(VLOOKUP($A4,工资明细表!$A:$Q,COLUMN(B$1),0)),"",VLOOKUP($A4,工资明细表!$A:$Q,COLUMN(B$1),0))"，按回车键确认。

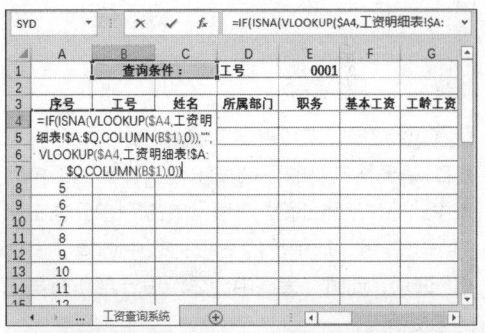

### 函数解析

**ISNA函数**

ISNA函数是用来检测一个值是否为"#N/A"。该函数的语法格式为：

**ISNA(value)**

参数value表示要检验的值，可以是空白、错误值、逻辑值、文本、数字、引用值，或者引用要检验的以上任意值的名称，value是不可转换的。如果value引用错误值#N/A（值不存在），则返回逻辑值TRUE，否则返回FALSE。

**步骤 11** 选中B4单元格，将光标移动到该单元格的右下角，当光标变成"+"形状时，按住鼠标左键不放向右拖曳，填充公式。

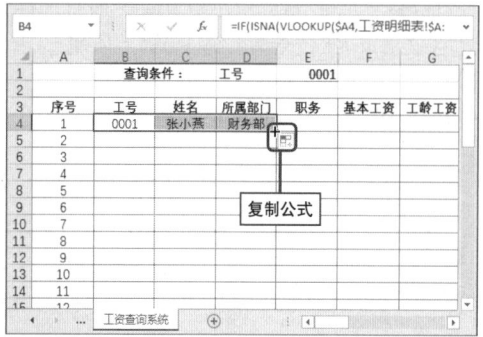

**步骤 12** 选中B4:Q4单元格区域，将光标移动到Q4单元格的右下角，当光标变成+形状时，按住鼠标左键不放向下拖曳，填充公式。

**步骤 13** 这样，工资查询系统就制作完成了，单击D1单元格右侧的下拉按钮，从弹出的下拉列表中选择"所属部门"选项，单击E1单元格右侧的下拉按钮，从弹出的下拉列表中选择"设计部"选项，此时，表格中会显示设计部所有员工的工资情况。

**步骤 14** 单击D1单元格右侧的下拉按钮，从弹出的下拉列表中选择"职务"选项，单击E1单元格右侧的下拉按钮，从弹出的下拉列表中选择"经理"选项，此时表格中会显示所有职务是经理的工资情况。

# 高手进阶 | 为员工工资条添加超链接

员工工资条中有些数据是直接引用其他表格中数据的，为了显示这些数据的来源，用户可以通过为员工工资条中数据建立超链接的方法来实现。下面通过介绍为员工工资条添加超链接的相关操作，拓展前面所学的知识。

**步骤01** 打开"工资条"工作表，选中E3单元格，单击鼠标右键，从弹出的快捷菜单中选择"链接"命令。

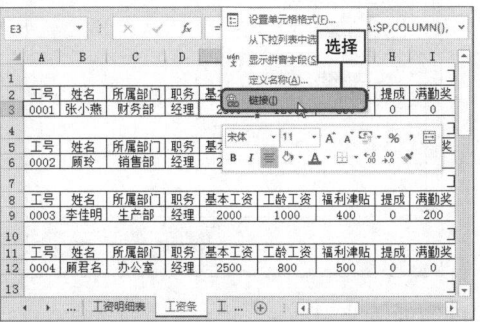

**步骤02** 弹出"插入超链接"对话框，在"链接到"列表框中选择"本文档中的位置"选项，在"请键入单元格引用"文本框中输入E3，单击"屏幕提示"按钮。

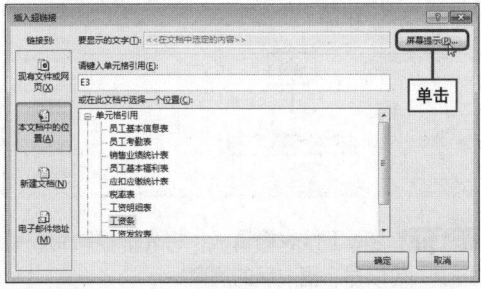

**步骤03** 弹出"设置超链接屏幕提示"对话框，在"屏幕提示文字"文本框中输入"数据来源于工资明细表"，单击"确定"按钮。

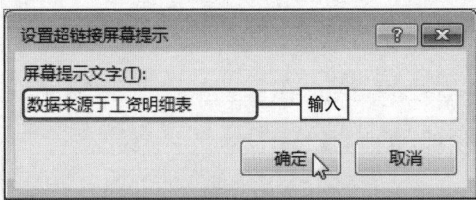

**步骤04** 返回"插入超链接"对话框，在"或在此文档中选择一个位置"列表框中选择"工资明细表"选项，单击"确定"按钮。

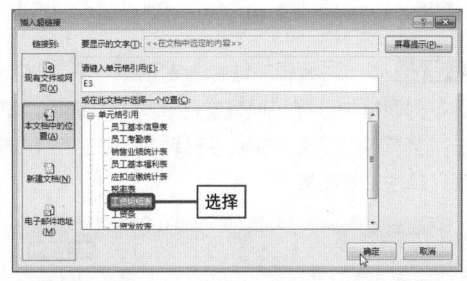

**步骤05** 此时，E3单元格中的数据以带有下划线的蓝色字体显示，将光标指向该超链接时，会显示出屏幕提示信息。

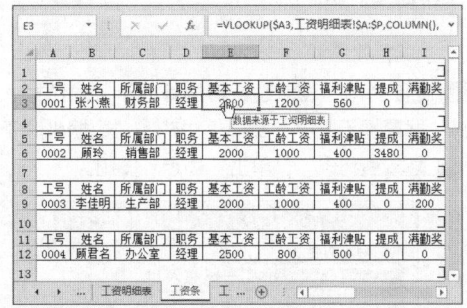

**步骤06** 单击该超链接，即可链接到当前工作簿中"工资明细表"的E3单元格。

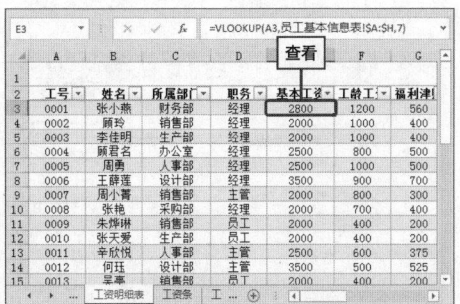

**步骤 07** 如果用户发现超链接有错误，还可以对超链接进行修改，在超链接上单击鼠标右键，从弹出的快捷菜单中选择"编辑超链接"命令。

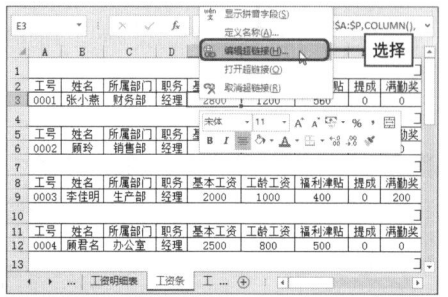

**步骤 08** 弹出"编辑超链接"对话框，在"链接到"列表框中选择"现有文件或网页"选项，单击"当前文件夹"按钮，选择"最终.xlsx"选项，单击"屏幕提示"按钮。

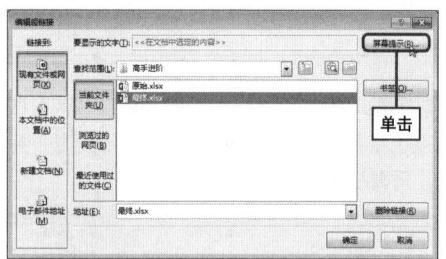

**步骤 09** 弹出"设置超链接屏幕提示"对话框，在"屏幕提示文字"文本框中输入"数据来源于员工基本福利表"，单击"确定"按钮。

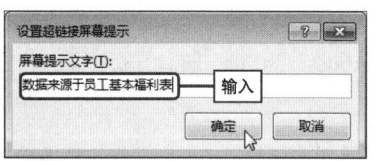

**步骤 10** 返回"编辑超链接"对话框，单击"书签"按钮。

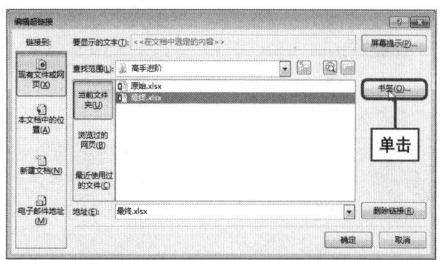

**步骤 11** 弹出"在文档中选择位置"对话框，在"请键入单元格引用"文本框中输入E3，在"或在此文档中选择一个位置"列表框中选择"员工基本福利表"选项。

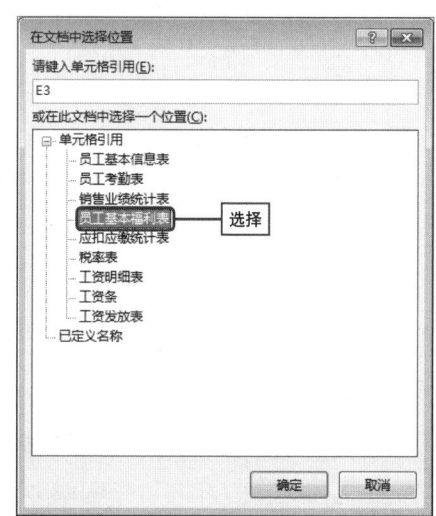

**步骤 12** 单击"确定"按钮，返回"编辑超链接"对话框，在"地址"文本框中显示了修改后的链接地址，单击"确定"按钮。

**步骤 13** 返回工作表编辑区，将光标移动到超链接上，可以显示更改后的屏幕提示。

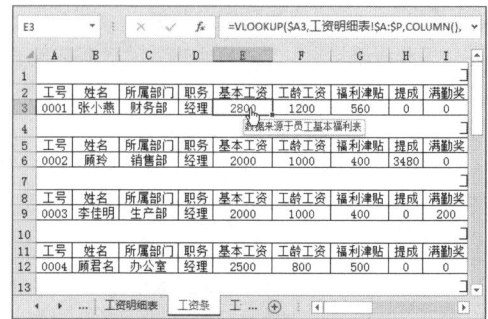

步骤 14 单击该超链接,即可链接到当前工作簿的E3单元格。

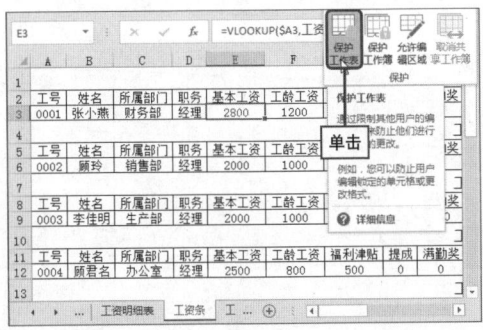

步骤 15 打开"工资条"工作表,打开"审阅"选项卡,单击"保护"选项组中的"保护工作表"按钮。

步骤 16 弹出"保护工作表"对话框,在"取消工作表保护时使用的密码"文本框中输入123,在"允许此工作表的所有用户进行"列表框中勾选"插入超链接"、"编辑对象"和"编辑方案"复选框,单击"确定"按钮。

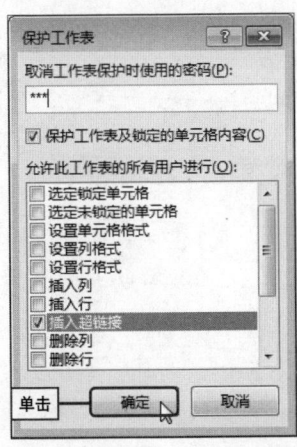

步骤 17 弹出"确认密码"对话框,在"重新输入密码"文本框中输入密码123,单击"确定"按钮。

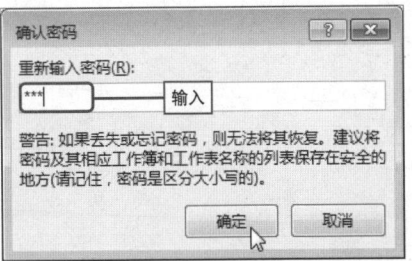

步骤 18 此时,工作表就被保护了,用户无法选中任何单元格,如果修改表格中的内容,会弹出提示对话框。

步骤 19 如果用户需要对工作表进行修改,就需要取消对工作表的保护。打开"审阅"选项卡,单击"保护"选项组中的"撤消工作表保护"按钮。

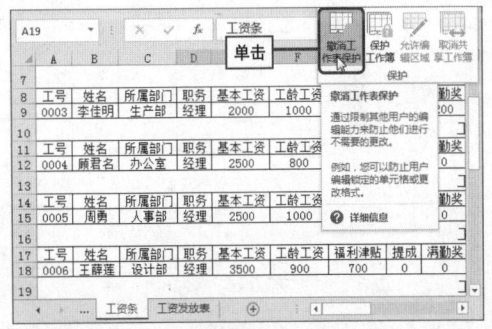

步骤 20 弹出"撤消工作表保护"对话框,在"密码"文本框中输入123,然后单击"确定"按钮,即可撤消对工作表的保护。

# 04
## Chapter

081~108

# 进销存管理

对企业日常经营中的采购、销售和库存等业务流程的管理就是进销存管理。采购是企业运作的第一步，采购成本的大小直接影响企业的利润；销售是企业运作的第二步，只有把生产的商品销售出去，企业才会获得利润；而存货管理的好坏，直接影响到企业的资金占用水平、资产运作效率，是企业管理中非常重要的部分。

**本章所涉及的知识要点：**

◆ 采购管理　　　　　　　　　◆ 销售管理

◆ 库存管理

**本章内容预览：**

销售统计表　　　　　　　　　商品分类表

# 4.1 采购管理

企业通过不断地采购相关原材料来保障企业持续运营,在进行材料采购之前,各部门需要提交采购申请单。经审核后,由采购部门统一预算并采购,然后对采购的商品进行登记,统一管理。

## 4.1.1 采购申请单的创建

采购申请单是采购过程的开始,每个部门根据需要提交采购申请,通过有关部门审批后,移送采购部门进行统一采购。下面介绍采购申请单的创建过程,具体操作如下。

**步骤01** 新建一个名为"采购申请单"的工作表,在工作表中创建空白的采购申请单,对其标题和列标题进行设置,并为表格添加边框。

**步骤02** 选中B2单元格,单击鼠标右键,从弹出的快捷菜单中选择"设置单元格格式"命令。

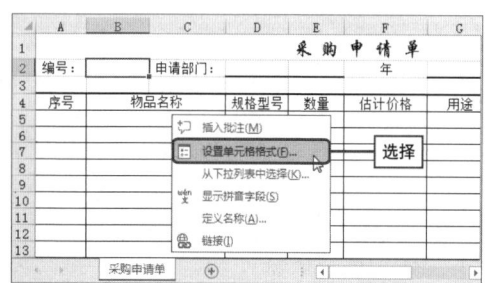

**步骤03** 弹出"设置单元格格式"对话框,打开"数字"选项卡,在"分类"列表框中选择"自定义"选项,在"类型"文本框中输入"00#",单击"确定"按钮。

**步骤04** 选中D2单元格,打开"数据"选项卡,单击"数据工具"选项组中的"数据验证"下拉按钮,从下拉列表中选择"数据验证"选项。

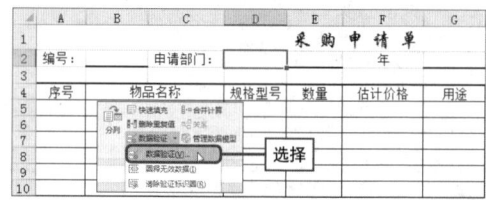

**步骤05** 弹出"数据验证"对话框,打开"设置"选项卡,在"允许"下拉列表中选择"序列"选项,在"来源"文本框中输入"人力资源部,财务部",单击"确定"按钮。

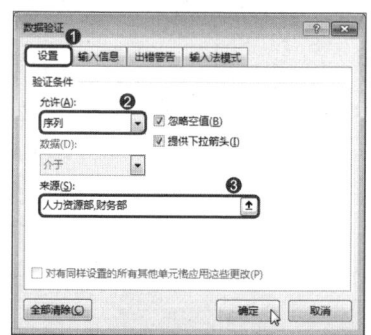

**步骤 06** 单击D2单元格，在其右方将出现下拉按钮，单击该按钮，从下拉列表中选择合适的选项。选中E2单元格，输入公式"=YEAR(TODAY())"。

### 函数解析

**MONTH函数**

MONTH函数用于返回某日期对应的月份。该函数的语法格式为：

**MONTH(serial_number)**

参数serial_number表示要查找的月份。应使用标准函数输入日期，或者使用日期所对应的序列号，不能以文本的形式输入日期。

**步骤 08** 按回车键确认，在该单元格中就显示了当前的月份。选中I2单元格，在其中输入公式"=DAY(TODAY())"。

### 函数解析

**YEAR函数**

YEAR函数用于返回某日期对应的年份。该函数的语法格式为：

**YEAR(serial_number)**

参数serial_number表示要查找的年份日期，应使用标准函数（如DATE）输入日期，或者使用日期对应的序列号。

**TODAY函数**

TODAY函数用于返回当前时间的序列号。该函数的语法格式为：

**TODAY（）**

TODAY函数没有参数，该函数中返回的序列号是Excel日期和时间计算使用的日期，即时间代码。如果在输入函数前单元格的格式为"常规"，Excel会将单元格格式更改为"日期"格式，如果要查看序列号，则必须将单元格格式更改为"常规"或"数值"。

### 函数解析

**DAY函数**

DAY函数用于返回一个月中第几天的数值，即返回以序列号表示的某日期的天数，用整数1~31表示。该函数的语法格式为：

**DAY(serial_number)**

参数serial_number表示指定的日期，应使用标准函数输入日期，或者使用日期多对应的序列号。日期不能以文本形式输入。

**步骤 07** 按回车键后，在该单元格中就显示了当前的年份。选中G2单元格，在其中输入公式"=MONTH(TODAY())"。

**步骤 09** 按回车键确认，在该单元格中就显示了当前的日期。选中H5单元格，输入公式"=TODAY()+16"（此处假设需要日期是采购日期后的第16天）。

**步骤 10** 按回车键确认,在该单元格中就显示了需用日期。继续输入其他信息,至此采购申请单就填制完成了。

## 4.1.2 采购统计表的创建

采购统计表是用来分析采购数据,对进销存实施管理的基础表格。下面将对采购统计表的填制操作进行介绍,具体如下。

**步骤 01** 创建一个名为"采购统计表"的工作表,在表中创建空白的采购统计表,设置表标题和列标题格式,并为表格添加边框。

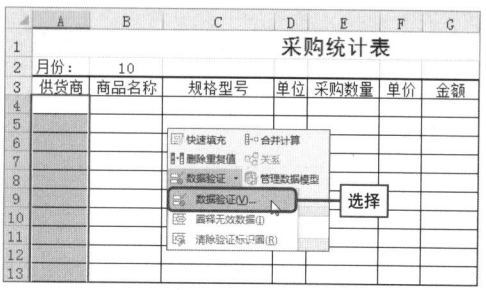

**步骤 02** 选中B2单元格,输入公式"=MONTH(TODAY())",然后按回车键确认。

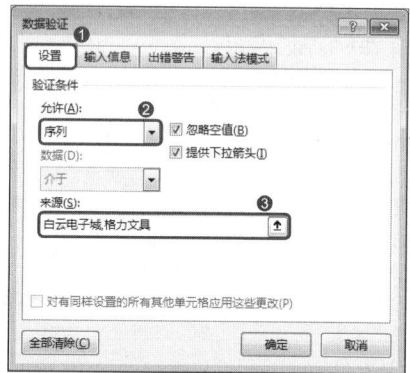

**步骤 03** 选中A4:A19单元格区域,打开"数据"选项卡,单击"数据工具"选项组中的"数据验证"下拉按钮,从下拉列表中选择"数据验证"选项。

**步骤 04** 弹出"数据验证"对话框,打开"设置"选项卡,在"允许"下拉列表中选择"序列"选项,在"来源"文本框中输入"白云电子城,格力文具"。

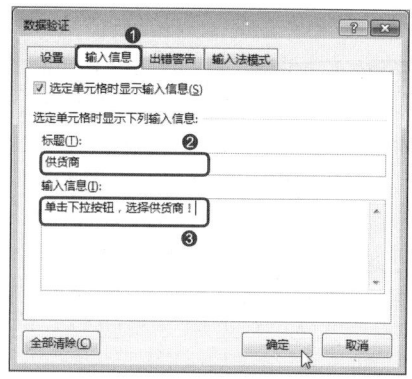

**步骤 05** 打开"输入信息"选项卡,在"标题"文本框中输入"供货商",在"输入信息"文本框中输入"单击下拉按钮,选择供货商!",单击"确定"按钮。

**步骤 06** 选中E4:E19单元格区域,单击"数据工具"选项组中的"数据验证"下拉按钮,从下拉列表中选择"数据验证"选项。

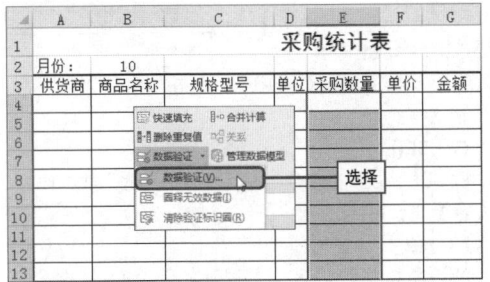

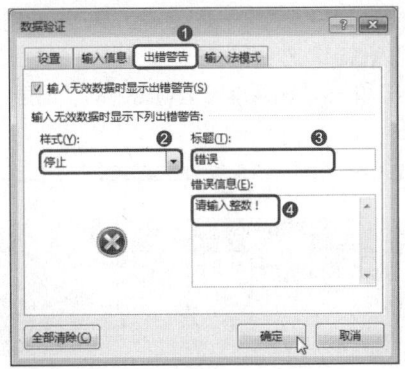

**步骤 07** 弹出"数据验证"对话框,打开"设置"选项卡,在"允许"下拉列表中选择"整数"选项,在"数据"下拉列表中选择"大于"选项,在"最小值"文本框中输入0。

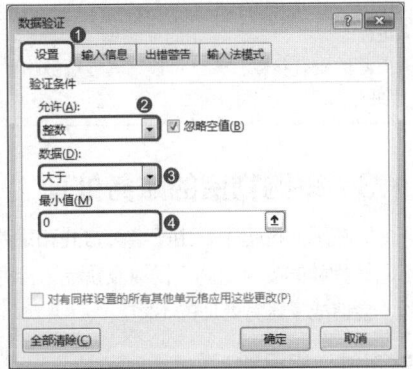

**步骤 08** 打开"输入信息"选项卡,在"标题"文本框中输入"注意",在"输入信息"文本框中输入"请输入整数!"。

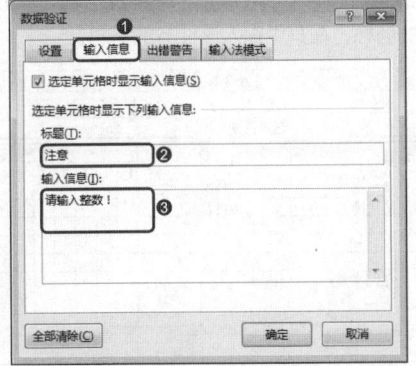

**步骤 09** 打开"出错警告"选项卡,在"样式"下拉列表中选择"停止"选项,在"标题"文本框中输入"错误",在"错误信息"文本框中输入"请输入整数!",然后单击"确定"按钮。

**步骤 10** 选中G4单元格,输入公式"=IF(AND(B4<>"",E4<>"",F4<>""),E4*F4,"")",然后按回车键确认。

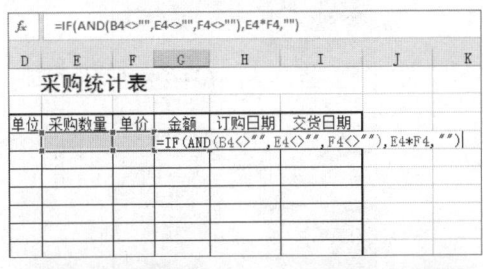

### 函数解析

**AND函数**

AND函数是一个逻辑函数,用于判断多个条件是否全部成立。该函数的语法格式为:

**AND(logical1,logical2,…)**

参数logical1表示要测试的第一个条件,其计算结果可以为TRUE或FALSE;参数logical2,…表示要测试的其他条件,其计算结果可以为TRUE或FALSE。只有所有的条件都成立时,计算结果为TRUE,否则为FALSE。

**步骤 11** 选中F4:G19单元格区域,打开"开始"选项卡,单击"数字"选项组中的"数字格式"下拉按钮,从下拉列表中选择"会计专用"选项。

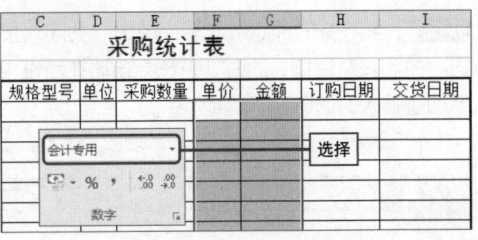

**步骤 12** 用户输入第一条记录后，可以使用记录单输入信息，选中采购统计表，打开"数据"选项卡，单击"记录单"选项组中的"记录单"按钮。

**步骤 13** 在弹出的"采购统计表"对话框中，显示了记录清单中的第一条记录，单击"新建"按钮，创建新的记录。

**步骤 14** 出现一个空白的记录单，在相应位置输入信息。

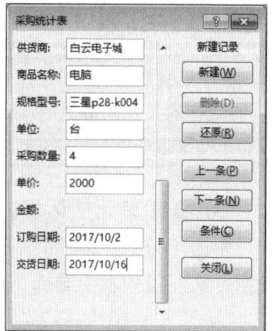

**步骤 15** 当所有信息都录入后，单击"关闭"按钮，关闭该对话框。此时，系统会自动在表格中添加刚输入的信息。

### 函数解析

**FALSE函数**
FALSE函数用于返回逻辑值FALSE。该函数的语法格式为：
**FALSE()**
FALSE函数没有参数，并且可以在其他函数中作为参数来使用。

**NOT函数**
NOT函数用于对其参数的逻辑求反。该函数的语法格式为：
**NOT(logical)**
参数logical为可计算出TRUE和FALSE的值或表达式。

**TRUE函数**
TRUE函数用于返回逻辑值TRUE。该函数的语法格式为：
**TRUE()**
TRUE函数没有参数，并且可以在其他函数中作为参数来使用。

## 4.1.3 采购物资的账务处理

企业在采购过程中，由于结算方式和采购地点不同、货款的支付时间不同以及货品入库时间不同，会造成了账务处理的不同。

### 1 款未付，货已到

某公司采购两台三星的电脑，单价是每台4500元，款没有支付，但电脑已经验收入库，该业务的账务处理如下。

**步骤 01** 打开"记账凭证"工作表，删除原先录入的信息，在其中输入该业务的信息。

**步骤02** 打开"记账凭证汇总表"工作表,将审核无误的记账凭证登记到记账凭证汇总表中。

| 科目代码 | 总账科目 | 明细科目 | 借方金额 | 贷方金额 |
|---|---|---|---|---|
| | | 记账凭证汇总表 | | |
| 6601 | 销售费用 | | ¥ 1,300.00 | |
| 1001 | 库存现金 | | | ¥ 1,300.00 |
| 1001 | 库存现金 | | ¥ 50,000.00 | |
| 100201 | 银行存款 | 中国银行 | | ¥ 50,000.00 |
| 2211 | 应付职工薪酬 | | ¥ 34,000.00 | |
| 100202 | 银行存款 | 建设银行 | | ¥ 34,000.00 |
| 1401 | 材料采购 | | ¥ 9,000.00 | |
| 2202 | 应付账款 | | | ¥ 9,000.00 |

电脑验收入库时的账务处理如下。

**步骤01** 打开"记账凭证"工作表,删除原先录入的信息,在其中输入该业务的信息。

记账凭证  226  制单日期:2017/10/2

| 摘要 | 科目名称 | 借方金额 |
|---|---|---|
| 商品入库 | 库存商品 | ¥ 9 0 0 |
| 商品入库 | 材料采购 | |

入库单0005  2017/10/2 数量 2  合计 ¥ 9 0 0
单价 4500元
项目  部门 销售部  客户  业务员
记账:王**  审核:李**  出纳:章**

**步骤02** 打开"记账凭证汇总表"工作表,将审核无误的记账凭证登记到记账凭证汇总表中。

| 科目代码 | 总账科目 | 明细科目 | 借方金额 | 贷方金额 |
|---|---|---|---|---|
| | | 记账凭证汇总表 | | |
| 6601 | 销售费用 | | ¥ 1,300.00 | |
| 1001 | 库存现金 | | | ¥ 1,300.00 |
| 1001 | 库存现金 | | ¥ 50,000.00 | |
| 100201 | 银行存款 | 中国银行 | | ¥ 50,000.00 |
| 2211 | 应付职工薪酬 | | ¥ 34,000.00 | |
| 100202 | 银行存款 | 建设银行 | | ¥ 34,000.00 |
| 1401 | 材料采购 | | ¥ 9,000.00 | |
| 2202 | 应付账款 | | | ¥ 9,000.00 |
| 1406 | 库存商品 | | ¥ 9,000.00 | |
| 1401 | 材料采购 | | | ¥ 9,000.00 |

### 2 款已付,货已到

某公司采购两台三星的电脑,每台4500元,取得了增值税率为17%的专用发票,货款是用库存现金支付的,电脑已经验收入库,该项业务的账务处理如下。

**步骤01** 打开"记账凭证"工作表,录入该业务信息。

记账凭证  凭证号:227  制单日期:2017/10/2

| 摘要 | 科目名称 | 借方金额 |
|---|---|---|
| 采购三星电脑 | 材料采购 | ¥ 9 0 0 0 |
| 采购三星电脑 | 应交税费-应交增值税 | ¥ 1 5 3 |
| 采购三星电脑 | 库存现金 | |

票号  入库单0005
日期 2017/10/2 数量 2  合计 ¥ 1 0 5 3
单价 4500元
备注  项目  部门 销售部  客户  业务员 李**
记账:王**  审核:李**  出纳:章**

**步骤02** 打开"记账凭证汇总表"工作表,将审核无误的记账凭证登记到该汇总表中。

| 科目代码 | 总账科目 | 明细科目 | 借方金额 | 贷方金额 |
|---|---|---|---|---|
| | | 记账凭证汇总表 | | |
| 6601 | 销售费用 | | ¥ 1,300.00 | |
| 1001 | 库存现金 | | | ¥ 1,300.00 |
| 1001 | 库存现金 | | ¥ 50,000.00 | |
| 100201 | 银行存款 | 中国银行 | | ¥ 50,000.00 |
| 2211 | 应付职工薪酬 | | ¥ 34,000.00 | |
| 100202 | 银行存款 | 建设银行 | | ¥ 34,000.00 |
| 1401 | 材料采购 | | ¥ 9,000.00 | |
| 2202 | 应付账款 | | | ¥ 9,000.00 |
| 1406 | 库存商品 | | ¥ 9,000.00 | |
| 1401 | 材料采购 | | | ¥ 9,000.00 |
| 1401 | 材料采购 | | ¥ 9,000.00 | |
| 222101 | 应交税费 | 应交增值税 | ¥ 1,530.00 | |
| 1001 | 库存现金 | | | ¥ 10,530.00 |

由于采购过程中,使用的是库存现金,所以需要登记现金日记账,按照审核无误的记账凭证登记现金日记账。

下面将对电脑验收入库时的账务处理操作进行介绍。

**步骤01** 打开"记账凭证"工作表,输入该业务的信息。

记账凭证  凭证号:226  制单日期:2017/10/2

| 摘要 | 科目名称 | 借方金额 |
|---|---|---|
| 商品入库 | 库存商品 | ¥ 1 0 5 3 0 0 |
| 商品入库 | 材料采购 | |

票号  入库单0005
日期 2017/10/2 数量 2  合计 ¥ 1 0 5 3 0 0
单价 4500元
备注  项目  部门 销售部  个人
记账:王**  审核:李**  出纳:章**  制单

**步骤02** 打开"记账凭证会汇总表"工作表,将审核无误的记账凭证的内容登记到汇总表中。

| 摘要 | 科目代码 | 总账科目 | 明细科目 | 借方金额 | 贷方金额 |
|---|---|---|---|---|---|
| | | | 记账凭证汇总表 | | |
| 报销差旅费 | 6601 | 销售费用 | | ¥ 1,300.00 | |
| 报销差旅费 | 1001 | 库存现金 | | | ¥ 1,300.00 |
| 提取现金 | 1001 | 库存现金 | | ¥ 50,000.00 | |
| 提取现金 | 100201 | 银行存款 | 中国银行 | | ¥ 50,000.00 |
| 发工资 | 2211 | 应付职工薪酬 | | ¥ 34,000.00 | |
| 发工资 | 100202 | 银行存款 | 建设银行 | | ¥ 34,000.00 |
| 采购三星电脑 | 1401 | 材料采购 | | ¥ 9,000.00 | |
| 采购三星电脑 | 2202 | 应付账款 | | | ¥ 9,000.00 |
| 商品入库 | 1406 | 库存商品 | | ¥ 9,000.00 | |
| 商品入库 | 1401 | 材料采购 | | | ¥ 9,000.00 |
| 采购三星电脑 | 1401 | 材料采购 | | ¥ 9,000.00 | |
| 采购三星电脑 | 222101 | 应交税费 | 应交增值税 | ¥ 1,530.00 | |
| 采购三星电脑 | 1001 | 库存现金 | | | ¥ 10,530.00 |
| 商品入库 | 1406 | 库存商品 | | ¥ 10,530.00 | |

## 4.2 销售管理

销售管理是为了实现各种组织目标，创造、建立和保持与目标市场之间的有益交换和联系而进行的分析、计划、执行、监督和控制。同时，在销售过程中发生的一些经济业务，会计人员需要编制会计凭证并登记相关账簿。

### 4.2.1 销售统计表的编制

销售统计表是用来记录企业的销售数据，一般情况下是以流水账的形式，逐笔登记记录所有的经济业务，下面将对销售统计表的创建操作进行介绍。

**步骤 01** 在"采购统计表"的工作表标签上单击鼠标右键，从弹出的快捷菜单中选择"移动或复制"命令。

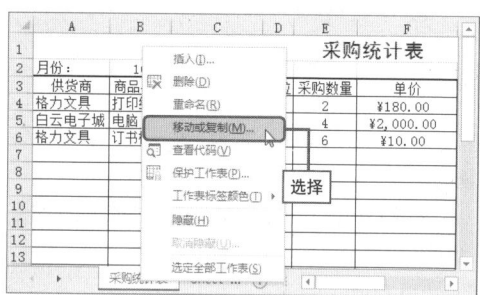

**步骤 02** 弹出"移动或复制工作表"对话框，在"下列选定工作表之前"列表框中选择"移至最后"选项，勾选"建立副本"复选框，单击"确定"按钮。

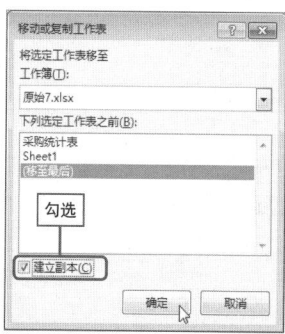

**步骤 03** 此时，在工作薄中出现一个名为"采购统计表（2）"工作表，在其标签上单击鼠标右键，从弹出的快捷菜单中选择"重命名"命令。

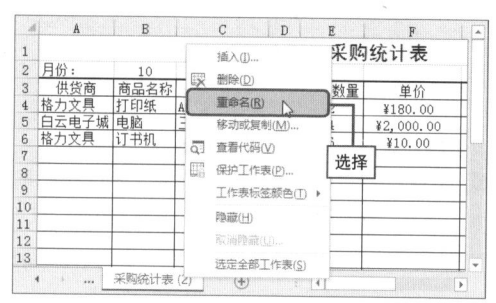

**步骤 04** 修改工作表名称为"销售统计表"，选中该表中的第2行，单击鼠标右键，从弹出的快捷菜单中选择"删除"命令，删除该行。

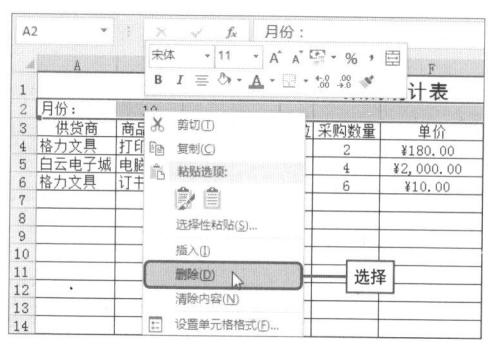

**步骤 05** 选中A2:I9单元格区域，按Delete键，将选中区域的内容删除。

**步骤 06** 修改表格标题为"销售统计表"，输入列标题，然后将光标放到两列之间的分隔线上，当光标变成+形状时，按住鼠标左键不放，移动鼠标，调整列宽。

步骤 07 选中表格标题,打开"开始"选项卡,单击"对齐方式"选项组中的"合并后居中"下拉按钮,从下拉列表中选择"取消单元格合并"选项。

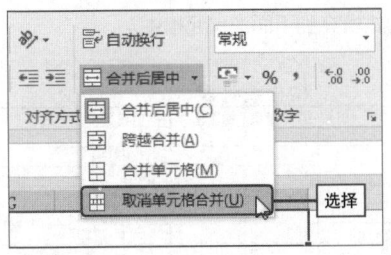

步骤 08 选择B列和C列,单击鼠标右键,从弹出的快捷菜单中选择"剪切"命令。

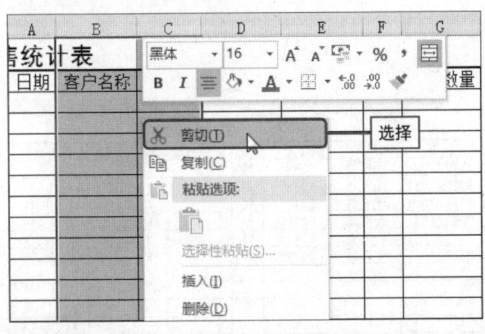

步骤 09 选中J列,单击鼠标右键,从弹出的快捷菜单中选择"插入剪切的单元格"命令。

步骤 10 此时,原来的列依次左移,原来的B列和C列变成了现在的H列和I列。接着选择E3:E18单元格区域。

步骤 11 打开"数据"选项卡,单击"数据工具"选项组中的"数据验证"下拉按钮,从下拉列表中选择"数据验证"选项。

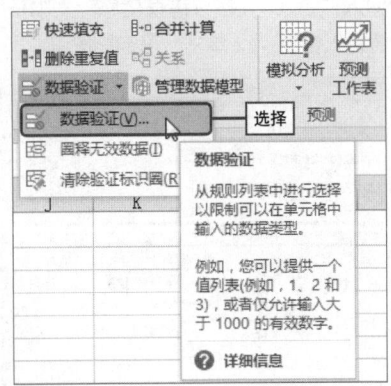

步骤 12 弹出"数据验证"对话框,打开"设置"选项卡,在"允许"下拉列表中选择"整数"选项,在"数据"下拉列表中选择"大于"选项,在"最小值"文本框中输入0。

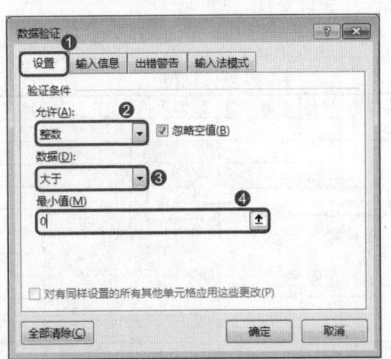

步骤13 打开"输入信息"选项卡，勾选"选定单元格时显示输入信息"复选框，在"输入信息"文本框中输入"请输入整数！"。

步骤14 打开"出错警告"选项卡，在"样式"下拉列表中选择"停止"选项，在"标题"文本框中输入"错误"，在"错误信息"文本框中输入"请输入整数！"，单击"确定"按钮。

步骤15 选中F3:G18单元格，打开"开始"选项卡，单击"数字格式"下拉按钮，从下拉列表中选择"会计专用"选项。

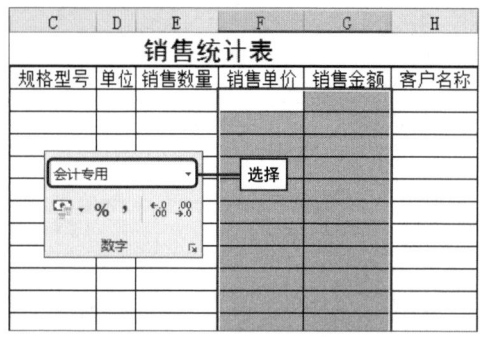

步骤16 选中G3单元格，输入公式"=E3*F3"，按回车键确认。

| D | E | F | G | H | I |
|---|---|---|---|---|---|
| | | 销售统计表 | | | |
| 单位 | 销售数量 | 销售单价 | 销售金额 | 客户名称 | 销售员 |
| | | | =E3*F3 | | |
| | | | | | |
| | | | | | |
| | | | | | |
| | | | | | |

步骤17 将光标移动到G3单元格的右下角，当光标变成+形状时，按住鼠标左键不放向下移动，将公式填充到下面的单元格中。

| C | D | E | F | G | H | I |
|---|---|---|---|---|---|---|
| | | | 销售统计表 | | | |
| 规格型号 | 单位 | 销售数量 | 销售单价 | 销售金额 | 客户名称 | 销售员 |
| | | | | ¥ - | | |
| | | | | ¥ - | | |
| | | | | ¥ - | | |
| | | | | 复制公式 | | |

步骤18 在销售统计表中输入销售信息，查看最终效果。

| A | B | C | D | E | F | G |
|---|---|---|---|---|---|---|
| | | | 销售统计表 | | | |
| 日期 | 商品名称 | 规格型号 | 单位 | 销售数量 | 销售单价 | 销售金额 |
| 2017/10/1 | 无框画 | 50*75 | 幅 | 2 | ¥ 85.00 | ¥ 170.00 |
| 2017/10/1 | 无框画 | 45*45 | 幅 | 1 | ¥ 60.00 | ¥ 60.00 |
| 2017/10/1 | 无框画 | 50*60 | 幅 | 2 | ¥ 80.00 | ¥ 160.00 |
| 2017/10/1 | 无框画 | 60*90 | 幅 | 3 | ¥ 125.00 | ¥ 375.00 |
| 2017/10/1 | 无框画 | 50*75 | 幅 | 4 | ¥ 100.00 | ¥ 400.00 |
| 2017/10/1 | 无框画 | 60*90 | 幅 | 2 | ¥ 130.00 | ¥ 260.00 |
| | | | | | | ¥ - |
| | | | | | | ¥ - |
| | | | | | | ¥ - |

## 4.2.2 销售商品的账务处理

企业销售商品后，会计人员需要及时确认收入，并结转相关的销售成本，下面介绍相关账务的处理方法。

### 1 收入实现时

企业销售10台冰箱，价值40000元，增值税率为17%，企业确认收入实现时的账务处理如下：

步骤01 打开空白的"记账凭证"工作表，按照该笔经济业务，输入记账凭证，输入"应收账款"科目，在借方金额栏输入40000，输入"应交税费-应交增值税"科目，在贷方金额栏输入5811.97，输入"主营业务收入"科目，在贷方金额栏输入34188.03，其他按照实际情况输入。

步骤02 打开"记账凭证汇总表"工作表，按照审核无误的记账凭证登录凭证汇总表，分别输入科目代码、总账科目、明细科目，"应收账款"科目的金额在借方，"主营业务收入"科目和"应交税费-应交增值税"科目金额在贷方。

### 2 结转成本

企业销售10台冰箱，价值40000元，成本为20000元，结转销售成本时的账务处理如下：

步骤01 打开空白的"记账凭证"工作表，输入"主营业务成本"科目，借方金额栏输入20000，输入"库存商品"科目，在贷方金额栏输入20000，其他按实际情况输入。

步骤02 打开"记账凭证汇总表"工作表，将"主营业务成本"科目的金额录入借方金额，将"库存商品"科目的金额录入贷方金额。

## 4.2.3 销售数据分析

统计销售数据，是为了通过这些数据分析企业的销售情况，分析产品的销售前景，比较销售员的业绩等等。用户可以通过排序、筛选和分类汇总等方法，分析销售数据。

### 1 使用"排序"功能分析销售数据

对销售统计表进行排序，可以使销售统计表中的数据按照销售金额和销售数量降序排序。

步骤01 打开"销售统计表"工作表，单击表格中任意单元格。

步骤02 打开"数据"选项卡，单击"排序和筛选"选项组中的"排序"按钮。

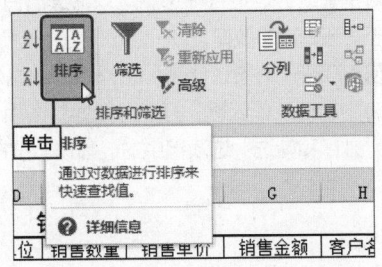

**步骤 03** 弹出"排序"对话框，设置主要关键字为"销售金额"，排序依据为"数值"，次序为"降序"，然后单击"添加条件"按钮。

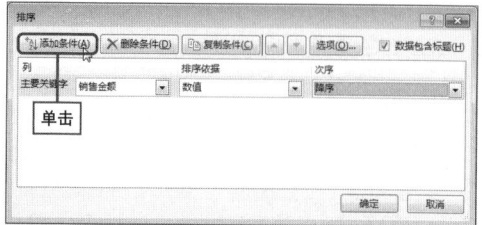

**步骤 04** 将次要关键字设置为"销售数量"，排序依据为"数值"，次序为"降序"。

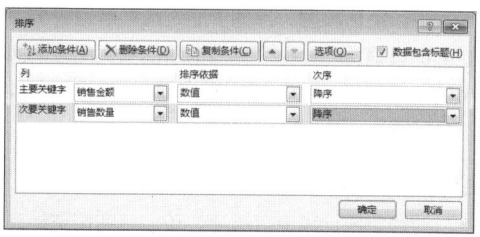

**步骤 05** 单击"确定"按钮，返回工作表编辑区，可以看到表格中的数据按照销售金额降序排列。销售金额相同的，按照销售数量降序排列。

| | A | B | C | D | E | F | G |
|---|---|---|---|---|---|---|---|
| 1 | | | | 销售统计表 | | | |
| 2 | 日期 | 商品名称 | 规格型号 | 单位 | 销售数量 | 销售单价 | 销售金额 |
| 3 | 2017/10/1 | 无框画 | 50*75 | 幅 | 4 | ￥100.00 | ￥400.00 |
| 4 | 2017/10/1 | 无框画 | 60*90 | 幅 | 3 | ￥125.00 | ￥375.00 |
| 5 | 2017/10/1 | 无框画 | 60*90 | 幅 | 2 | ￥130.00 | ￥260.00 |
| 6 | 2017/10/2 | 有框画 | 60*90 | 幅 | 2 | ￥130.00 | ￥260.00 |
| 7 | 2017/10/1 | 无框画 | 60*90 | 幅 | 2 | ￥120.00 | ￥240.00 |
| 8 | 2017/10/1 | 有框画 | 50*75 | 幅 | 2 | ￥110.00 | ￥220.00 |
| 9 | 2017/10/1 | 无框画 | 50*75 | 幅 | 2 | ￥85.00 | ￥170.00 |
| 10 | 2017/10/1 | 无框画 | 50*60 | 幅 | 2 | ￥80.00 | ￥160.00 |
| 11 | 2017/10/1 | 无框画 | 50*75 | 幅 | 2 | ￥80.00 | ￥160.00 |
| 12 | 2017/10/1 | 无框画 | 50*60 | 幅 | 2 | ￥75.00 | ￥150.00 |
| 13 | 2017/10/1 | 无框画 | 50*60 | 幅 | 2 | ￥70.00 | ￥140.00 |
| 14 | 2017/10/2 | 无框画 | 45*45 | 幅 | 2 | ￥60.00 | ￥120.00 |
| 15 | 2017/10/2 | 无框画 | 50*75 | 幅 | 1 | ￥95.00 | ￥95.00 |
| 16 | 2017/10/1 | 有框画 | 50*60 | 幅 | 1 | ￥80.00 | ￥80.00 |
| 17 | 2017/10/1 | 无框画 | 45*45 | 幅 | 1 | ￥60.00 | ￥60.00 |
| 18 | 2017/10/1 | 无框画 | 45*45 | 幅 | 1 | ￥60.00 | ￥60.00 |

### 2 使用"筛选"功能分析销售数据

对销售统计表进行筛选，可以筛选出销售金额大于等于300的数据。

**步骤 01** 打开"销售统计表"工作表，单击销售统计表中的任意单元格，打开"数据"选项卡，单击"排序和筛选"选项组中的"筛选"按钮。

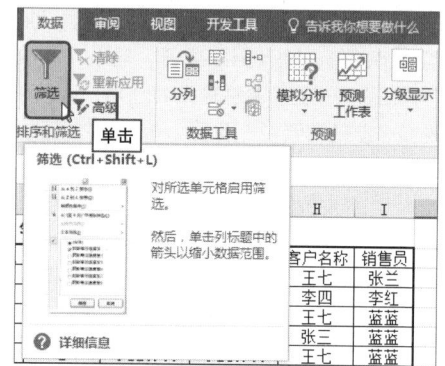

**步骤 02** 此时，销售统计表的列标题都添加了筛选按钮，单击"商品名称"筛选按钮，从弹出的下拉列表中取消"有框画"复选框的勾选，单击"确定"按钮。

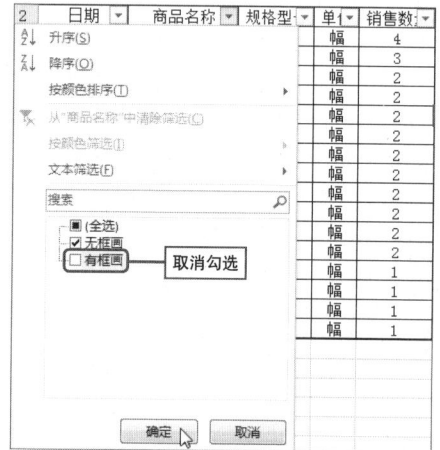

**步骤 03** 单击"销售金额"筛选按钮，从弹出的下拉列表中选择"数字筛选>大于或等于"选项。

步骤04 弹出"自定义自动筛选方式"对话框，在"大于或等于"数值框中输入300，单击"确定"按钮。

步骤05 返回工作表编辑区，可以看到筛选出来的无框画、销售金额大于或等于300的销售记录。

### 3 使用"分类汇总"功能分析销售数据

下面介绍在销售统计表中，按天统计销售数量和销售金额的方法。

步骤01 打开"销售统计表"工作表，单击表格中任意单元格。

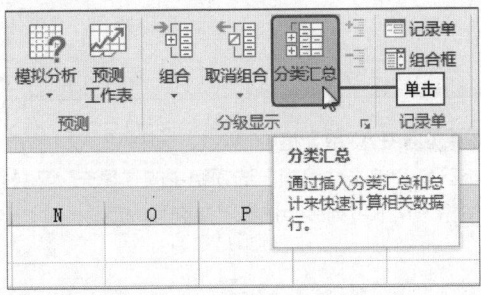

步骤02 打开"数据"选项卡，单击"分级显示"选项组中的"分类汇总"按钮。

步骤03 弹出"分类汇总"对话框，在"分类字段"下拉列表中选择"日期"选项，在"汇总方式"下拉列表中选择"求和"选项，在"选定汇总项"列表框中勾选"销售数量"和"销售金额"复选框。

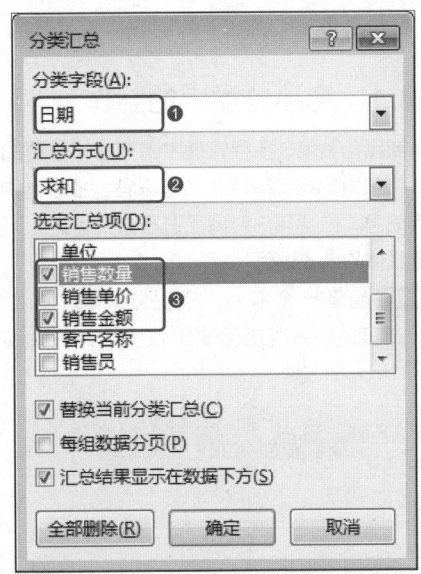

步骤04 单击"确定"按钮，返回销售统计表编辑区，即可看到工作表按日期汇总了销售数量和销售金额。

# 4.3 库存管理

库存管理主要是与库存物料的计划与控制有关的业务，目的是支持生产运作。库存管理是根据外界对库存的要求和企业订购的特点，预测、计划和执行一种补充库存的行为，并对这种行为进行控制，重点在于确定如何订货、订购多少、何时定货。

## 4.3.1 商品分类表的制作

商品分类表在库存管理中占有非常重要的地位，它集中记录了每种商品的编码、名称、供应商等信息，方便用户对商品进行分类管理，下面介绍具体的创建过程。

**步骤01** 新建一个名为"商品分类表"的工作表，在其中输入表格标题和列标题，然后选中A1:G1单元格区域。

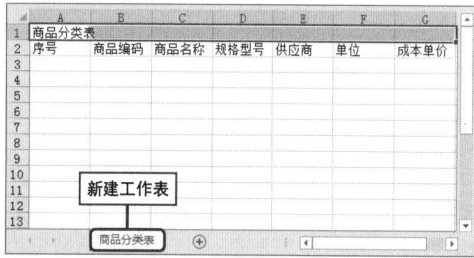

**步骤02** 打开"开始"选项卡，单击"字体"选项组中的对话框启动器按钮。

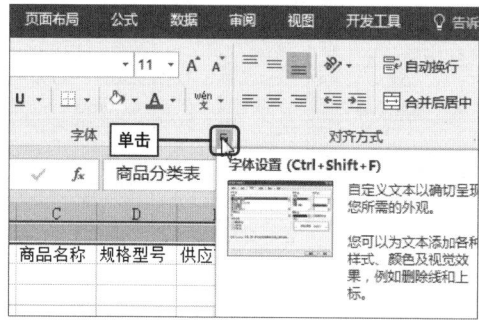

**步骤03** 弹出"设置单元格格式"对话框，打开"字体"选项卡，设置表格标题的格式为"黑体"、"常规"和18号。

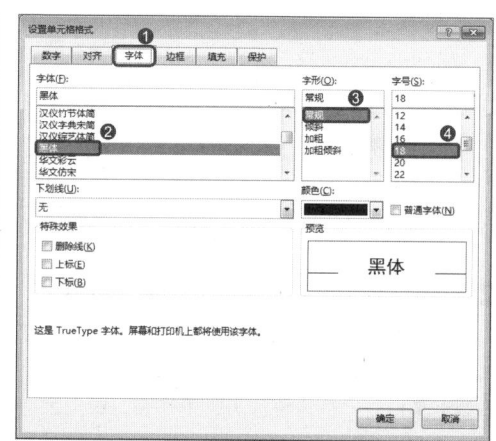

**步骤04** 打开"对齐"选项卡，将"水平对齐"和"垂直对齐"都设置为"居中"，勾选"合并单元格"复选框，单击"确定"按钮。

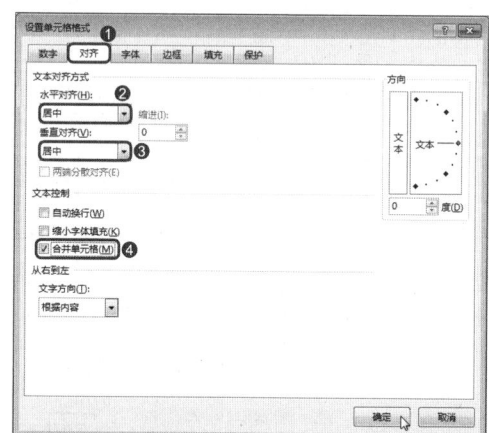

**步骤05** 在A3单元格中输入1，选中A3:A24单元格区域，单击"编辑"选项组中的"填充"下拉按钮，从下拉列表中选择"序列"选项。

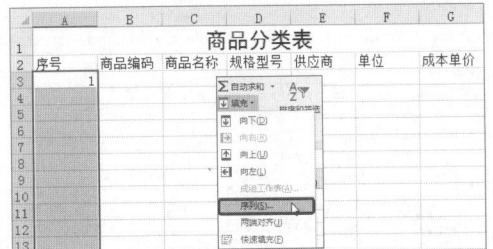

步骤06 弹出"序列"对话框,在"序列产生在"区域中选择"列"单选按钮,在"类型"区域中选择"等差序列"单选按钮,在"步长值"文本框中输入1,单击"确定"按钮。

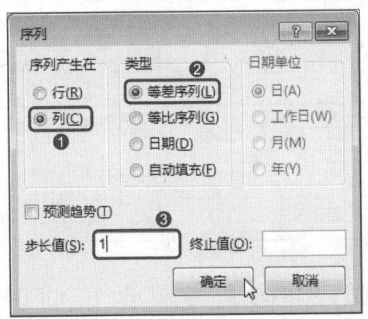

步骤07 选中B3:B24单元格区域,按Ctrl+1组合键,弹出"设置单元格格式"对话框,打开"数字"选项卡,在"分类"列表框中选择"文本"选项,单击"确定"按钮。

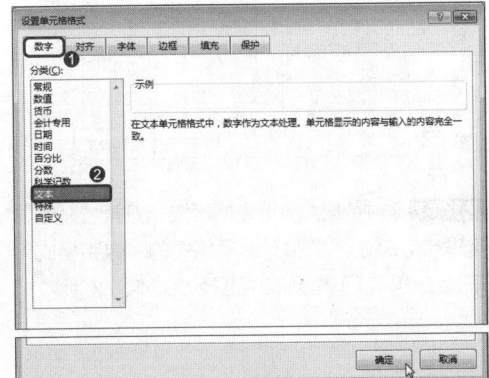

步骤08 选中G3:G24单元格区域,按Ctrl+1组合键,弹出"设置单元格格式"对话框,打开"数字"选项卡,在"分类"列表框中选择"会计专用"选项,将小数位数设置为2,单击"确定"按钮。

步骤09 选中A2:G24单元格区域,按Ctrl+1组合键,弹出"设置单元格格式"对话框,打开"边框"选项卡,设置表格外边框和内边框样式。

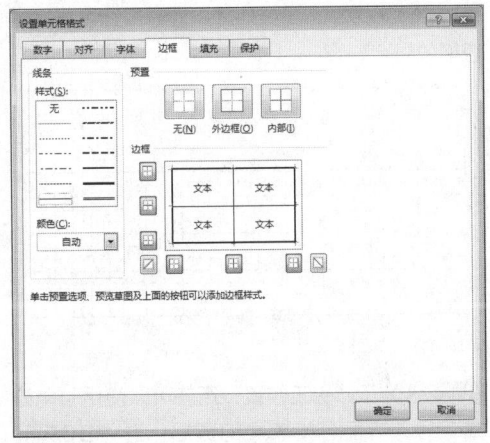

步骤10 单击"确定"按钮,返回工作表编辑区,在表格中输入商品信息,查看最终效果。

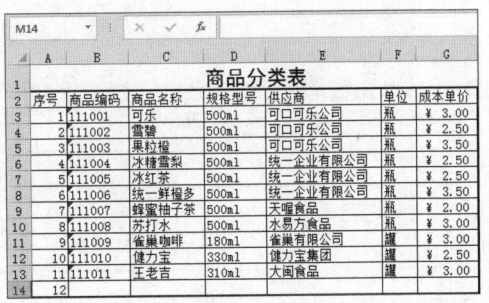

## 4.3.2 入库单的制作

入库单是用来记录商品入库情况的单据,是重要的原始凭证,其中记录了商品的编码、名称以及入库数量等重要信息。下面将对入库单的创建操作进行介绍，具体如下。

**步骤01** 新建一个名为"入库单"的工作表，在其中输入表格的标题和列标题。

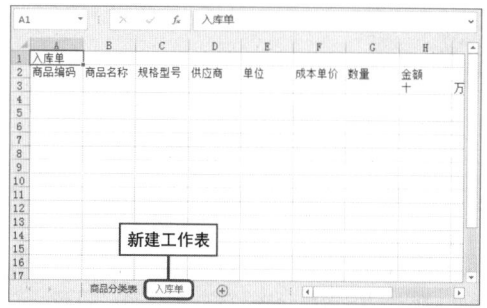

**步骤02** 设置单元格格式后，合并相关单元格并为表格添加边框，调整列宽，查看最终设置好的表格效果。

**步骤03** 为了节省工作量，用户可以使用引用公式，导入商品分类表中的数据。选中B6单元格，输入公式"=IF($A6="","",VLOOKUP($A6,商品分类表!$B$3:$G$13,2,0))"。

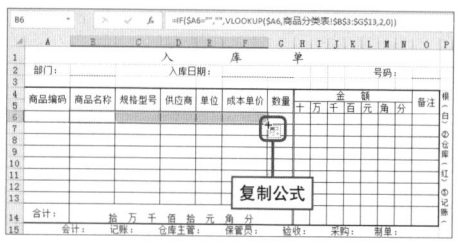

**步骤04** 按回车键确认，然后将光标移动到B6单元格的右下角，当光标变成+形状时，按住鼠标左键不放，向右移动填充公式。

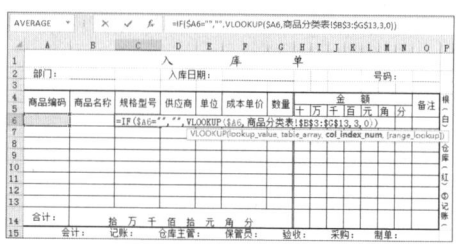

**步骤05** 由于"规格型号"列在商品分类表中的位置与"商品名称"列所在的位置不同，"规格型号"在所选区域的第3列，所以需要修改C6单元格中的公式为"=IF($A6="","",VLOOKUP($A6,商品分类表!$B$3:$G$13,3,0))"。

**步骤06** 同样的方法，修改D6、E6和F6单元格中的公式，然后选中B6:F6单元格区域，将光标移动到选中区域的右下角，当光标变成+形状时，按住鼠标左键不放向下拖动，填充公式。

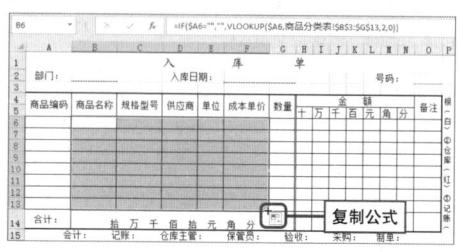

**步骤07** 选中A6:A13单元格区域，打开"开始"选项卡，单击"数字"选项组中的"数字格式"下拉按钮，从下拉列表中选择"文本"选项。

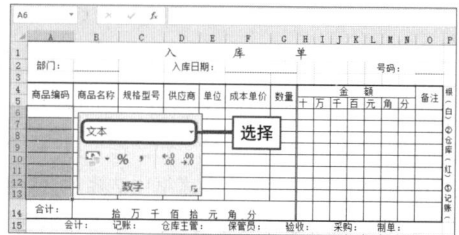

步骤08 在A6单元格中输入111001，此时，会自动出现其对应的商品名称、规格型号、供应商和成本单价等信息，然后手动输入其他信息即可，查看最终效果。

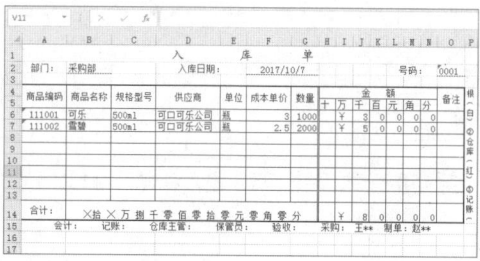

### 4.3.3 入库统计表的编制

为了统计商品的入库情况，方便进行库存统计，用户需要编制入库统计表，将所有商品的入库情况登记下来。下面将对入库统计表的创建操作进行介绍。

步骤01 按住Ctrl键，将光标移动到"入库单"工作表标签上，按住鼠标左键不放并移动，当光标变成 形状时，将工作表移动到最后位置，释放鼠标。

步骤02 这样就复制了一个"入库单"工作表，名为"入库单（2）"，打开"开始"选项卡，单击"单元格"选项组中的"格式"下拉按钮，从下拉列表中选择"重命名工作表"选项，将工作表名称修改为"入库统计表"。

步骤03 选中入库统计表中所有包含内容的列，单击"编辑"选项组中的"清除"下拉按钮，从下拉列表中选择"全部清除"选项。

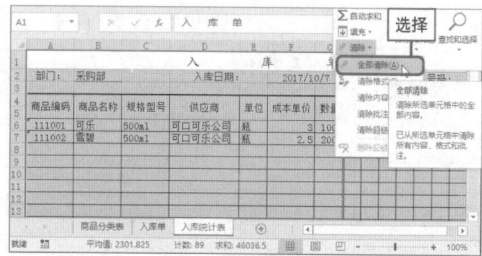

步骤04 此时，被选定区域的内容和格式全部被清除，用户可以根据需要在工作表中重新输入内容并进行格式设置。

步骤05 在工作表中输入表标题和列标题，并设置其格式，然后为表格添加边框。

步骤06 引用商品分类表中的数据，选中D3单元格，输入公式"=IF($C3="","",VLOOKUP($C3,商品分类表!$B$3:$G$13,2,0))"，按回车键确认。

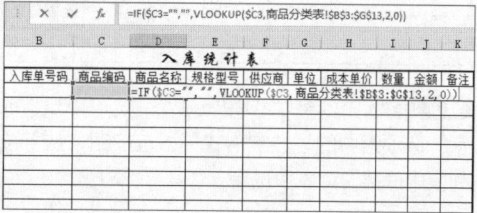

**步骤 07** 将光标移动到D3单元格的右下角，当光标变成+形状时，按住鼠标左键不放，向右拖动，填充公式。

**步骤 08** 选中E3单元格，将公式修改为"=IF($C3="","",VLOOKUP($C3,商品分类表!$B$3:$G$13,3,0))"。同样的方法，修改F3：H3单元格区域中的公式。

**步骤 09** 选中D3:H3单元格区域，将光标移动到H3单元格右下角，当光标变成+形状时，按住鼠标左键不放向下拖动，填充公式。

**步骤 10** 选中C3:C20单元格区域，单击"数字"选项组中的"数字格式"下拉按钮，从下拉列表中选择"文本"选项。

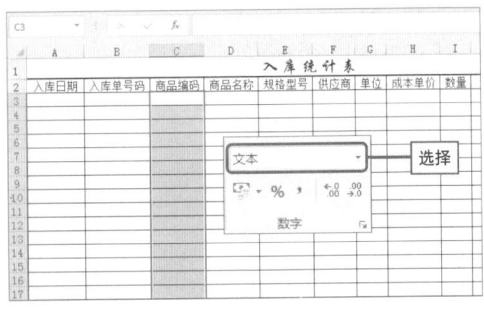

**步骤 11** 选中J3单元格，输入公式"=H3*I3"，按回车键确认。

**步骤 12** 将光标移动到J3单元格的右下角，当光标变成+形状时，按住鼠标左键不放，向下拖动填充公式。

**步骤 13** 在表格中输入商品编码，此时表格中将自动显示该编码代表的商品信息。

步骤 14 接着按照入库单输入其他信息，查看最终效果。

### 4.3.4 出库统计表的编制

销售员将商品销售出去后，需要填写出库单，才能将商品从仓库中领走。为了统计所有商品的出库情况，需要创建出库统计表，将审核无误的出库单上数据登记到出库统计表中。下面将对出库统计表的创建操作进行介绍。

步骤 01 将"入库单"复制到"出库单"工作表中，修改其中部分内容，形成出库单，填写出库单。

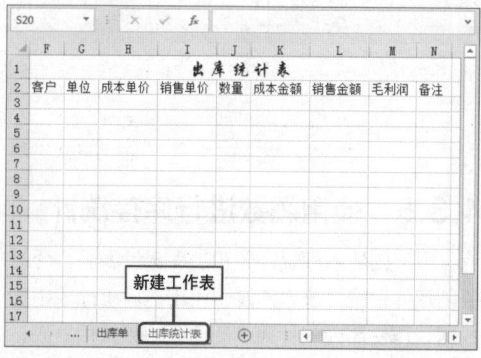

步骤 02 新建一个名为"出库统计表"的工作表，输入表格标题和列标题，并设置标题格式，形成空白的出库统计表。

步骤 03 选中A:N列，打开"开始"选项卡，单击"样式"选项组中的"条件格式"下拉按钮，从下拉列表中选择"新建规则"选项。

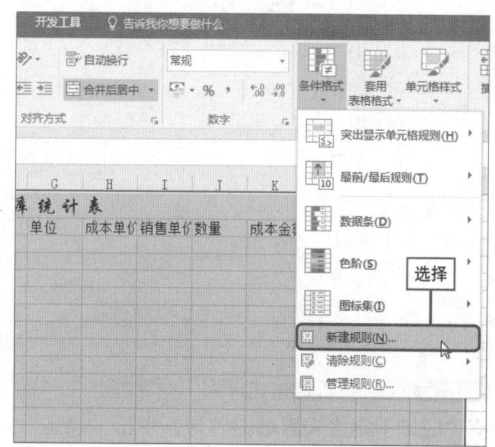

步骤 04 弹出"新建格式规则"对话框，在"选择规则类型"列表框中选择"使用公式确定要设置格式的单元格"选项，在"为符合此公式的值设置格式"文本框中输入"=$B2<>"""，单击"格式"按钮。

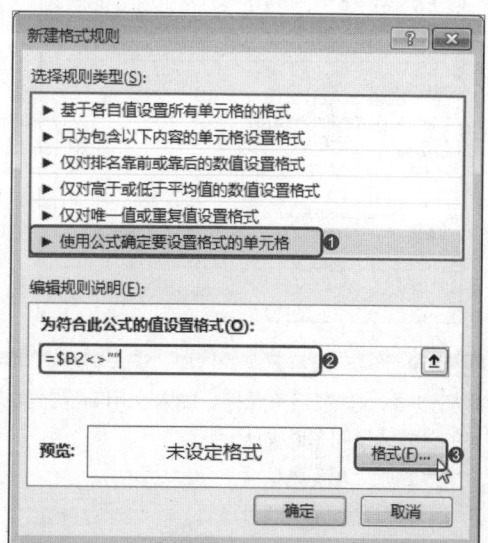

步骤 05 弹出"设置单元格格式"对话框，打开"边框"选项卡，设置表格的外边框样式，然后单击"确定"按钮。

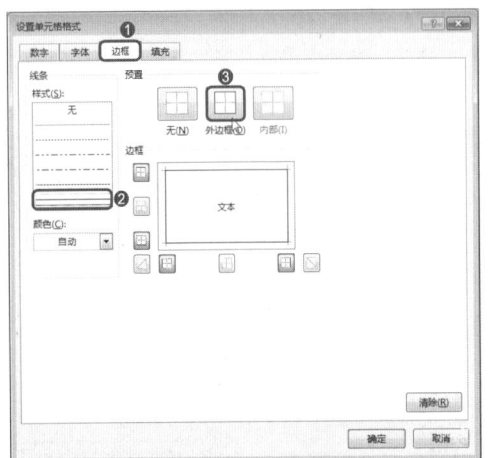

**步骤 08** 在E3、G3和H3单元格中同样输入引用的公式，接着选中L3单元格，输入公式"=I3*J3"，然后按回车键确认。

**步骤 09** 选中M3单元格，输入公式"=L3-K3"，按回车键确认。

**步骤 06** 返回"新建格式规则"对话框，在"预览"区域中查看设置后的效果，单击"确定"按钮。

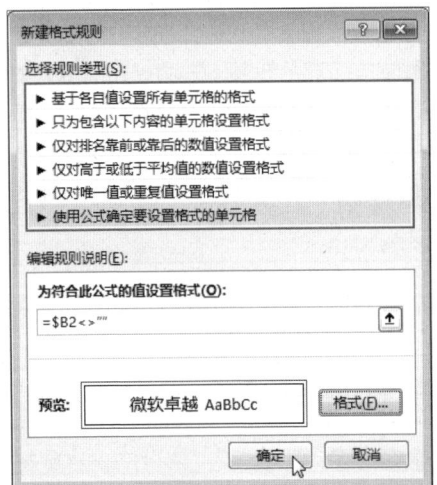

**步骤 07** 此时，随着记录的增加，记录行会自动添加边框。选中D3单元格，输入引用商品分类表的公式，按回车键确认。

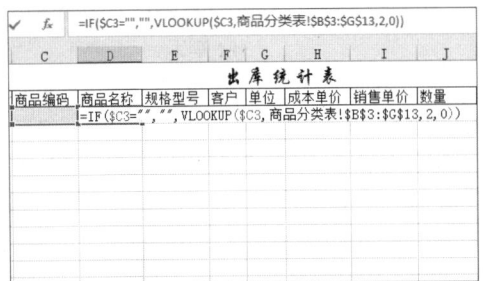

**步骤 10** 接着，按照审核无误的出库单录入其他数据，查看最终效果。

### 4.3.5 使用函数进行库存统计

用户创建入库统计表和出库统计表后，还需要创建库存统计表，通过引用出入库统计表中的数据，再使用公式计算本期结存的数量和金额，使用户能够实时掌握商品的库存情况。下面将对库存统计表的创建操作进行介绍。

**步骤01** 新建一个名为"库存统计表"的工作表，在其中输入表格标题和列标题，并设置其格式，为表格添加边框。

**步骤02** 选中B4单元格，在其中输入公式"=IF(ISNA(VLOOKUP($A4,商品分类表!$B:$G,COLUMN(),0)),"",VLOOKUP($A4,商品分类表!$B:$G,COLUMN(),0))"，按回车键确认，引用商品分类表中的商品名称。

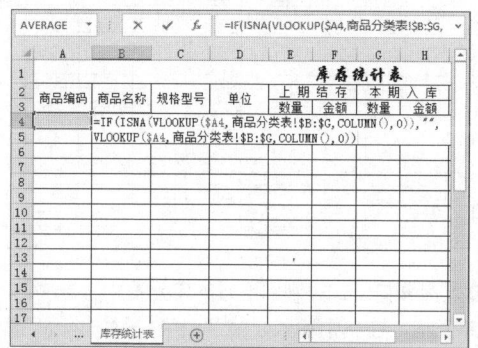

**步骤03** 将光标移动到B4单元格的右下角，当光标变成+形状时，按住鼠标左键不放，向右拖动填充公式。

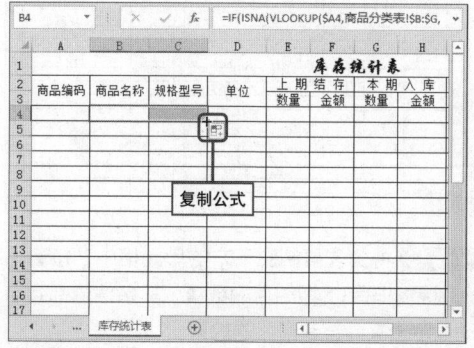

**步骤04** 选中D4单元格，修改公式为"=IF(ISNA(VLOOKUP($A4,商品分类表!$B:$G,COLUMN(),0)),"",VLOOKUP($A4,商品分类表!$B:$G,COLUMN()+1,0))"，按回车键确认。

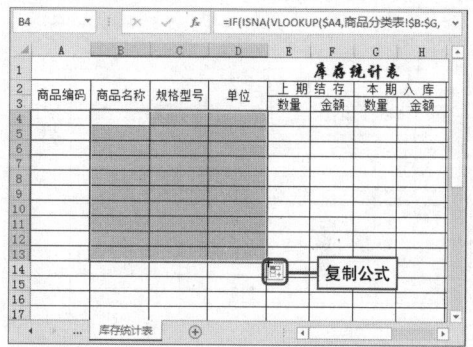

**步骤05** 选中B4:D4单元格区域，将光标移动到D4单元格的右下角，当光标变成+形状时，按住鼠标左键不放，向下移动填充公式。

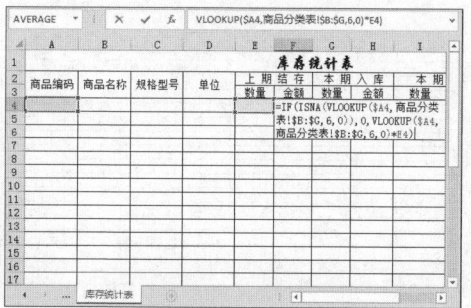

**步骤06** 选中F4单元格，在其中输入公式"=IF(ISNA(VLOOKUP($A4,商品分类表!$B:$G,6,0)),0,VLOOKUP($A4,商品分类表!$B:$G,6,0)*E4)"，按回车键确认，计算上期结存的金额，然后将公式填充到下方的单元格中。

**步骤 07** 选中G4单元格，在其中输入公式"=SUMIF(入库统计表!C:C,库存统计表!A4,入库统计表!I:I)"，按回车键确认，计算本期入库的数量。

**步骤 08** 选中H4单元格，在其中输入公式"=SUMIF(入库统计表!C:C,库存统计表!A4,入库统计表!J:J)"，按回车键确认，计算本期入库的金额，然后将公式填充到下方的单元格中。

**步骤 09** 选中I4单元格，在其中输入公式"=SUMIF(出库统计表!C:C,库存统计表!A4,出库统计表!J:J)"，按回车键确认，计算本期出库的数量。

**步骤 10** 选中J4单元格，在其中输入公式"=SUMIF(出库统计表!C:C,库存统计表!A4,出库统计表!K:K)"，按回车键确认，计算本期出库的金额。

**步骤 11** 将公式复制到下方的单元格中，选中K4单元格，在其中输入公式"=E4+G4-I4"，按回车键确认，计算本期结存的数量。

**步骤 12** 将公式复制到下方的单元格中，选中L4单元格，在其中输入公式"=F4+H4-J4"，按回车键确认，计算本期结存的金额。

**步骤 13** 将公式复制到下方的单元格中，接着输入商品编码和上期结存的数量，其余信息都会自动显示出来，查看最终的效果。

## 4.3.6 库存情况分析

用户创建好库存统计表后，需要对表格中的数据进行统计和分析，使用户随时掌握库存的具体情况，并以此为依据，对库存量进行控制。

统计上期和本期的结存总数量和总金额，并将本期结存数量超过4000的突出显示的具体操作如下。

**步骤01** 在库存统计表的N1:O5单元格区域中，新建一个"库存总成本统计"表格，然后选中O2单元格，在其中输入公式"=SUM(F4:F13)"。

**步骤02** 按回车键确认后，选中O3单元格，在其中输入公式"=SUM(L4:L13)"，按回车键确认。

**步骤03** 选中O4单元格，在其中输入公式"=SUM(E4:E13)"，按回车键确认。

**步骤04** 选中O5单元格，在其中输入公式"=SUM(K4:K13)"，按回车键确认。

**步骤05** 选中K4:K13单元格区域，为该区域添加条件格式。

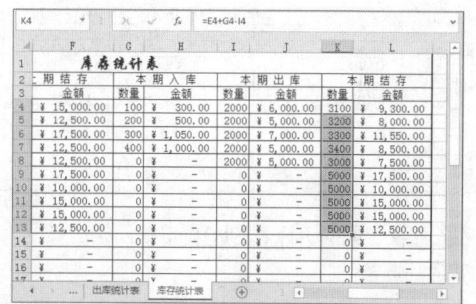

**步骤06** 打开"开始"选项卡，单击"样式"选项组中的"条件格式"下拉按钮，从下拉列表中选择"突出显示单元格规则>大于"选项。

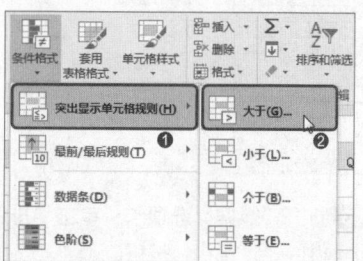

**步骤 07** 弹出"大于"对话框,在"为大于以下值的单元格设置格式"文本框中输入4000,在"设置为"下拉列表中选择"浅红色填充"选项。

**步骤 08** 单击"确定"按钮后,返回工作表编辑区,可以看到符合条件的单元格被突出显示了。

# 动手练习 | 分析采购数据

通过对本章内容的学习,用户对使用Excel进行进销存管理有了一定的了解。下面将对采购数据进行筛选,以便于更好地分析数据。

**步骤 01** 打开"采购统计表"工作表。

**步骤 02** 在采购统计表的K1:M3单元格区域中,新建筛选条件。

**步骤 03** 打开"数据"选项卡,单击"排序和筛选"选项组中的"高级"按钮。

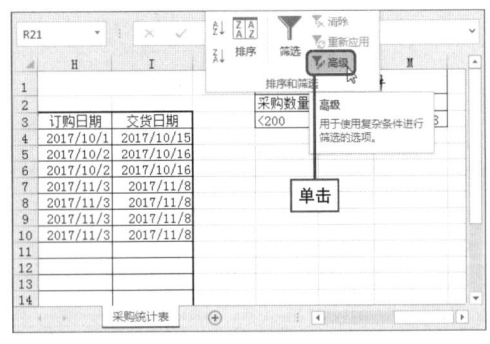

**步骤 04** 弹出"高级筛选"对话框,选中"在原有区域显示筛选结果"单选按钮,然后单击"列表区域"右侧的折叠按钮。

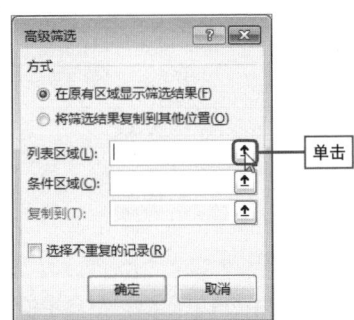

**步骤 05** 在采购统计表中选择A3:I14单元格区域,然后单击折叠按钮。

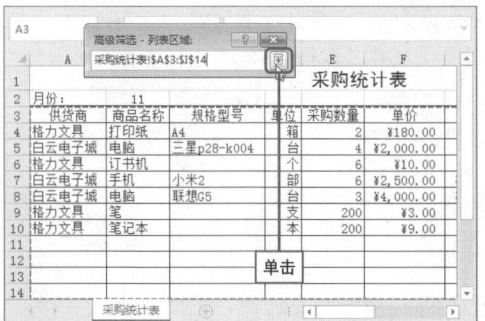

**步骤 08** 返回"高级筛选"对话框,单击"确定"按钮。

**步骤 06** 返回"高级筛选"对话框,单击"条件区域"右侧的折叠按钮。

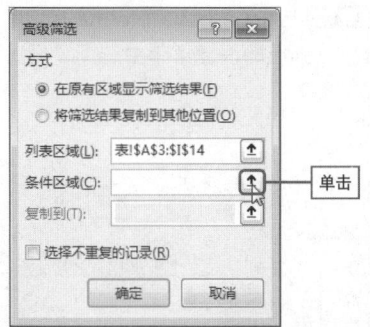

**步骤 09** 返回采购统计表编辑区后,可以看到按照条件进行筛选的结果。

**步骤 07** 选择K2:M3单元格区域,再次单击折叠按钮。

## 高手进阶 | 制作委外加工单

委外加工又称外协,即企业委托其他企业代为加工。企业进行委外加工业务时,需要使用委外加工单,下面介绍创建委外加工单的相关操作。

**步骤 01** 新建工作表,将其命名为"委外加工单",在表中输入标题等基本信息。

**步骤 02** 选中A1:H1单元格区域,打开"开始"选项卡,单击"字体"选项组的对话框启动器按钮。

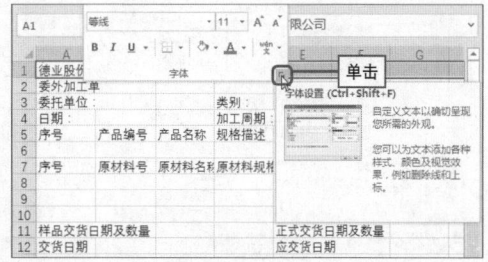

**步骤03** 弹出"设置单元格格式"对话框，打开"字体"选项卡，将标题格式设置为"楷体"、"加粗"和16号。

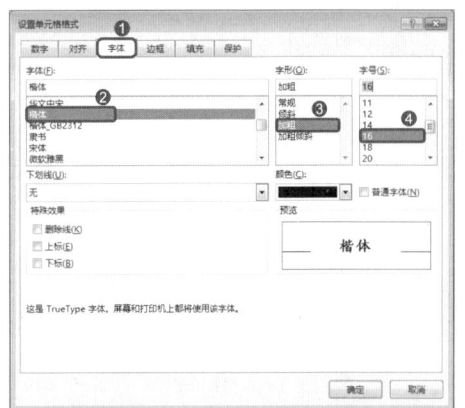

**步骤04** 打开"对齐"选项卡，在"水平对齐"下拉列表中选择"居中"选项，在"垂直对齐"下拉列表中选择"居中"选项，勾选"合并单元格"复选框，单击"确定"按钮。

**步骤05** 选中A2:H2单元格区域，单击"对齐方式"选项组中的"合并后居中"下拉按钮，从弹出的下拉列表中选择"合并后居中"选项。

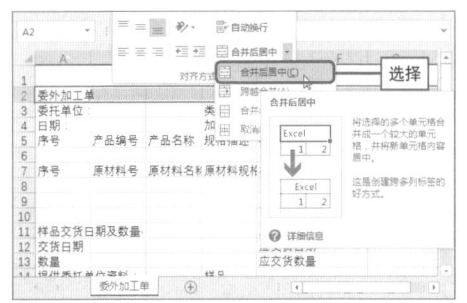

**步骤06** 单击"字体"选项组中的"字号"下拉按钮，从弹出的下拉列表中选择14选项。

**步骤07** 选中A5:H20单元格区域，单击鼠标右键，从弹出的快捷菜单中选择"设置单元格格式"命令。

**步骤08** 弹出"设置单元格格式"对话框，打开"边框"选项卡，在"样式"列表框中选择合适的边框样式，单击"外边框"按钮。同样的方法，设置内部框线样式，然后单击"确定"按钮。

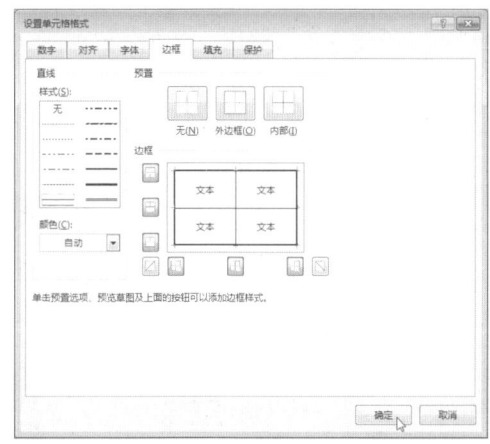

步骤 09 选中A5:H6单元格区域，打开"设置单元格格式"对话框，打开"边框"选项卡，在"样式"列表框中选择双框线样式，单击"下框线"按钮，单击"确定"按钮。

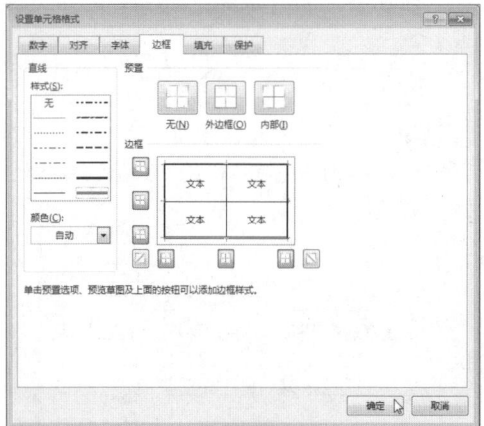

步骤 10 选中A7:H10单元格区域，打开"设置单元格格式"对话框，打开"边框"选项卡，在"样式"列表框中选择双框线样式，单击"下框线"按钮，接着单击"确定"按钮。

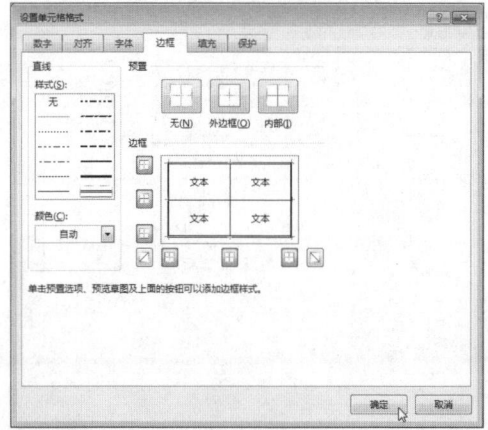

步骤 11 选择A11:H13单元格区域，重复步骤10的操作。选中A14:H16单元格区域，打开"设置单元格格式"对话框，打开"边框"选项卡，在"样式"列表框中选择双框线样式，单击"下框线"按钮，然后将内部框线设置为"无"，单击"确定"按钮。

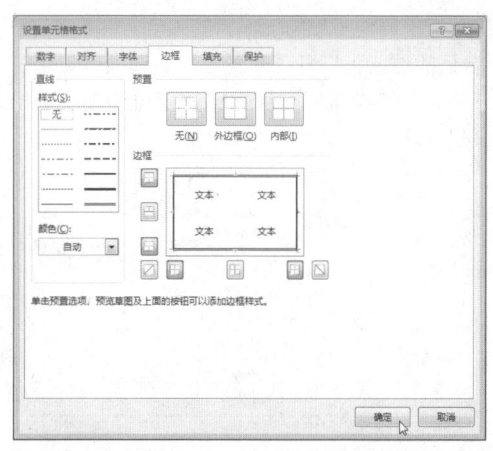

步骤 12 修改好边框样式后，打开"插入"选项卡，单击"插图"选项组中的"图片"按钮。

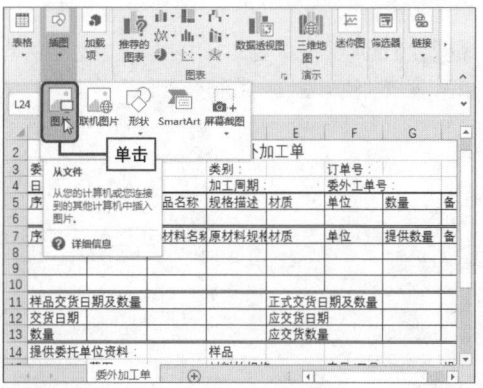

步骤 13 弹出"插入图片"对话框，选择公司的Logo图片，单击"插入"按钮。

**步骤14** 调整插入Logo图片的大小，将其移动到合适的位置。打开"开发工具"选项卡，单击"插入"下拉按钮，从弹出的下拉列表中选择"复选框"选项。

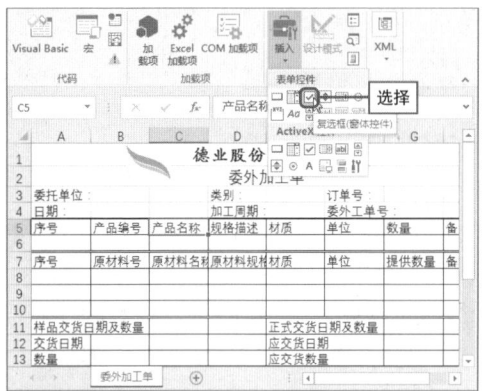

**步骤15** 此时，光标变成+形状，在表格中的合适位置按住鼠标左键，绘制复选框。

**步骤16** 绘制好复选框控件后，选中控件中的文字"复选框1"，按Delete键删除。

**步骤17** 按同样的方法，添加其他复选框控件后，输入文字并设置字体格式，然后合并需要合并的单元格。

**步骤18** 调整表格的行高和列宽，打开"视图"选项卡，在"显示"选项组中取消对"网格线"复选框的勾选，至此空白的委外加工单就制作完成了。

# 05 Chapter

109~125

# 固定资产管理

　　固定资产是指企业为生产产品、提供劳务、出租或者经营管理而持有的、使用时间超过12个月并且价值达到一定标准的非货币性资产。固定资产是企业的劳动手段，也是企业赖以生产经营的主要资产。由于固定资产的核算、管理非常繁琐，造成了固定资产难以管理的现状。但是固定资产在企业资产总额中占有相当大的比重，是企业进行经营活动的物质基础。因此，对固定资产的核算管理是非常重要的工作。

### 本章所涉及的知识要点：

◆ 制作固定资产管理表　　　◆ 对固定资产进行筛选

◆ 固定资产的折旧处理　　　◆ 对折旧费用进行分析

### 本章内容预览：

固定资产管理表

固定资产折旧统计表

# 5.1 盘点固定资产

固定资产是指同时具有下列特征的有形资产，一是为生产商品提供劳务出租或经营管理而持有的，二是使用寿命超过一个会计年度。下面对固定资产的盘点方法进行介绍。

## 5.1.1 固定资产管理表的编制

企业为了方便系统管理固定资产，常常会编制固定资产管理表，该表记录固定资产的名称、使用情况、原值等信息。使用固定资产管理表，可以方便盘点固定资产。

下面将对固定资产管理表的制作过程进行介绍，具体如下。

**步骤 01** 新建工作簿，将其中的Sheet1工作表重命名为"固定资产管理表"。

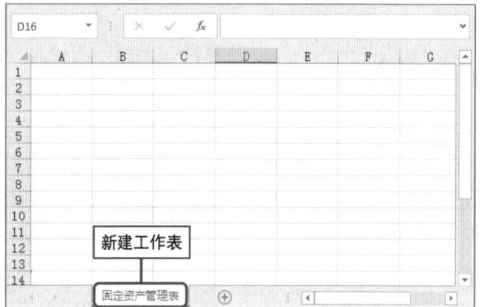

**步骤 02** 在表中输入表格标题和列标题，并设置标题的字体和对齐方式。

**步骤 03** 选中A4:A30单元格区域，打开"开始"选项卡，单击"数字"选项组的对话框启动器按钮。

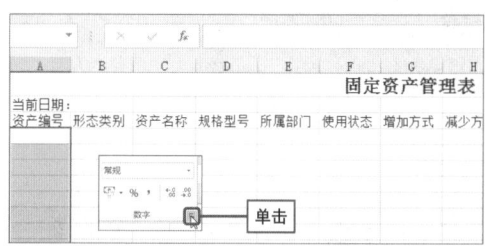

**步骤 04** 弹出"设置单元格格式"对话框，打开"数字"选项卡，在"分类"列表框中选择"自定义"选项，在"类型"文本框中输入"00#"，单击"确定"按钮。

**步骤 05** 选中B4:B30单元格区域，打开"数据"选项卡，单击"数据工具"选项组中的"数据验证"下拉按钮，从展开的列表中选择"数据验证"选项。

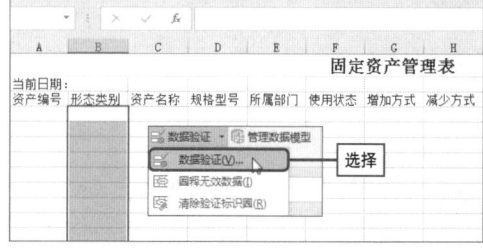

步骤 06 弹出"数据验证"对话框,打开"设置"选项卡,在"允许"下拉列表中选择"序列"选项,在"来源"文本框中输入"房屋,电子设备,办公设备,机械设备,生产设备,运输设备",单击"确定"按钮。

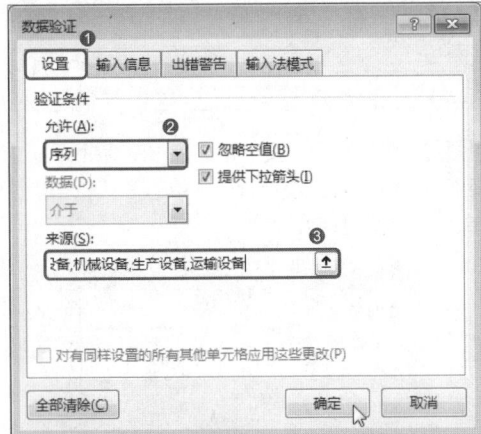

步骤 07 选中F4:F30单元格区域,打开"数据验证"对话框,打开"设置"选项卡,在"允许"下拉列表中选择"序列"选项,在"来源"文本框中输入"在用,季节性停用,停用,报废",单击"确定"按钮。

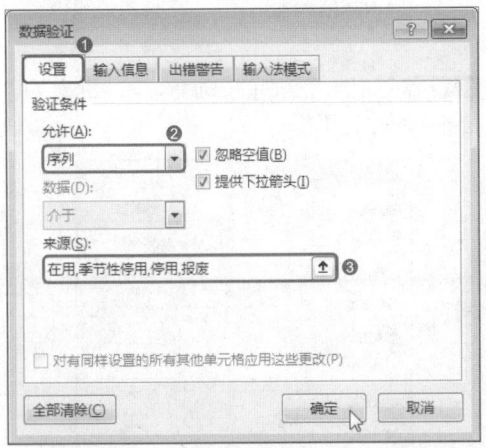

步骤 08 选中G4:G30单元格区域,打开"数据验证"对话框,打开"设置"选项卡,在"允许"下拉列表中选择"序列"选项,在"来源"文本框中输入"自建,直接购入,投资者投入,捐赠,在建工程转入,调拨",单击"确定"按钮。

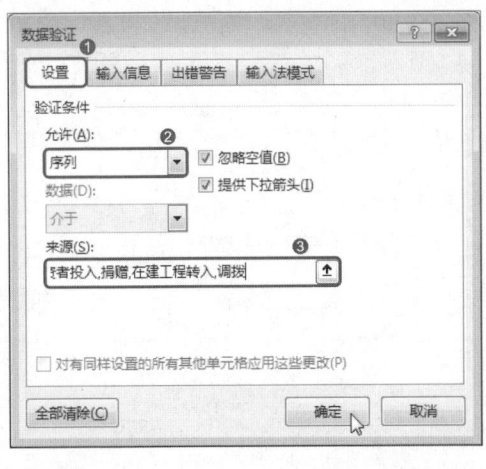

步骤 09 选中H4:H30单元格区域,打开"数据验证"对话框,打开"设置"选项卡,在"允许"下拉列表中选择"序列"选项,在"来源"文本框中输入"出售,调拨,投资,报废",单击"确定"按钮。

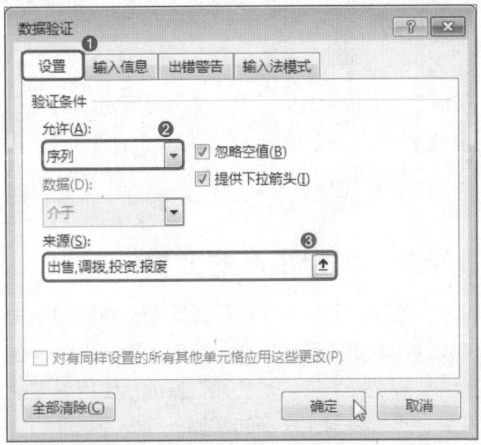

步骤 10 选中B2单元格,输入公式"=TODAY()",按回车键确认,此时在该单元格中将显示当前日期。

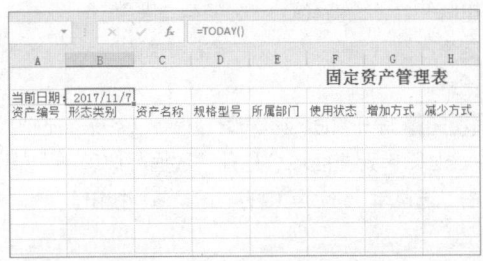

步骤11 选中K4单元格，输入公式"= DAYS360(I4,$B$2)/360"，按回车键确认，计算固定资产已使用年限。

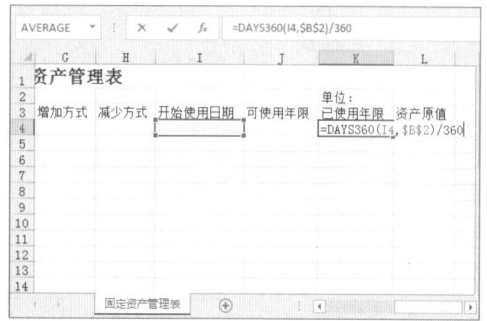

步骤12 在固定资产管理表中输入相关数据，查看最终效果。

## 5.1.2 固定资产的变更

在实际经营中，企业的固定资产是随时发生变化的。固定资产可以通过自建、接受捐赠、直接购买等途径增加，也会通过报废、出售等途径减少。不管是固定资产的增加、减少还是部门之间的调拨都要计入固定资产的核算之中。

### 1 固定资产的增加

企业于2017年11月6日，为销售部购入戴尔电脑一台，价值4000元，使用年限是5年。在固定资产统计表中，可以使用记录单添加固定资产信息。

步骤01 打开"固定资产管理表"工作表，选中A3:L13单元格区域，打开"数据"选项卡，单击"记录单"选项组中的"记录单"按钮。

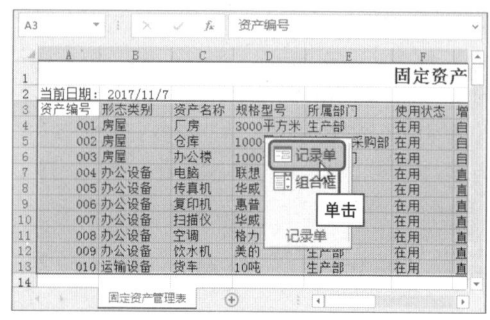

步骤02 弹出"固定资产管理表"对话框，在对话框中显示了固定资产管理表中的第一条信息，单击"新建"按钮。

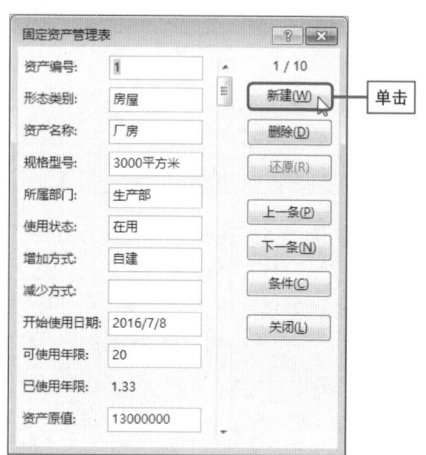

步骤03 弹出一个空白的记录单，其中列出了固定资产的各个属性。

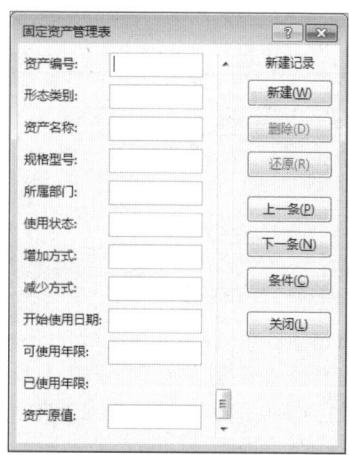

步骤04 在对应的文本框中输入固定资产的信息，然后单击"关闭"按钮。

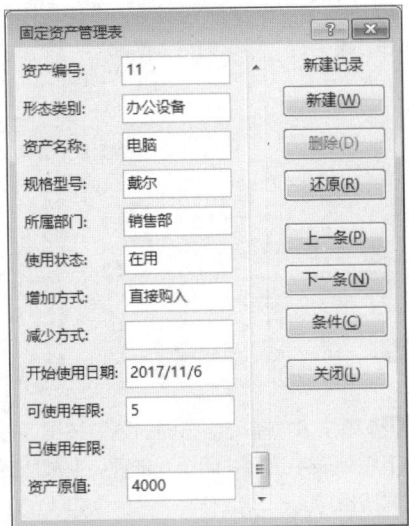

步骤05 此时，在固定资产管理表中，就添加了一条固定资产记录。

## 2 固定资产的减少

固定资产随着年限到期或者其他原因无法继续使用时，需要将固定资产处理掉。这时，在固定资产管理表中需要修改其使用状态，并注明其减少方式。下面介绍固定资产减少的处理操作，具体如下。

步骤01 打开"固定资产管理表"工作表，选中A3:L3单元格区域，即列标题。

步骤02 打开"数据"选项卡，单击"排序和筛选"选项组中的"筛选"按钮。

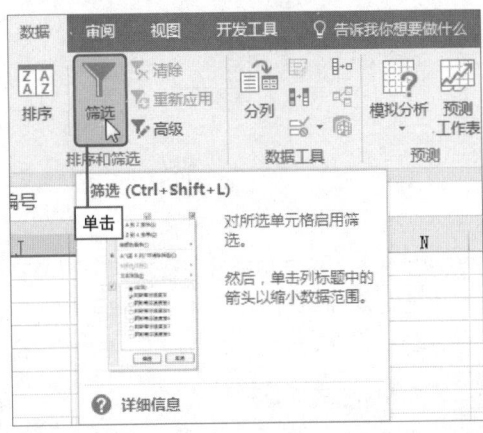

步骤03 为列标题添加筛选按钮后，单击"资产编号"下拉按钮，在弹出的下拉列表的"搜索"文本框中输入010，单击"确定"按钮。

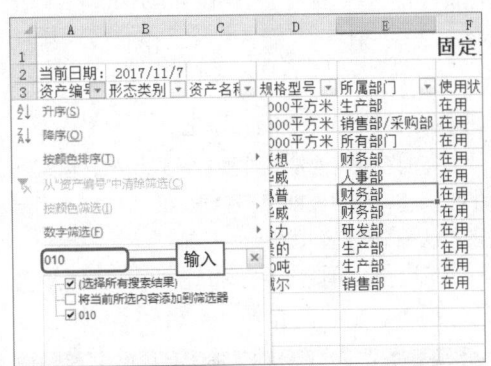

步骤04 单击F13单元格右侧的下拉按钮，在弹出的下拉列表中选择"报废"选项。

步骤05 单击H13单元格右侧的下拉按钮，在弹出的下拉列表中选择"报废"选项。

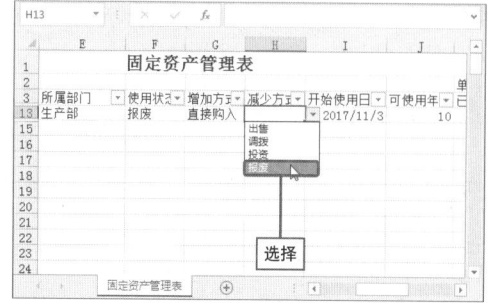

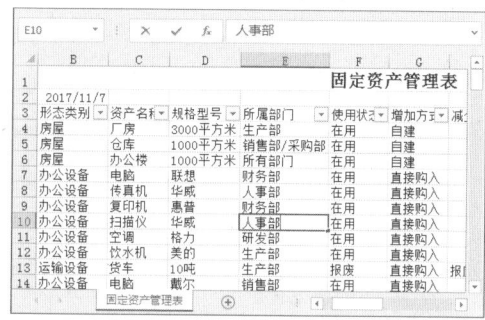

部调拨到人事部的操作方法，具体如下。

**步骤 01** 打开"固定资产管理表"工作表，找到资产编号为007的扫描仪记录，选中E10单元格，将"财务部"修改为"人事部"。

**步骤 06** 单击"排序和筛选"选项组中的"清除"按钮，退出筛选状态，查看最终效果。

### 3 固定资产部门之间的调拨

有时企业某个部门需要的固定资产，恰好别的部门有，而且该部门不需要了，可以将该固定资产从一个部门调拨到另一个部门。

下面介绍将资产编号为007的扫描仪从财务

**步骤 02** 单击G10单元格右侧的下拉按钮，在弹出的下拉列表中选择"调拨"选项，完成固定资产的调拨操作。

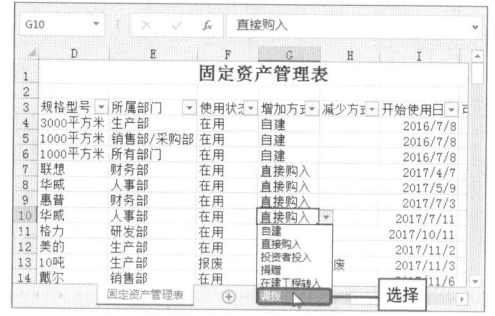

# 5.2 固定资产的折旧

固定资产折旧指一定时期内为弥补固定资产损耗，按照核定的固定资产折旧率提取的固定资产折旧，或按国民经济核算统一规定的折旧率虚拟计算的固定资产折旧。折旧的核算问题，实际是固定资产的成本分摊问题。固定资产与无形资产是用来生产产品的，也是有成本的，它的价值就是成本，需要摊销计入产品的成本中。这就是固定资产为什么要计提折旧的原因。

## 5.2.1 固定资产折旧统计表的创建

计提固定资产折旧的方法有很多种，包括平均年限法、工作量法、年数总和法、双倍余额递减法等等。在计提折旧前，需要创建固定资产折

旧统计表，下面介绍具体创建方法，步骤如下。

**步骤 01** 新建一个名为"固定资产折旧统计表"的工作表，在其中输入表标题和列标题，设置文本格式并添加边框。

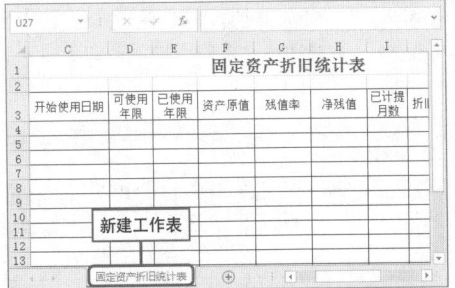

**步骤02** 在表格中输入基本数据,并在B2单元格中设置当前日期。

**步骤03** 选中H4单元格,输入公式"= F4*G4",按回车键确认,计算净残值。

**步骤04** 选中I4单元格,输入公式"=INT (DAYS360(C4,$B$2)/30)",按回车键确认。计算已计提月数。

**步骤05** 选中H4:I4单元格区域,将光标移动到I4单元格的右下角,当光标变成+形状时,按住鼠标左键不放,向下拖动填充公式。

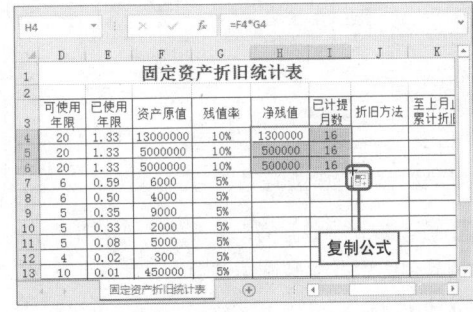

**步骤06** 公式填充完成后松开鼠标,查看固定资产折旧统计表的最终效果。

## 5.2.2 平均年限法的应用

平均年限法又称直线法,是将固定资产的应提折旧额均衡地分摊到各期的一种方法。用平均年限法计算每个月份和年份的折旧额是相等的。其中,相关的计算公式介绍如下:

- 年折旧额=(固定资产原值-预计净残值)/预计使用年限
- 月折旧额=固定资产年折旧额/12
- 年折旧率=年折旧额/固定资产原值=(1-预计净残值率)/预计使用年限
- 月折旧率=年折旧率/12
- 月折旧额=月初应计折旧固定资产×月折旧率

下面将介绍使用平均年限法计提固定资产折旧的操作方法,具体如下:

**步骤01** 选中J4单元格,输入"平均年限法",即使用平均年限法计提折旧。

**步骤02** 选中K4单元格，输入公式"= SLN(F4, H4,D4)/12*I4"，按回车键确认，计算至上月止累计折旧额。

**步骤03** 选中L4单元格，输入公式"= SLN(F4, H4,D4*12)"，按回车键确认，计算本月计提折旧额。

**函数解析**

**SLN函数**
SLN函数用于返回固定资产的每期线性折旧费用。该函数的语法格式为：
**SLN(cost,salvage,life)**
参数cost是指资产原值；参数salvage是指资产在折旧期末的价值，也称资产残值；参数life是指资产的折旧期数，也就是资产的使用寿命。

**步骤04** 选中M4单元格，输入公式"= F4-K4-L4"，按回车键确认，计算本月末账面净值。

### 5.2.3 余额递减法的应用

余额递减法也叫定率递减法，指用一个固定的折旧率乘以各年年初固定资产账面净值，计算各年折旧额的一种方法。使用余额递减法计提折旧，由于固定资产账面净值随着折旧的计提而逐年递减，所以，用固定的折旧率乘以递减的账面净值，计算出的折旧额也是逐年递减的。

下面介绍使用余额递减法计提固定资产折旧的具体操作方法，步骤如下。

**步骤01** 选中J5单元格，输入"余额递减法"，即使用余额递减法计提折旧。

**步骤02** 选中L5单元格，在其中输入公式"=IF(MONTH(C5)<12,IF(I5=0,0,IF(I5=1,H5(12-MONTH(C5))/12,DB(F5,H5,D5*12,I5,12-MONTH(C5)))),DB(F5,H5,D5*12,I5+1))"，按回车键确认，计算本月计提折旧额。

### 函数解析

**DB函数**

DB函数用于使用固定余额递减法计算折旧值。该函数的语法格式为：

**DB(cost,salvage,life,period,[month])**

参数cost指资产原值；参数salvage指资产在折旧期末的价值，也称资产残值；参数life指资产的折旧期数；参数period指需要计算折旧值的期间，period必须使用和life相同的单位；参数month指第一年的月份数，若省略，则假设是12。

**步骤03** 选中K5单元格，在其中输入公式"=DB($F$5,$H$5,$D$5,1,12)+DB($F$5,$H$5,$D$5,2,12)+DB($F$5,$H$5,$D$5,3,12)-L5-IF(MONTH(C5)<12,IF(I5=0,0,IF(I5=1,H5(12-MONTH(C5))/12,DB(F5,H5,D5*12,I5+1,12-MONTH(C5)))),DB(F5,H5,D5*12,I5+2))"，按回车键确认，计算至上月止累计折旧。

**步骤04** 选中M5单元格，在其中输入公式"=F5-K5-L5"，按回车键确认，计算本月末账面净值。

## 5.2.4 双倍余额递减法的应用

双倍余额递减法是在不考虑固定资产净残值的情况下，根据年初固定资产账面折余价值乘以双倍直线折旧率，计算各年折旧额的一种方法。

由于双倍余额递减法一开始计提折旧就没有考虑净残值，因此必须对固定资产使用到期前剩余几年的折旧额进行调整，调整的方法是，在固定资产使用的最后几年，将双倍余额递减法转换为直线法以计提折旧。使用双倍余额递减法计算的折旧额小于采用直线法计算的折旧额时，应改为直线法计提折旧。

在会计实务中，规定在固定资产使用年限到期两年内，将固定资产折余价值扣除预计净值后的净额平均计提折旧。其中，

年折旧率=2/预计使用年限×100%

各年折旧额=年初固定资产账面净值×年折旧率

下面将介绍使用双倍余额递减法计提固定资产折旧的操作方法，步骤如下。

**步骤01** 选中K6单元格，输入公式"=VDB(F6,H6,D6,0,INT(I6/12))+DDB(F6,H6,D,INT(I6/12)+1)/12*MOD(I6,12)"，按回车键确认，计算累计折旧额。

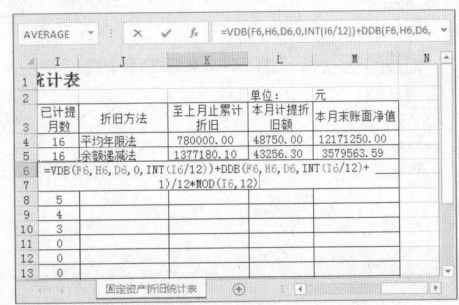

### 函数解析

**VDB函数**

VDB函数用于使用双倍余额递减法或其他指定的方法，返回资产折旧值。该函数语法格式为：

**VDB(cost,salvage,life,start_period,end_period,[factor],[no_switch])**

参数cost表示资产原值；参数salvage表示资产残值；参数life表示资产的折旧期数；参数start_period表示进行折旧计算的起始时间，须同life使用相同的单位；参数end_period表示进行折旧计算的截止时间，须同life使用相同的单位；参数factor表示余额递减速率，如果省略，则假设为2；参数no_switch是一个逻辑值，指定当折旧值大于余额递减计算值时，是否转用直线折旧法。

**步骤02** 要计算本月计提折旧额，则选中L6单元格，单击"插入函数"按钮。

**步骤03** 弹出"插入函数"对话框，在"或选择类别"下拉列表中选择"财务"选项，在"选择函数"列表框中选择DDB选项，单击"确定"按钮。

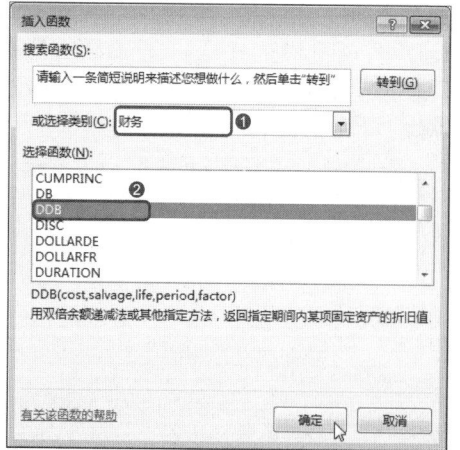

### 函数解析

**DDB函数**

DDB函数用于使用双倍余额递减法或其他指定方法计算折旧值。该函数的语法格式为：

**DDB(cost,salvage,life,period,[factor])**

参数cost表示资产原值；参数salvage表示资产在折旧期末的价值；参数life表示资产的折旧期数；参数period表示需要计算折旧值的期间，period必须使用和life相同的单位；参数factor表示余额递减速率。

**步骤04** 弹出"函数参数"对话框，在Cost文本框中输入F6，在Salvage文本框中输入H6，在Life文本框中输入D6*12，在Period文本框中输入I6。

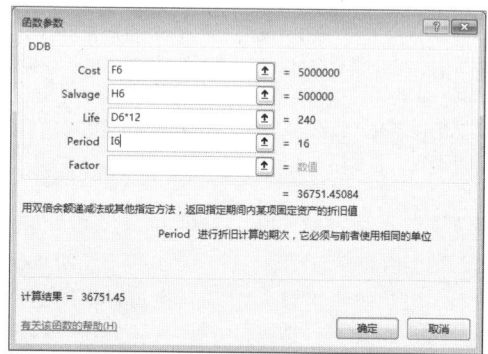

**步骤05** 单击"确定"按钮，返回工作表编辑区，可以看到L6单元格中显示了计算的结果。

**步骤06** 选中M6单元格，输入公式"= F6-K6-L6"，按回车键确认，计算本月末账面净值。

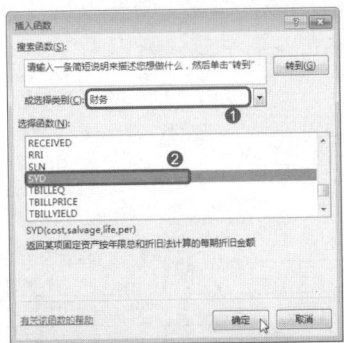

## 5.2.5 年数总和法的应用

年数总和法又称使用年限积数法，是根据固定资产在折旧年限内的应计折旧总额，乘以一个逐年递减的分数计算每年的折旧额。其中，相关计算公式如下：

- 各年折旧率=（预计的折旧年限-已使用的年限）/折旧年限×（折旧年限+1）/2=尚可使用年限/年数总和
- 某年的折旧额=（固定资产原值-预计净残值）×各年折旧率
- 月折旧额=年折旧额/12

下面介绍使用年数总和法计提固定资产折旧的操作方法，具体如下：

**步骤01** 在J7单元格中输入"年数总和法"，选中L7单元格，单击"插入函数"按钮。

**步骤02** 弹出"插入函数"对话框，在"或选择类别"下拉列表中选择"财务"选项，在"选择函数"列表框中选择SYD选项，单击"确定"按钮。

### 函数解析

**SYD函数**

SYD函数是返回某项资产按年限总和折旧法计算的指定期间的折旧值。该函数的语法格式为：

**SYD(cost,salvage,life,per)**

参数cost表示资产原值；参数salvage表示资产残值；参数life表示资产的折旧期数；参数per表示期间，其单位与life相同。

**步骤03** 弹出"函数参数"对话框，在Cost文本框中输入F7，在Salvage文本框中输入H7，在Life文本框中输入D7*12，在Period文本框中输入I7。

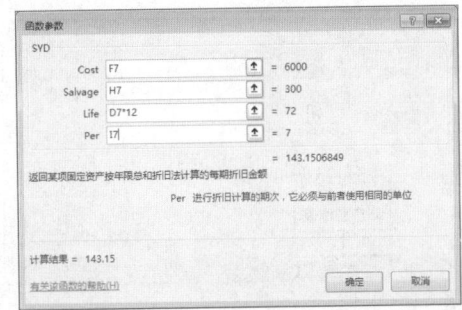

**步骤04** 单击"确定"按钮，返回工作表编辑区，可以看到L7单元格中显示了计算的结果。

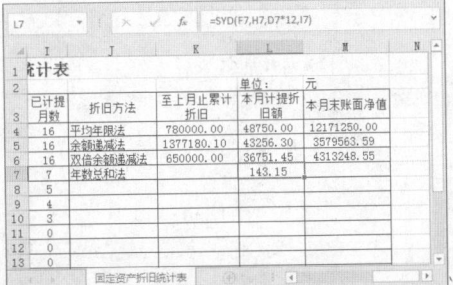

**步骤 05** 选中K7单元格，输入公式"=SYD(F7,H7,D7,1)+SYD(F7,H7,D7,2)+SYD(F7,H7,D7,3)-SYD(F7,H7,D7*12,I7)-SYD(F7,H7,D7*12,I7+1)"，按回车键确认。

**步骤 06** 选中M7单元格，输入公式"= F7-K7-L7"，按回车键确认。

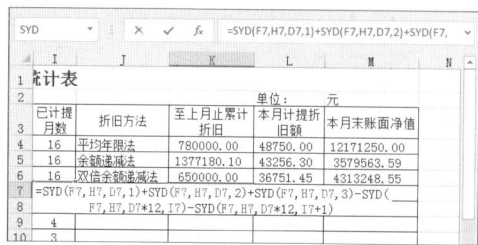

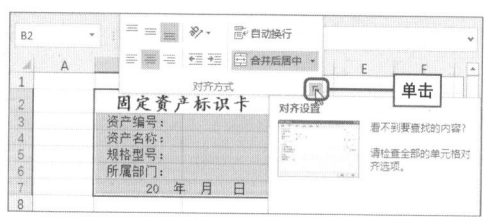

# 动手练习 | 制作固定资产标识卡

通过对本章内容的学习，用户对使用Excel进行固定资产管理有了一定的了解。下面通过制作固定资产标识卡，来温习前面所学的知识。

**步骤 01** 单击"新工作表"按钮，新建工作表，将其重命名为"固定资产标识卡"。

**步骤 03** 选中B2:C7单元格区域，打开"开始"选项卡，单击"对齐方式"选项组中的对话框启动器按钮。

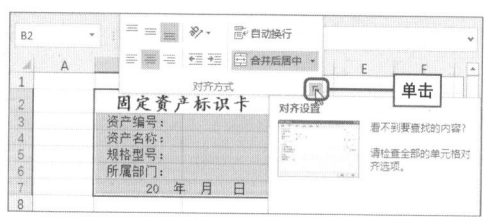

**步骤 02** 在工作表中输入表标题、行标题，并设置其格式和对齐方式。

**步骤 04** 弹出"设置单元格格式"对话框，打开"边框"选项卡，将边框颜色设置为"黑色"，在"样式"列表框中选择合适的线条样式，单击"外边框"按钮，然后单击"确定"按钮。

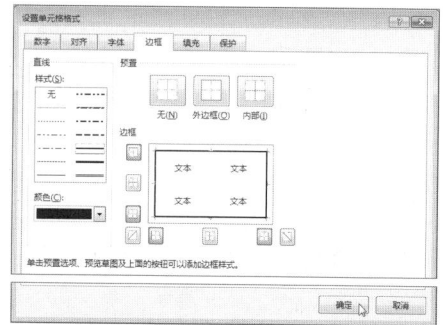

步骤 05 选中C3单元格，单击"字体"选项组中的"边框"下拉按钮，从弹出的下拉列表中选择"绘制边框"选项。

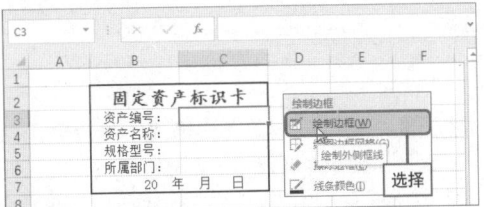

步骤 06 此时光标变成铅笔形状，将光标移动到合适位置，按住鼠标左键不放向右移动，绘制边框。

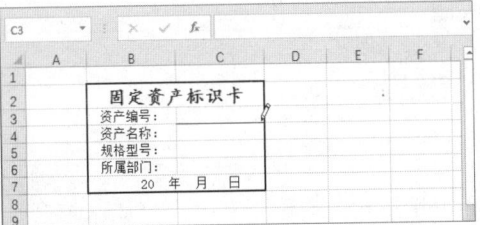

步骤 07 绘制边框后，选中B2:C7单元格区域，单击"填充颜色"下拉按钮，从弹出的下拉列表中选择"橙色"选项。

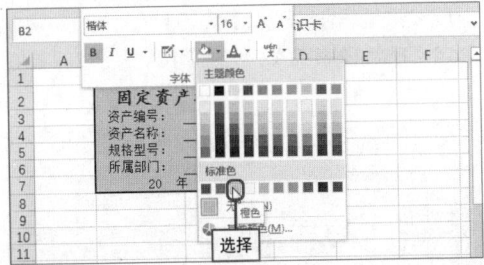

步骤 08 选中C4单元格，输入公式"= VLOOKUP(C3,固定资产管理表!$A:$E,3)"，按回车键确认。

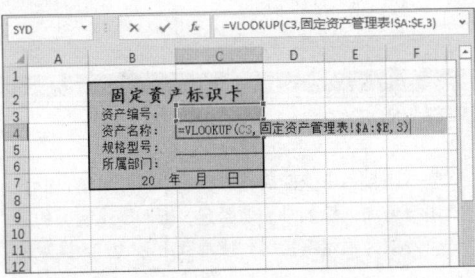

步骤 09 选中C5单元格，输入公式"= VLOOKUP(C3,固定资产管理表!$A:$E,4)"，按回车键确认。

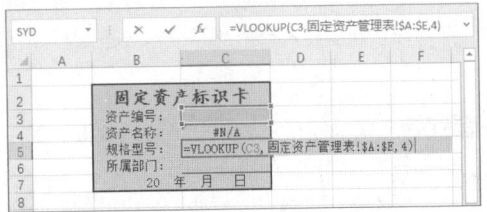

步骤 10 选中C6单元格，输入公式"= VLOOKUP(C3,固定资产管理表!$A:$E,5)"，按回车键确认。

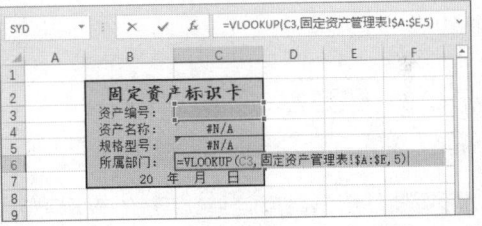

步骤 11 打开"视图"选项卡，在"显示"选项组中取消"网格线"复选框的勾选。

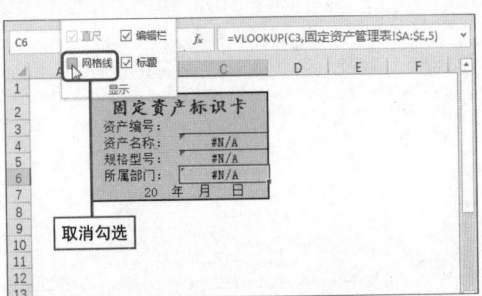

步骤 12 选中C3单元格，将其格式设置为"自定义>00#"，并在其中输入4，查看最终效果。

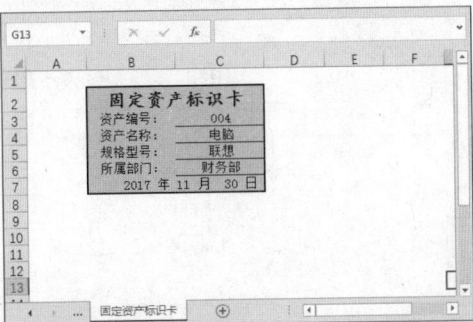

# 高手进阶 | 创建固定资产查询系统

如果固定资产特别多，在固定资产管理表中查询一项固定资产就会变得非常麻烦，此时，用户可以创建固定资产查询系统。下面介绍固定资产查询系统的创建过程。

**步骤 01** 单击"新工作表"按钮，新建工作表，将其命名为"固定资产查询系统"。

**步骤 02** 在工作表中构建查询系统的基本框架，设置表标题格式并添加边框。

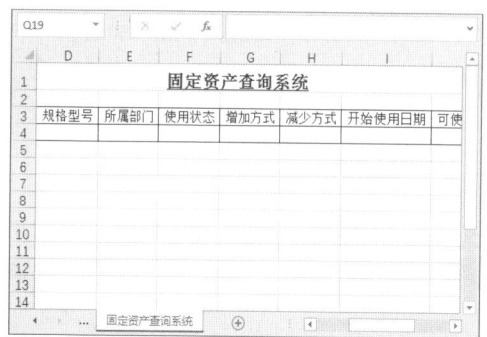

**步骤 03** 选中A4单元格，打开"开始"选项卡，单击"数字"选项组中的对话框启动器按钮。

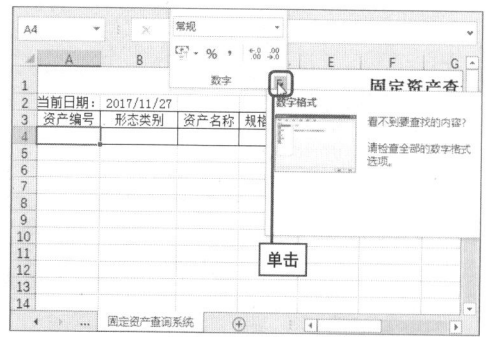

**步骤 04** 弹出"设置单元格格式"对话框，在"分类"列表框中选择"自定义"选项，在"类型"文本框输入"00#"，单击"确定"按钮。

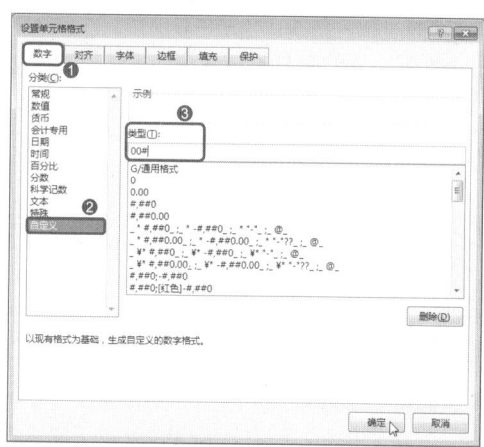

**步骤 05** 选中B4单元格，输入公式"= INDEX(固定资产管理表!$B$4:$B$40,MATCH ($A$4,固定资产管理表!$A$4:$A$40))"，按回车键确认。

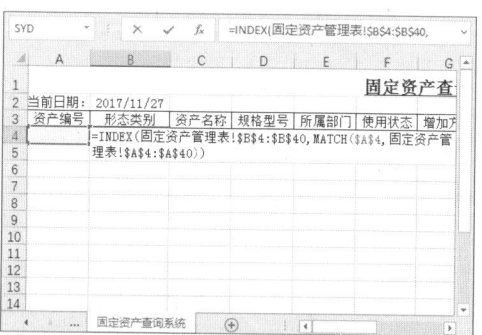

### 函数解析

**INDEX函数**

（1）INDEX函数（数组形式）

INDEX函数用于返回表格或数组中的元素值，此元素由行号和列标的索引值给定。当INDEX函数的第一个函数为数组常量时，使用数组形式。该函数的语法格式为：
**INDEX(array,row_num,[column_num])**
参数array表示单元格区域或数组常量；参数row_num表示选择数组中的某行，函数从该行返回数值；参数column_num表示选择数组中的某列，函数从该列返回数值。参数row_num和参数column_num必须有一个，不能同时省略。
（2）INDEX函数（引用形式）
INDEX函数是用来返回指定行和列交叉处的单元格引用，如果引用由不连续的选定区域组成，可以选择某一选定区域。该函数的语法格式为：
**INDEX(reference,row_num,[column_num],[area_num])**
参数reference表示对一个或多个单元格区域的引用；参数row_num表示引用中某行的行号，函数从该行返回一个引用；参数column_num表示引用中某列的列标，函数从该列返回一个引用；参数area_num表示选择引用的一个区域，以从中返回row_num和column_num的交叉区域，选中或输入第一个区域序号为1，第二个为2，如果省略，则INDEX函数的使用区域为1。

**步骤06** 选中C4单元格，在其中输入公式"=INDEX(固定资产管理表!$C$4:$C$40,MATCH($A$4,固定资产管理表!$A$4:$A$40))"，按回车键确认。

参数match_type表示-1、0或1，为1或省略时，MATCH函数会查找小于或等于lookup_value的最大值，lookup_array参数中的值必须按升序排序；为0时，MATCH函数会查找等于lookup_value的第一个值，lookup_array参数中的值可以按任何顺序排序；为-1时，MATCH函数会查找大于或等于lookup_value的最小值，lookup_array参数中的值必须按降序排列。

**步骤07** 选中D4单元格，在其中输入公式"=INDEX(固定资产管理表!$D$4:$D$40,MATCH($A$4,固定资产管理表!$A$4:$A$40))"，按回车键确认。

**步骤08** 选中E4单元格，在其中输入公式"=INDEX(固定资产管理表!$E$4:$E$40,MATCH($A$4,固定资产管理表!$A$4:$A$40))"，按回车键确认。

### 函数解析
**MATCH函数**
MATCH函数可在单元格区域搜索指定项，然后返回该项在单元格区域中的相对位置。该函数的语法格式为：
**MATCH(lookup_value,lookup_array,[match_type])**
参数lookup_value表示需要在lookup_array中查找的值；参数lookup_array表示要搜索的单元格区域；

**步骤09** 选中F4单元格，在其中输入公式"=INDEX(固定资产管理表!$F$4:$F$40,MATCH($A$4,固定资产管理表!$A$4:$A$40))"，按回车键确认。

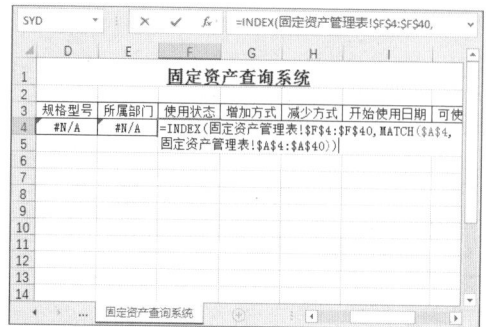

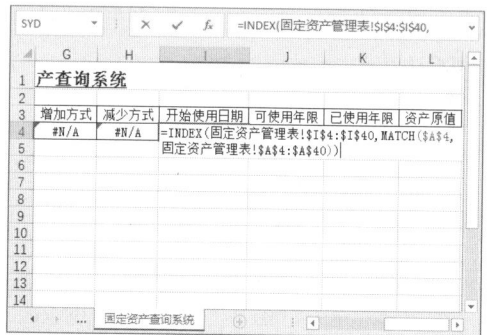

**步骤10** 选中G4单元格，在其中输入公式"=INDEX(固定资产管理表!$G$4:$G$40,MATCH($A$4,固定资产管理表!$A$4:$A$40))"，按回车键确认。

**步骤13** 选中J4单元格，在其中输入公式"=INDEX(固定资产管理表!$J$4:$J$40,MATCH($A$4,固定资产管理表!$A$4:$A$40))"，按回车键确认。

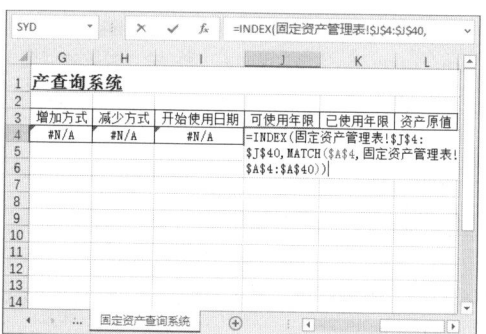

**步骤11** 选中H4单元格，在其中输入公式"=INDEX(固定资产管理表!$H$4:$H$40,MATCH($A$4,固定资产管理表!$A$4:$A$40))"，按回车键确认。

**步骤14** 选中K4单元格，在其中输入公式"=INDEX(固定资产管理表!$K$4:$K$40,MATCH($A$4,固定资产管理表!$A$4:$A$40))"，按回车键确认。

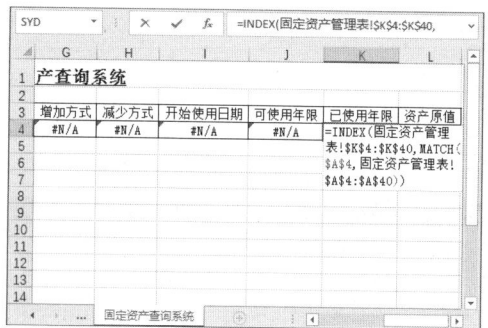

**步骤12** 选中I4单元格，在其中输入公式"=INDEX(固定资产管理表!$I$4:$I$40,MATCH($A$4,固定资产管理表!$A$4:$A$40))"，按回车键确认。

**步骤15** 选中L4单元格，在其中输入公式"=INDEX(固定资产管理表!$L$4:$L$40,MATCH($A$4,固定资产管理表!$A$4:$A$40))"，按回车键确认。

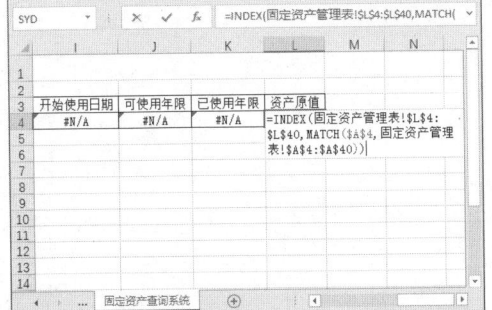

**步骤16** 选中A4单元格并输入7,此时对应的该固定资产的信息就会自动显示。

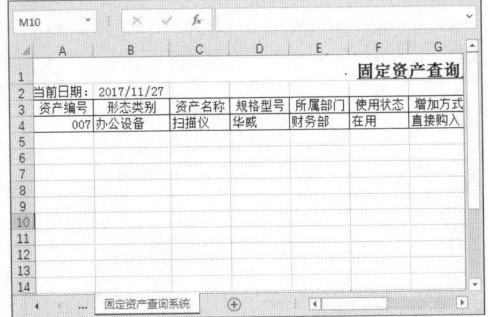

**步骤17** 打开"页面布局"选项卡,单击"页面设置"选项组中的"纸张方向"按钮,从下拉列表中选择"横向"选项。

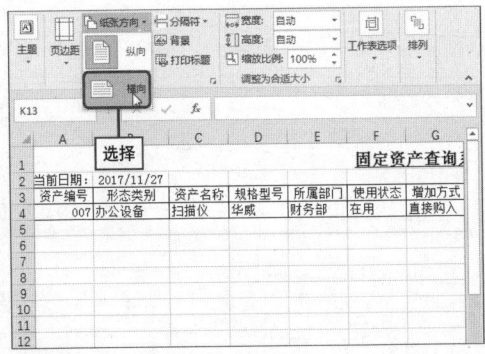

**步骤18** 选中需要打印的区域,单击"打印区域"按钮,从弹出的下拉列表中选择"设置打印区域"选项。

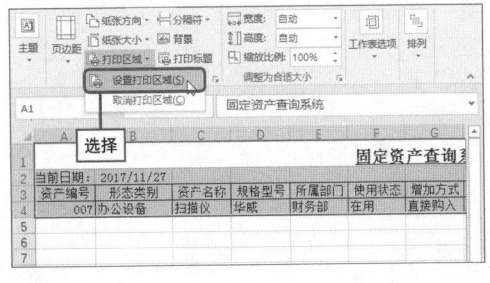

**步骤19** 执行"文件>打印"命令,在"份数"数值框中输入2。

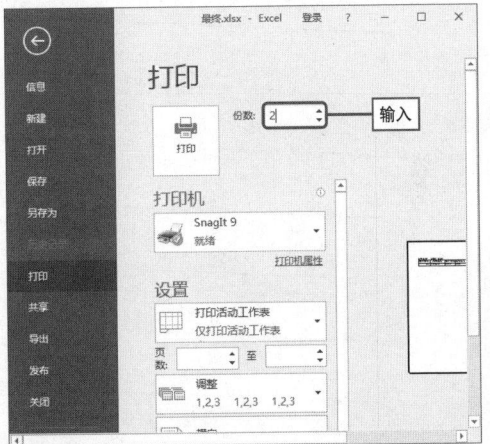

**步骤20** 选择合适的打印机,单击"打印"按钮进行打印即可。

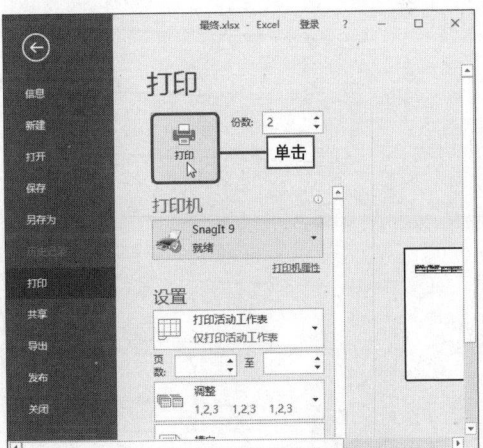

# 06 Chapter

127~154

# 往来账务处理

往来账务是公司与供应商和客户之间的贸易往来，记录公司应付供应商多少款及应收客户多少款的账目。在当今市场经济条件下，企业为了开展经济业务活动，务必产生一些应收和应付的经济业务，所以企业的财务部门必须按照企业会计制度的有关规定，设置往来账进行反映和核算。

**本章所涉及的知识要点：**

◆ 应收账款账务处理　　　◆ 应收账款分析

◆ 应付账款账务处理

**本章内容预览：**

应付账款统计表

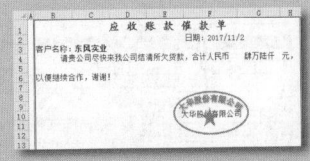

应收账款催款单

# 6.1 统计应收账款

应收账款是指企业因销售商品、提供劳务等经营活动,应向购货单位或接受劳务单位收取的款项,主要包括企业销售商品或提供劳务等应向有关债务人收取的价款及代购货单位垫付的包装费、运杂费等。

## 6.1.1 应收账款统计表的美化

前面我们学习了如何创建应收账款统计表,为了使创建的应收账款统计表看起来更加美观,用户可以对应收账款统计表进行适当美化。下面介绍应收账款统计表的美化操作,包括套用表格格式、自定义单元格样式和套用单元格样式等。

**步骤 01** 打开"应收账款统计表"工作表,选中A3:H15单元格区域。

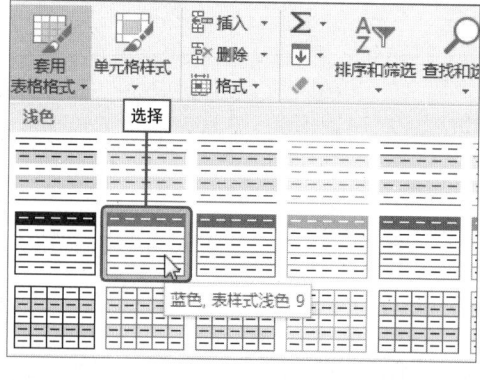

**步骤 02** 打开"开始"选项卡,单击"样式"选项组中的"套用表格格式"按钮,从展开的下拉列表中选择"蓝色,表样式浅色9"选项。

**步骤 03** 弹出"套用表格式"对话框,勾选"表包含标题"复选框,其他保持默认设置,单击"确定"按钮。

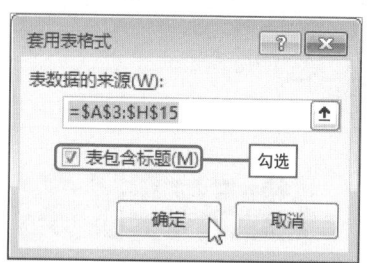

**步骤 04** 返回"应收账款统计表"编辑区后,可以看到套用表格样式后的效果,然后选中A1:H1单元格区域。

**步骤 05** 单击"样式"选项组中的"单元格样式"按钮,从展开的下拉列表中选择"新建单元格样式"选项。

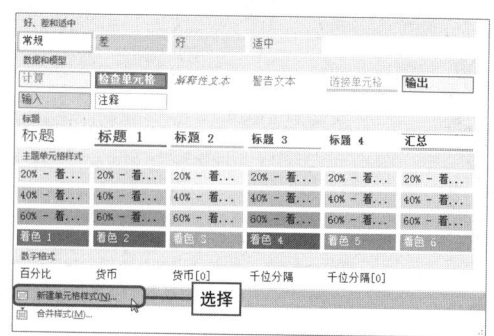

**步骤 06** 弹出"样式"对话框,在"样式名"文本框中输入"样式-标题",单击"格式"按钮。

128

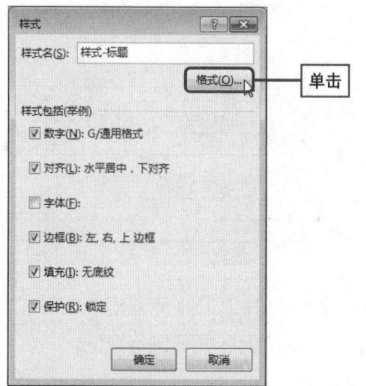

**步骤07** 弹出"设置单元格格式"对话框,打开"字体"选项卡,将字体设置为"黑体"、"加粗"、16号和"深蓝,文字2,淡色40%"。

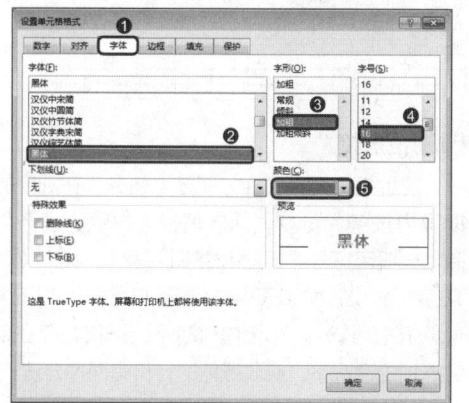

**步骤08** 打开"边框"选项卡,在"颜色"下拉列表中选择"深蓝,文字2,淡色40%",在"样式"列表框中选择粗线条样式,单击"底部框线"按钮。

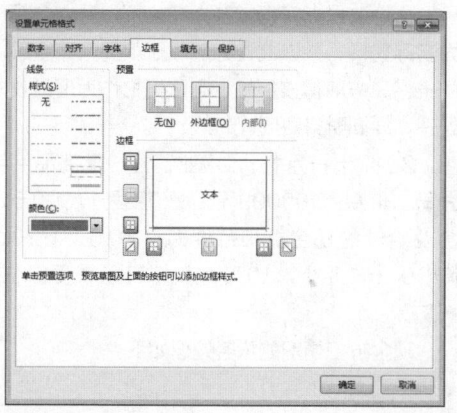

**步骤09** 单击"确定"按钮,返回"样式"对话框后,单击"确定"按钮。

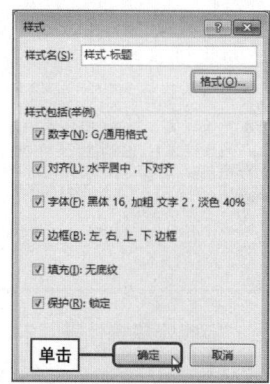

**步骤10** 返回工作表编辑区后,单击"样式"选项组中的"单元格样式"按钮,从展开的下拉列表中选择"样式-标题"选项。

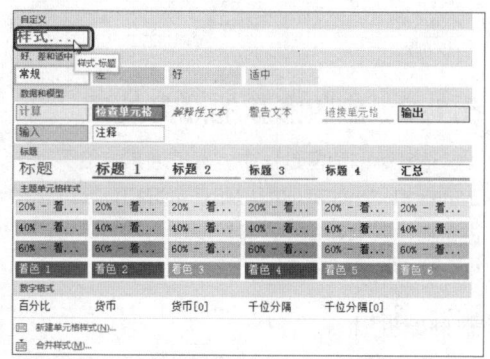

**步骤11** 返回"应收账款统计表"中,可以看到标题已经套用了自定义的样式,接着选中A2:H2单元格区域。

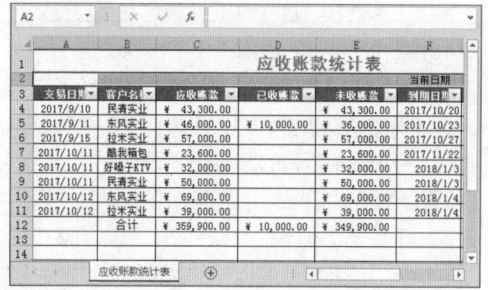

**步骤12** 单击"样式"选项组中的"单元格样式"按钮,从展开的下拉列表中选择"冰蓝,20%-着色1"选项。

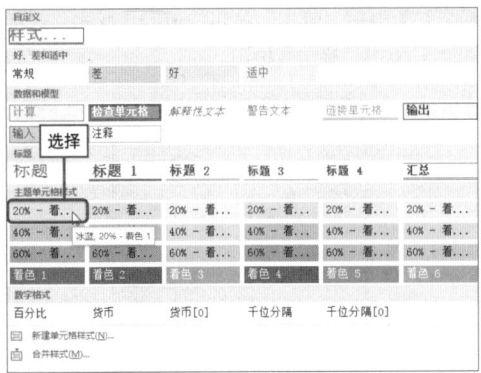

**步骤13** 返回"应收账款统计表"中,查看美化表格后的最终效果。

## 6.1.2 应收账款的账务处理

在实际的销售过程中,卖家通常会给买家一定的折扣,比如商业折扣和现金折扣。所以,在进行应收账款处理时,需要考虑折扣后再进行计价,然后按照计价入账。

### 1 商业折扣

商业折扣是指企业为了促进销售而在商品标价上给予的扣除。此时,购销双方都按扣减后的实际金额计算并入账,商业折扣不在买卖双方任何一方的账上反映。

2017年11月1日,企业销售给东风实业A产品40件,每件标价1000元(不含税价格),增值税率为17%,由于是批量销售,企业给予东风实业10%的商业折扣,对方已提货,但是货款未收到。存在商业折扣的账务处理如下:

**步骤01** 打开"记账凭证"工作表,输入该项业务,由于给予了10%的商业折扣,所以扣除折扣后,贷记"主营业务收入"的金额为36000,需要交17%的增值税,贷"应交税费-应交增值税"的金额为6120,借记"应收账款"的金额为42120。

**步骤02** 打开"记账凭证汇总表"工作表,按照审核无误的记账凭证进行登记。

### 2 现金折扣

现金折扣是指企业为了鼓励债务人在规定的期限内按条件付款,而向债务人提供的债务扣除,一般用符号"折扣/付款期"表示,如2/10、1/20、n/30,即10天内付款折扣为2%,20天内付款折扣为1%,30天内付款不给折扣。存在现金折扣的情况下,应收账款的计价有两种方法:

(1)总价法

总价法是将扣除现金折扣前的金额视为销售额,作为应收账款的入账金额,企业所支付的现金折扣作为理财费用处理,记入财务费用。

(2)净价法

净价法是指将扣减最大现金折扣后的金额作为实际售价,并以此作为应收账款的入账金额。如果客户未取得该折扣,则将折扣作为理财收入处理,冲抵财务费用。

2017年11月1日,企业销售一批商品给甲公司,价款是100000元,增值税为17000元,企业给予的现金折扣条件为:2/10、1/20、N/30。该企业第10天付款,可以享受2%的折扣。

现金折扣情况的账务处理如下:

**步骤01** 打开"记账凭证"工作表,输入该项业务,由于给予了2%的现金折扣,则借记"银行存款",金额为114660;借记"财务费用",金额为2340;贷记"应收账款",金额为117000。

**步骤02** 打开"记账凭证汇总表"工作表,按照审核无误的记账凭证进行登记。然后,将该项业务登记到银行存款日记账中即可。

## 6.2 分析应收账款

由于各种原因,在应收账款中总有一部分不能收回,形成呆账、坏账,直接影响了企业经济效益。所以企业创建应收账款统计表,通过对该表格中的数据进行分析,制定相应的对策来管理应收账款。

### 6.2.1 逾期应收账款分析

在实际工作中,有些应收账款已经到期,但是并未收回,就变成了逾期账款。企业需要及时统计逾期账款的情况,逾期30天内的账款有哪些,逾期30天到60天的账款又有哪些,用户可以通过函数计算应收账款的逾期天数。

下面将介绍按照0-30天、30-60天、90天以上,统计逾期未收款金额的操作方法。

**步骤01** 打开"应收账款统计表"工作表,选中整个表格,单击鼠标右键,从弹出的快捷菜单中选择"复制"命令。

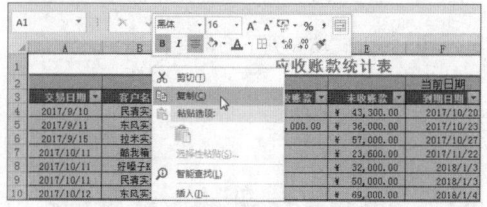

**步骤02** 新建一个空白的工作表,在工作表指定位置单击鼠标右键,从弹出的快捷菜单中选择"选择性粘贴>保留源列宽"命令。

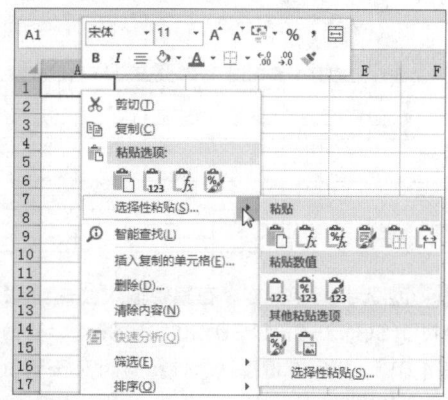

**步骤03** 将应收账款统计表复制到新的工作表中,并且保留原先的列宽,将"已收账款"列中数据清除,选中I3单元格。

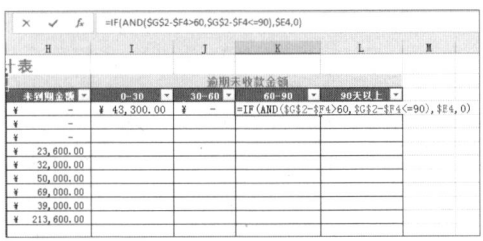

**步骤04** 在其中输入"0-30",接着在J3、K3和L3单元格中分别输入"30-60"、"60-90"和"90天以上"。

**步骤05** 重新设置表标题和列标题格式,选中I4单元格,输入公式"=IF(AND($G$2-$F4>0,$G$2-$F4<=30),$E4,0)",按回车键确认,计算逾期30天内未收款的金额。

**步骤06** 选中J4单元格,在其中输入公式"=IF(AND($G$2-$F4>30,$G$2-$F4<=60),$E4,0)",按回车键确认,计算逾期30天到60天未收款的金额。

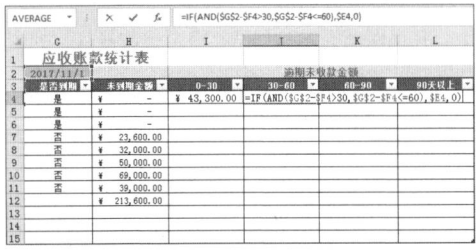

**步骤07** 选中K4单元格,在其中输入公式"=IF(AND($G$2-$F4>60,$G$2-$F4<=90),$E4,0)",按回车键确认,计算逾期60天到90天未收款的金额。

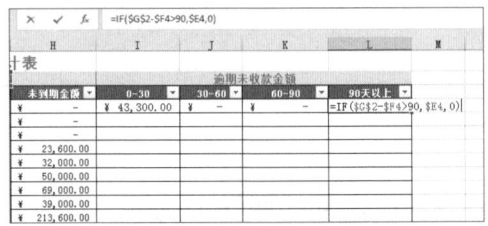

**步骤08** 选中L4单元格,在其中输入公式"=IF($G$2-$F4>90,$E4,0)",按回车键确认,计算逾期90天以上的未收款金额。

**步骤09** 选择I4:L4单元格区域,将光标移动到L4单元格的右下角,当光标变成+形状时,按住鼠标左键不放,向下移动鼠标。

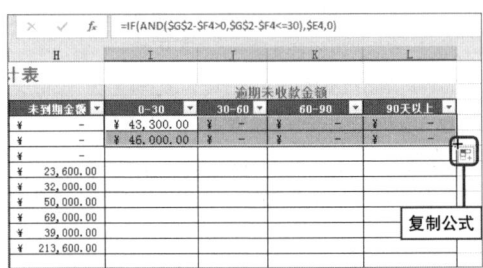

**步骤10** 将公式填充到下方的单元格中,查看最终的效果。

## 6.2.2 应收账款的账龄分析

账龄是指企业尚未收回的应收账款的时间长度，通常按照各自企业合理的周转天数将其划分为五个级别。账龄分析是通过对应收账款进行合理的账龄分段，计算各应收账款所处的账龄段，将各个账龄段应收账款进行汇总，评判企业应收账款运行状况，然后寻找产生高龄账款的原因，为应收账款管理提供指导依据的一种方法。

下面介绍创建应收账款账龄表的操作过程，具体如下。

**步骤 01** 单击状态栏上的"新工作表"按钮 ⊕，弹出新的工作表，将工作表命名为"应收账款账龄表"。

**步骤 02** 在工作表中输入表标题、列标题和行标题，设置其格式，并为表格添加边框。

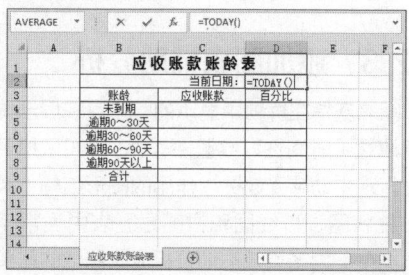

**步骤 03** 选中D2单元格，输入公式"= TODAY()"，计算当前日期。

**步骤 04** 按回车键确认，此时该单元格中显示了当前日期。

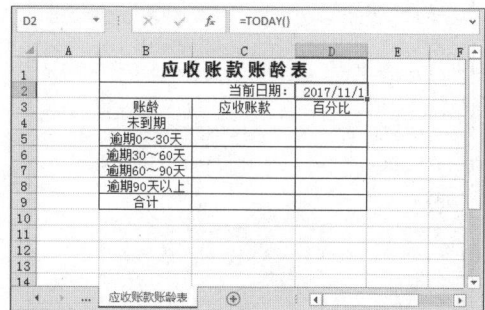

**步骤 05** 打开"应收账款逾期分析"工作表，将H12单元格中的求和公式填充到I12:L12单元格区域中，然后按Ctrl+C组合键，复制单元格区域中的内容。

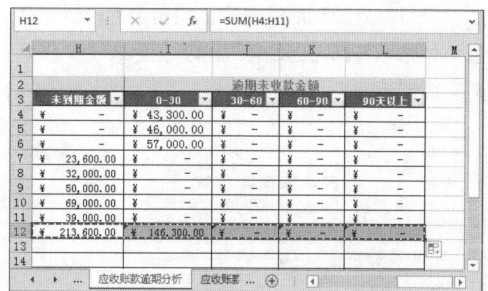

**步骤 06** 打开"应收账款账龄表"工作表，选择C4单元格，单击鼠标右键，从弹出的快捷菜单中选择"选择性粘贴>选择性粘贴"命令。

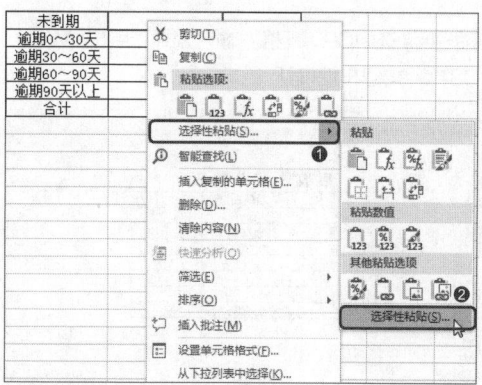

**步骤 07** 弹出"选择性粘贴"对话框，在"粘贴"区域中选中"值和数字格式"单选按钮，并勾选"转置"复选框。

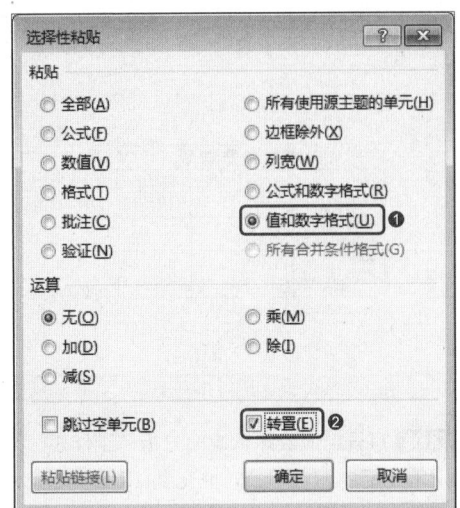

**步骤08** 单击"确定"按钮，返回工作表编辑区后，可以看到复制后的效果。将复制的行区域转置为列区域并粘贴到C4:C8单元格区域中，保持数字格式不变。

**步骤09** 选中C9单元格，输入公式"= SUM(C4:C8)"，按回车键确认。

**步骤10** 选中D4单元格，输入公式"= C4/$C$9"，按回车键确认。

**步骤11** 将光标移动到D4单元格的右下角，当光标变成+形状时，按住鼠标左键不放，向下拖动填充公式。

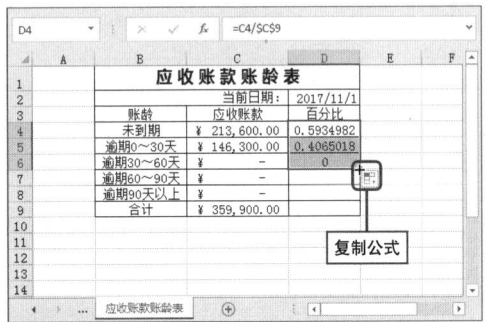

**步骤12** 选中D4:D9单元格区域，将其设置为"百分比"格式，并将小数位数设置为2，查看设置后的最终效果。

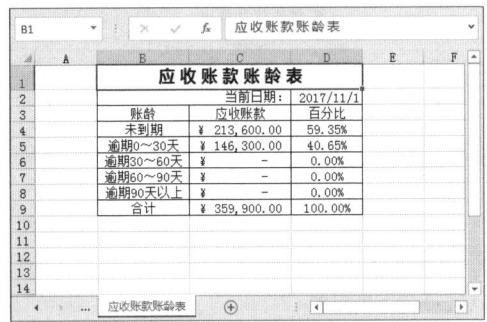

### 6.2.3 添加图表辅助分析

图表泛指在屏幕中显示的、可直观展示统计信息属性（时间性、数量性等）、对知识挖掘和信息直观生动感受起关键作用的图形结构，条形图、柱状图、折线图和饼图是图表中最常用的基本类型。为了更直观地分析应收账款的账龄情况，用户可以创建图表，来进行辅助分析。

**步骤 01** 选中B3:D8单元格区域，打开"插入"选项卡，单击"图表"选项组中的对话框启动器按钮。

**步骤 02** 弹出"插入图表"对话框，打开"所有图表"选项卡，选择"组合"选项，设置"应收账款"系列为"簇状柱形图"，设置"百分比"系列为"带数据标记的折线图"，勾选"次坐标轴"复选框。

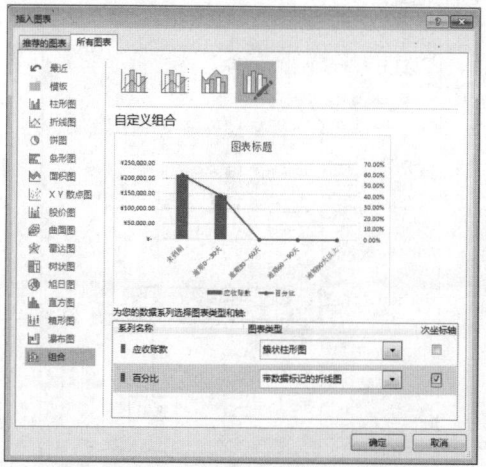

**步骤 03** 单击"确定"按钮后，弹出新建的图表。在图表中柱形图表示应收账款，折线图表示百分比。

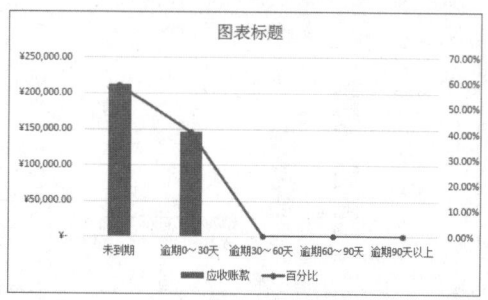

**步骤 04** 选中图表标题，将其修改为"应收账款账龄分析图"，查看修改后的效果。

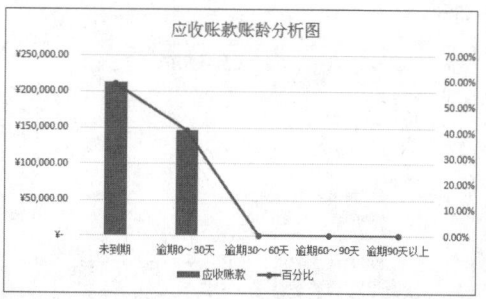

**步骤 05** 选中图表，打开"图表工具-设计"选项卡，单击"图表布局"选项组中的"快速布局"按钮，从展开的下拉列表中选择"布局5"选项。

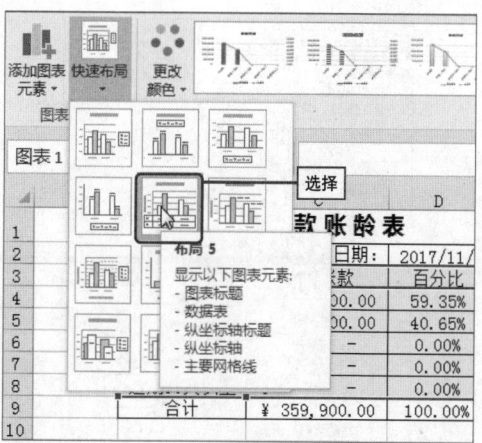

**步骤 06** 此时，就修改了图表的布局，为图表添加了一个数据表和坐标轴标题，选中坐标轴标题，按Delete键删除。

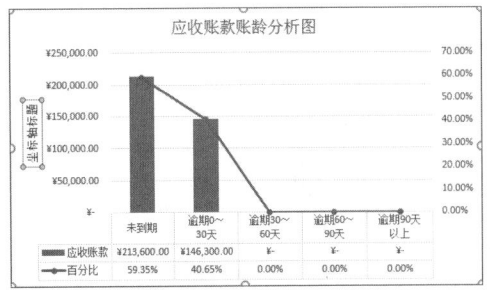

**步骤 07** 在图表的垂直坐标轴上单击鼠标右键，从弹出的快捷菜单中选择"设置坐标轴格式"命令。

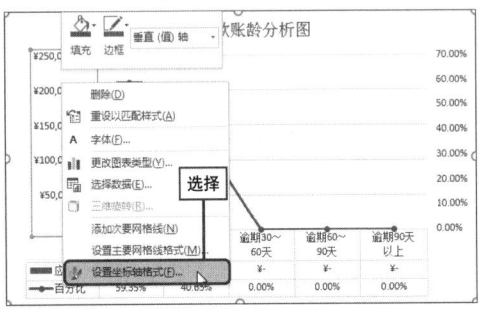

**步骤 08** 弹出"设置坐标轴格式"窗格，打开"填充与线条"选项卡，将线条设置为"实线"、"蓝色"和"1磅"。

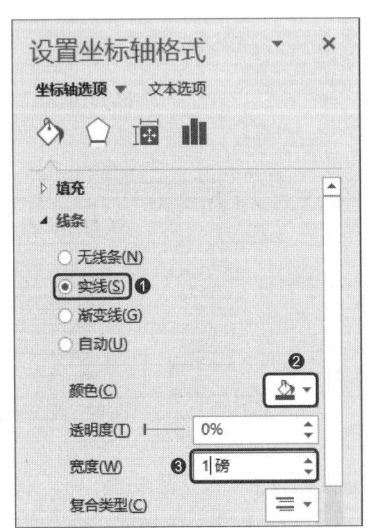

**步骤 09** 拖动窗格右侧的滚动条，单击"箭头末端类型"按钮，从展开的列表中选择"开放型箭头"选项，设置垂直轴的末端箭头。

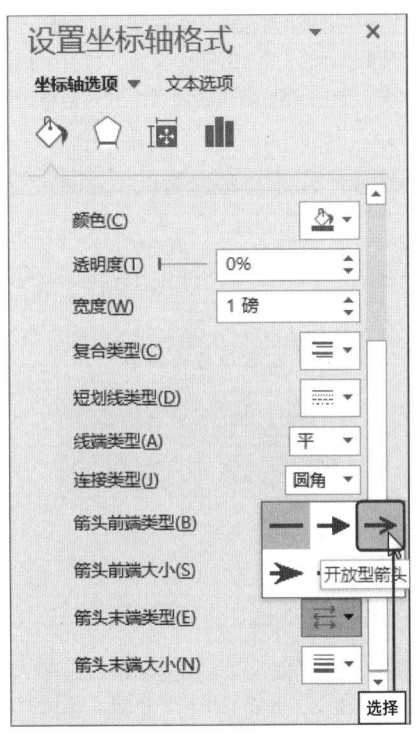

**步骤 10** 单击"坐标轴选项"下拉按钮，从下拉列表中选择"水平（类别）轴"选项，设置水平轴的格式。

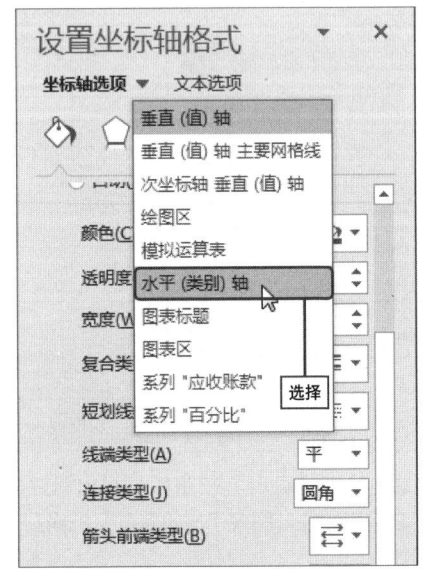

**步骤 11** 打开"填充与线条"选项卡，将其线条设置为"实线"、"蓝色"和"1.5磅"。

步骤 12 拖动窗格右侧的滚动条，单击"箭头末端类型"按钮，从展开的列表中选择"开放型箭头"选项，设置水平轴的末端箭头。

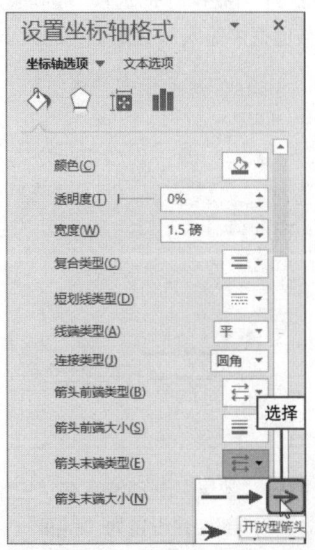

步骤 13 设置完成后，关闭"设置坐标轴格式"窗格，查看图表效果。

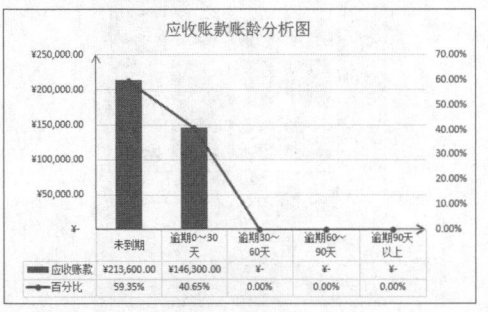

步骤 14 选中图表，打开"图表工具-格式"选项卡，单击"形状样式"选项组中的"其他"按钮，从展开的列表中选择"细微效果-蓝色，强调颜色1"选项。

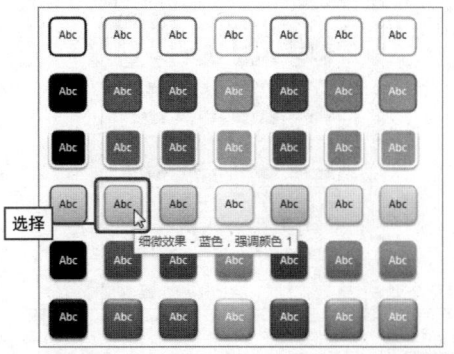

步骤 15 在"应收账款"系列上单击鼠标右键，从弹出的快捷菜单中选择"设置数据系列格式"命令。

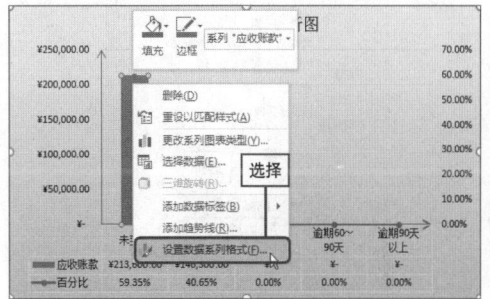

步骤 16 弹出"设置数据系列格式"窗格，打开"填充与线条"选项卡，在"填充"选项区域中单击"纯色填充"单选按钮，将颜色设置为浅绿色。

步骤17 打开"效果"选项卡,在"三维格式"选项区域中,将顶部棱台设置为"斜面"。

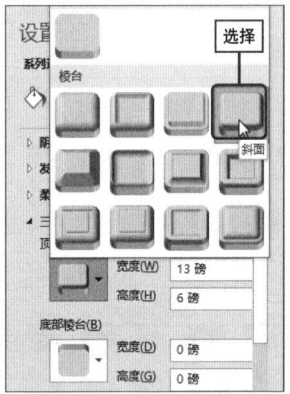

步骤18 单击"系列选项"下拉按钮,从打开的下拉列表中选择"系列'百分比'"选项。

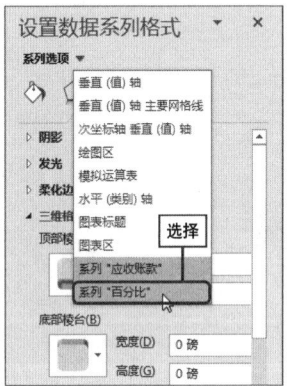

步骤19 打开"填充与线条"选项卡,在"线条"选项区域中,单击"实线"单选按钮,将颜色设置为红色。

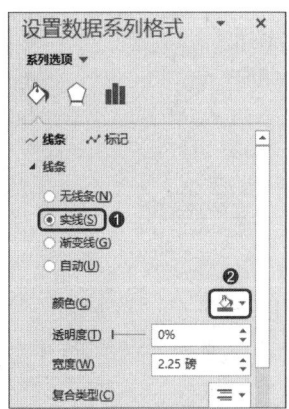

步骤20 打开"标记"选项卡,在"填充"区域中,单击"纯色填充"单选按钮,将颜色设置为红色。

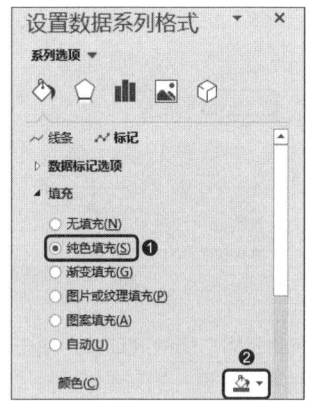

步骤21 打开"数据标记选项"选项区域,在"大小"数值框中输入7,设置标记的大小。

步骤22 打开"效果"选项卡,在"三维格式"选项区域中将顶部棱台设置为"斜面"。

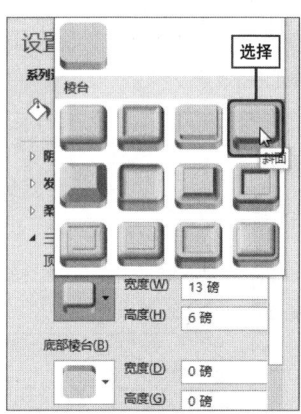

步骤23 设置完成后，关闭"设置数据系列格式"窗格，查看设置后的最终效果。在图中能够直观地看到账龄的分布情况。

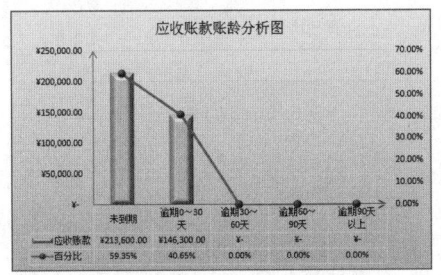

## 6.2.4 应收账款催款单的制作

随着时间的推移，企业的应收账款会逐渐到期，在应收账款到期前，企业需要提示还款。如果企业没有收到款项，而应收账款又到期了，那么就需要催款，催款方式有很多，在催款早期，企业一般选择发送电子传真和邮件进行催款，此时就需要制作应收账款催款单了。

下面将对应收账款催款单的制作过程进行详细介绍，具体体如下。

步骤01 单击状态栏的"新工作表"按钮，新建一个工作表，命名为"应收账款催款单"。

步骤02 在工作表中输入基本信息，设置文本格式，并为表格添加边框。

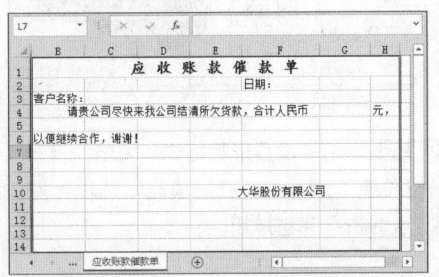

步骤03 打开"视图"选项卡，在"显示"选项组中取消"网格线"复选框的勾选。

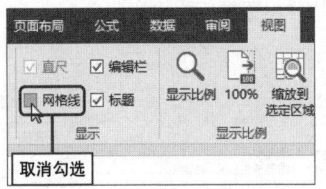

步骤04 返回工作表编辑区，可以看到不显示网格线的效果。

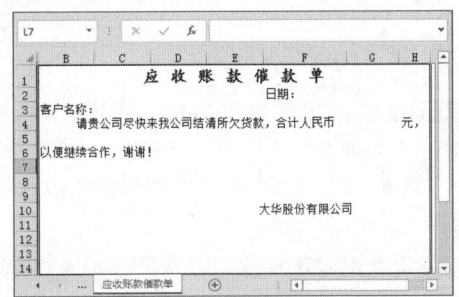

步骤05 在表格中输入日期为"2017/11/2"，输入客户名称为"东风实业"，并将"东风实业"的字体加粗显示。

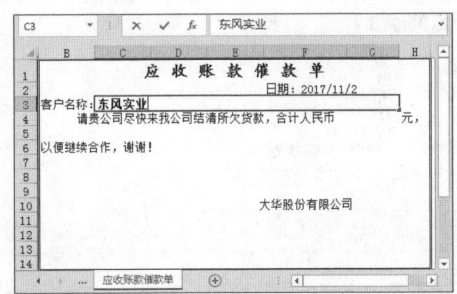

步骤06 选中G4单元格，输入公式"= SUMIF(应收账款逾期分析!B4:B8,应收账款催款单!C3,应收账款逾期分析!E4:E8)"，按回车键确认。

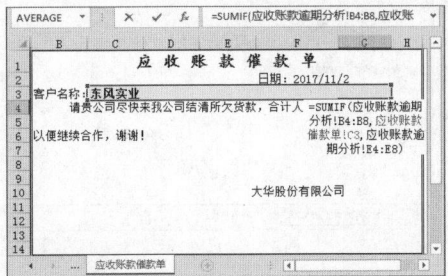

步骤07 此时，单元格中就显示了该公司的欠款，在G4单元格上单击鼠标右键，从弹出的快捷菜单中选择"设置单元格格式"命令。

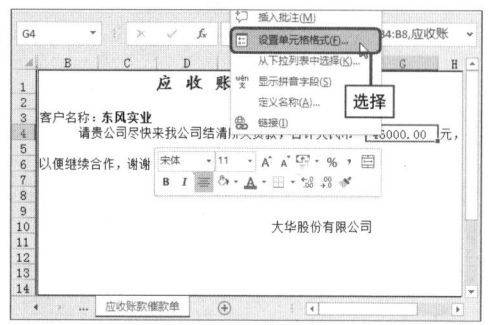

步骤08 弹出"设置单元格格式"对话框，打开"数字"选项卡，在"分类"列表框中选择"特殊"选项，在"类型"列表框中选择"中文大写数字"选项。

步骤09 单击"确定"按钮，返回工作表编辑区，可以看到设置后的效果。

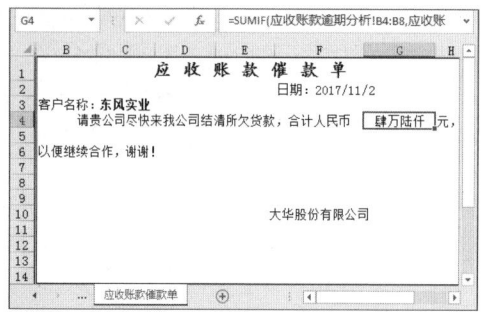

步骤10 打开"插入"选项卡，单击"插图"选项组中的"形状"按钮，从展开的下拉列表中选择"椭圆"选项。

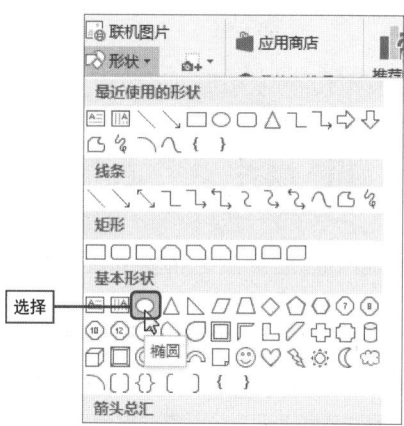

步骤11 此时光标变成+形状，在合适的位置按住鼠标左键不放并拖动，绘制图形。

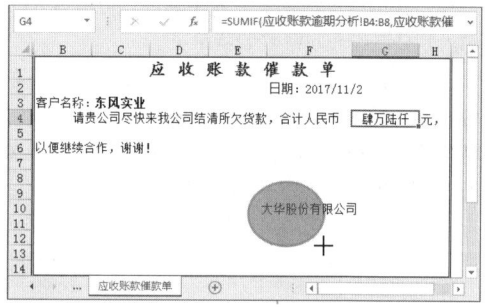

步骤12 图形绘制好后，单击鼠标右键，从弹出的快捷菜单中选择"设置形状格式"命令。

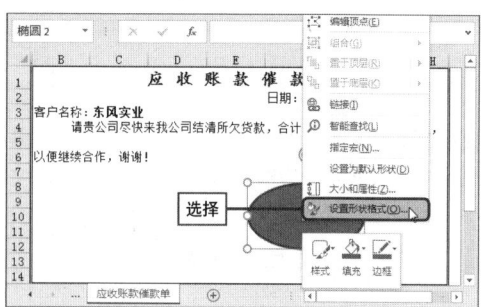

步骤13 弹出"设置形状格式"窗格，打开"填充与线条"选项卡，在"填充"选项区域中选择"无填充"单选按钮。

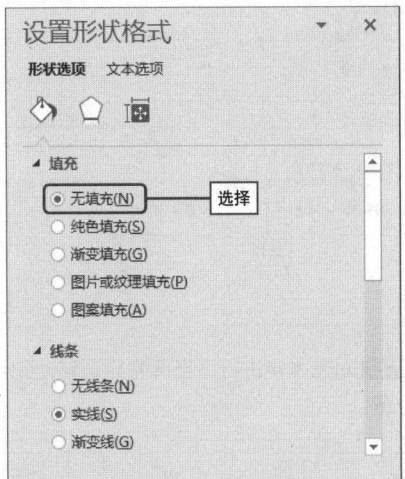

步骤 16 打开"插入"选项卡,单击"文本"选项组中的"艺术字"按钮,从展开的下拉列表中选择合适的艺术字。

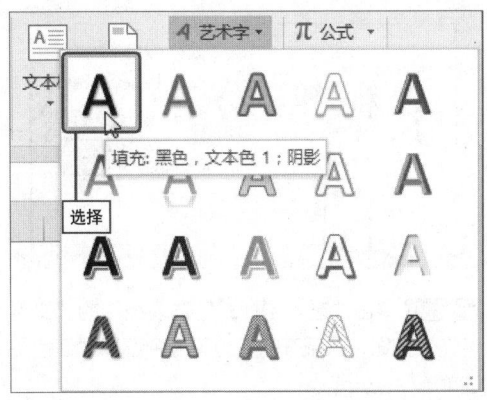

步骤 14 在"线条"选项区域中选择"实线"单选按钮,设置颜色为红色,宽度为"2.25磅"。

步骤 17 此时,弹出"请在此放置您的文字"文本框。

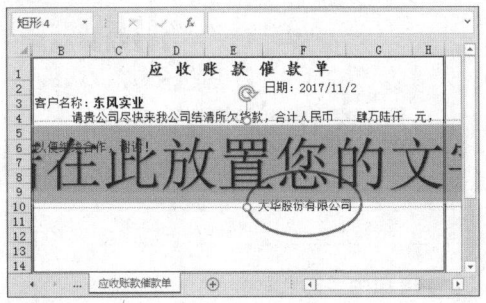

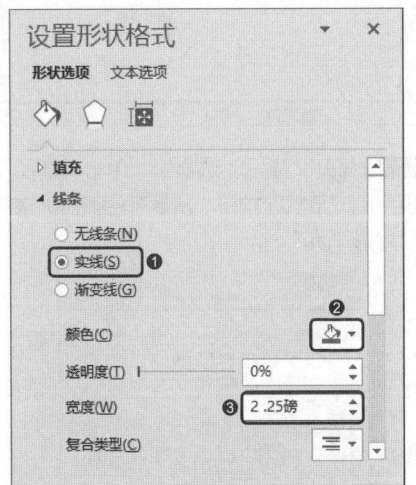

步骤 18 选中该文字,将其修改为"大华股份有限公司"。

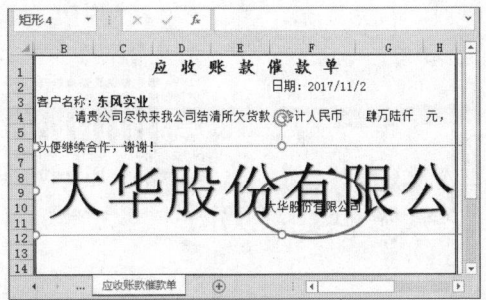

步骤 15 设置完成后,关闭"设置形状格式"窗格,可以看到设置后的效果。

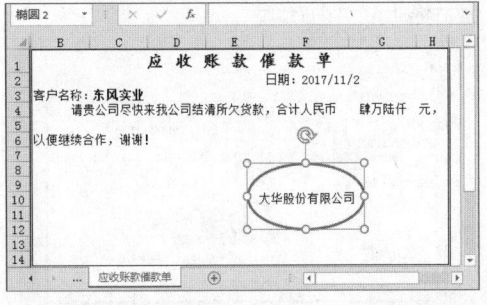

步骤 19 打开"绘图工具-格式"选项卡,单击"艺术字样式"选项组中的"文字效果"下拉按钮,从展开的下拉列表中选择"转换>拱形"选项。

**步骤20** 单击"艺术字样式"选项组中的"文本填充"按钮,从展开的下拉列表中选择"红色"选项。

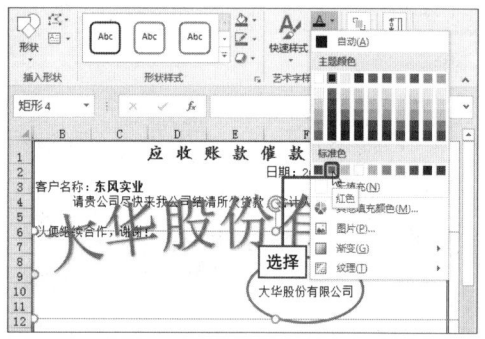

**步骤21** 单击"艺术字样式"选项组中的"文本轮廓"按钮,从展开的下拉列表中选择"红色"选项。

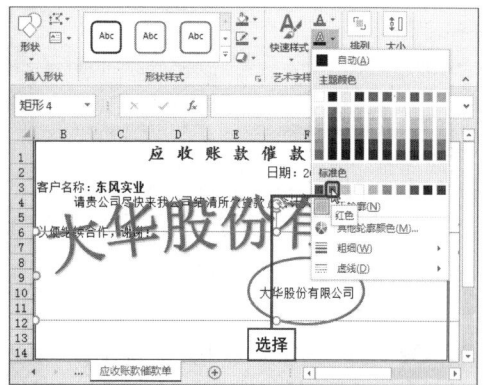

**步骤22** 打开"开始"选项卡,单击"字体"选项组中的"字号"按钮,从展开的下拉列表中选择12选项。

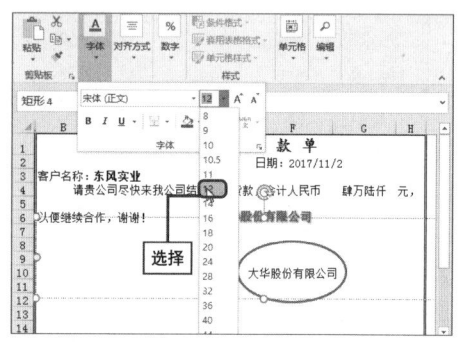

**步骤23** 对艺术字进行适当调整后,移动到合适的位置。

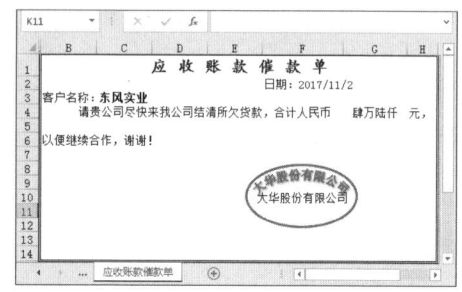

**步骤24** 打开"插入"选项卡,单击"插图"选项组中的"形状"按钮,从展开的下拉列表中选择"星形:五角"选项。

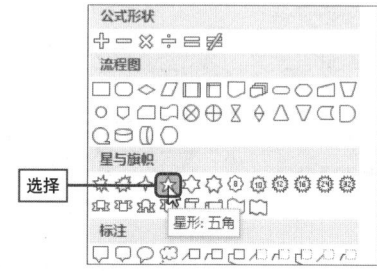

**步骤25** 此时光标变成+形状,按住鼠标左键不放并拖动,绘制五角星。

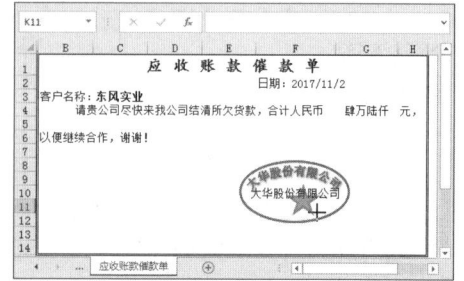

步骤26 调整五角星的大小和位置,选中五角星。

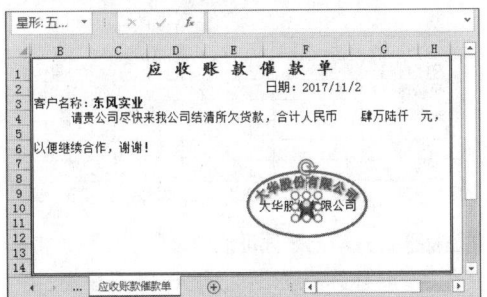

步骤27 打开"绘图工具-格式"选项卡,单击"形状样式"选项组中的"形状填充"按钮,从展开的下拉列表中选择"红色"选项。

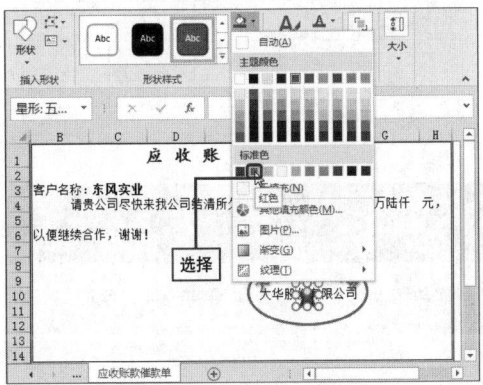

步骤28 单击"形状样式"选项组中的"形状轮廓"按钮,从展开的下拉列表中选择"红色"选项。

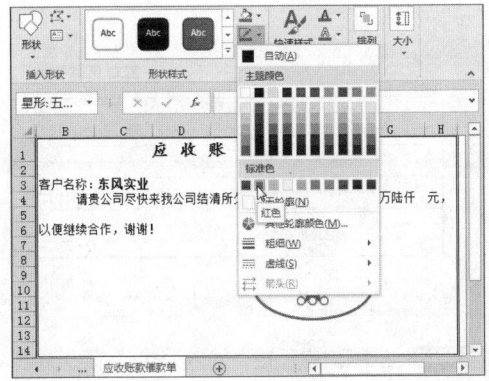

步骤29 设置好五角星形状后,同时选中五角星、艺术字和椭圆,打开"绘图工具-格式"选项卡,单击"排列"选项组中的"组合"按钮,从展开的下拉列表中选择"组合"选项。

步骤30 将图形组合后,调整其位置,这样应收账款催款单就创建好了,查看最终效果。

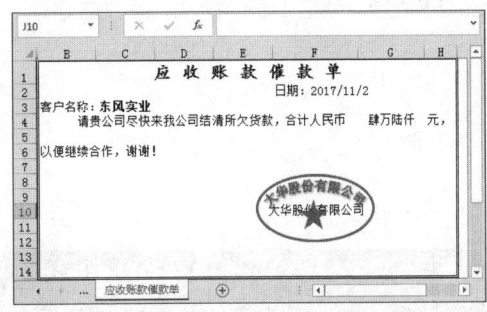

## 6.2.5 坏账准备的账务处理

坏账是指企业无法收回或收回可能性极小的应收账款。将应收账款确认为坏账,有几个条件,符合下列条件之一的应收账款,可以确认为坏账。

- 债务人死亡,以其遗产清偿后仍然无法收回;
- 债务单位撤销;
- 债务人破产,以其破产财产清偿后仍然无法收回;
- 债务人现金流量严重不足;
- 债务人较长时间内未履行其偿债义务,并有足够的证据表明无法收回或收回的可能性极小。

企业一般在期末分析各项应收账款的可回收性,对预计可能产生的坏账损失,计提坏账准备。核算坏账损失的方法有两种,分别是直接转销法和备抵法。坏账损失的估算方法有四种,分别是应收款项余额百分比法、账龄分析法、赊销百分比法和个别认定法。其中赊销百分比法是指根据企业赊销金额的一定百分比估计坏账损失的一种方法。

### 1 使用赊销百分比法估计坏账损失

甲企业从2017年开始计提坏账准备，2017年末，应收账款余额为400万元，提取比例为5‰，那么2017年应提坏账准备为4000000×5‰=20000元。

### 2 计提坏账准备

计提坏账准备的账务处理操作如下：

**步骤01** 打开"记账凭证"工作表，在其中输入该项经济业务，贷记"坏账准备"，金额为20000；借记"资产减值损失"，金额为20000。

**步骤02** 打开"记账凭证汇总表"工作表，将审核无误的记账凭证登记到记账凭证汇总表中。

## 6.3 统计应付账款

应付账款是企业（金融）应支付但尚未支付的手续费和佣金，是会计科目的一种，用以核算企业因购买材料、商品和接受劳务等经营活动应支付的款项。应付账款属于流动负债。

### 6.3.1 利用表格统计应付账款

企业为了加强对应付账款的管理，通常会制作应付账款统计表，将应付账款汇总起来，实时分析，及时处理，避免发生财务危机，保证企业的正常运转。

下面将对应付账款统计表的创建进行介绍。

**步骤01** 单击"新工作表"按钮，新建一个工作表，将其重命名为"应付账款统计表"。

**步骤02** 在工作表中构建应付账款统计表的基本框架，设置文字格式，为表格添加边框等。

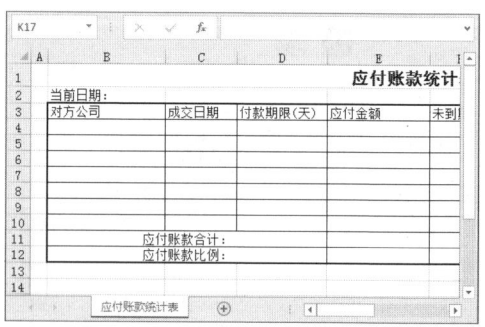

**步骤03** 选中C2单元格，输入公式"=TODAY()"，按回车键确认，显示当前日期，然后单击鼠标右键，从弹出的快捷菜单中选择"设置单元格格式"命令。

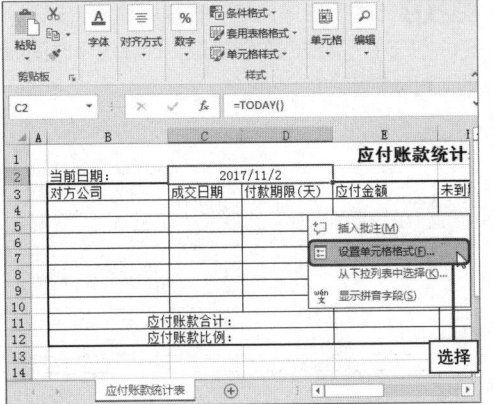

步骤 06 输入数据信息，选中F4单元格，输入公式"=IF(C4+D4>$C$2,E4,0)"，按回车键确认，计算未到期的应付金额。

步骤 04 弹出"设置单元格格式"对话框，打开"数字"选项卡，在"分类"列表框中选择"日期"选项，在"类型"列表框中选择"*2012年3月14日"选项，单击"确定"按钮。

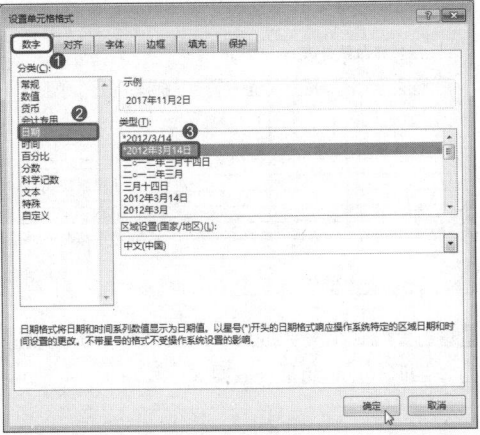

步骤 07 将光标移动到F4单元格的右下角，当光标变成+形状时，按住鼠标左键不放，向下拖动填充公式。

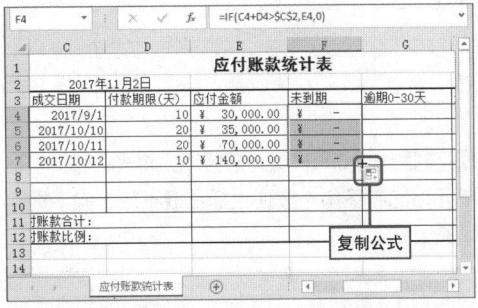

步骤 08 选中G4单元格，在其中输入公式"=IF(AND($C$2-($C4+$D4)>=0,$C$2-($C4+$D4)<=30),$E4,"")"，按回车键确认，计算逾期0到30天的应付金额。

步骤 05 此时，在该单元格中的日期按照设置的日期类型显示当前的时间。

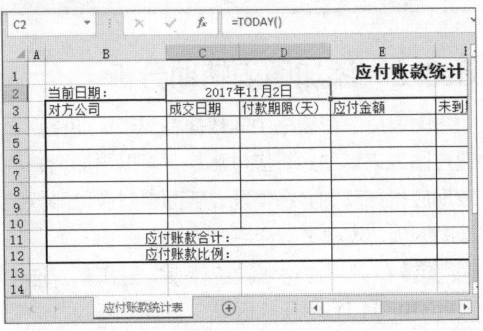

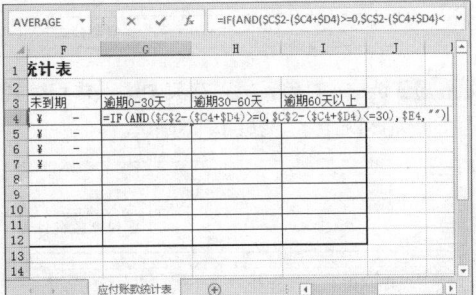

步骤 09 选中H4单元格，在其中输入公式"=IF(AND($C$2-($C4+$D4)>30,$C$2-($C4+$D4)<=60),$E4,"")"，按回车键确认，计算逾期30到60天的应付金额。

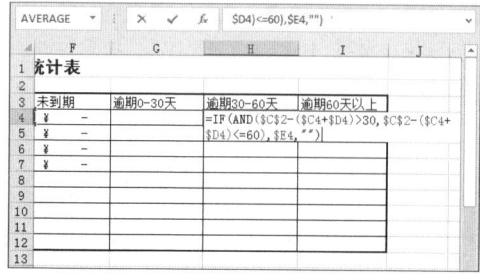

**步骤 10** 选中I4单元格,在其中输入公式"=IF($C$2-($C4+$D4)>60,$E4,"")",按回车键确认,计算逾期60天以上的应付金额。

**步骤 11** 选中G4:I4单元格区域,将光标移动到I4单元格的右下角,按住鼠标左键不放,向下拖动填充公式。

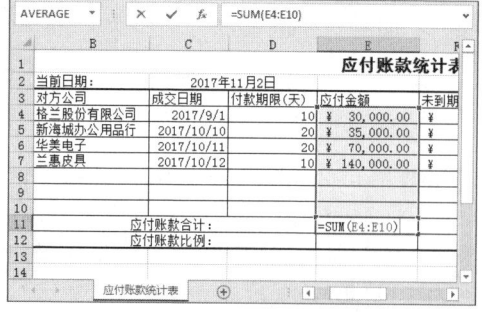

**步骤 12** 选中E11单元格,在其中输入求和公式"=SUM(E4:E10)",按回车键确认。

**步骤 13** 选中E12单元格,在其中输入公式"=E11/$E$11",按回车键确认,计算每个时间段的应付账款所占的比例。

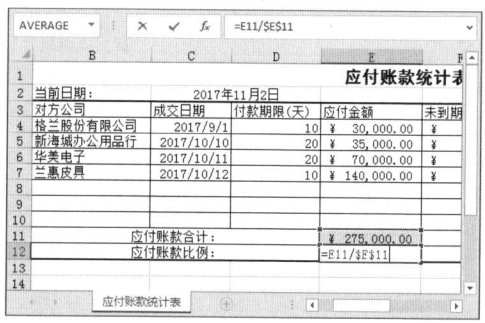

**步骤 14** 选中E11:E12单元格区域,将光标移动到E12单元格右下角,当光标变成+形状时,按住鼠标左键不放,向右拖动填充公式。

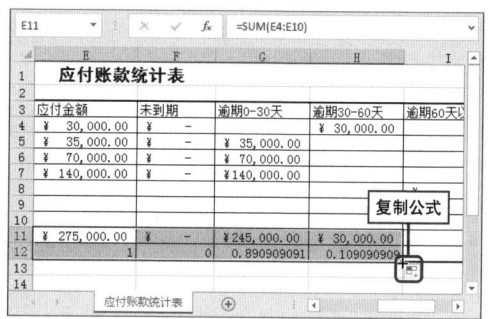

**步骤 15** 公式填充完成后,对应付账款统计表进行适当调整,查看最终效果。

### 6.3.2 添加图表辅助分析

图表可以使表格中的数据看起来更加直观,通过图表来辅助分析应付账款,可以更加清晰地表现应付账款的分布情况。下面将对应付账款统计图的创建过程进行介绍。

**步骤 01** 打开"应付账款统计表"工作表,选中F3:I3和F11:I11单元格区域,打开"插入"选项卡,单击"图表"选项组中的对话框启动器按钮。

步骤 02 弹出"插入图表"对话框,打开"推荐的图表"选项卡,其中包含系统推荐的图表样式,此处选择"饼图"选项,单击"确定"按钮。

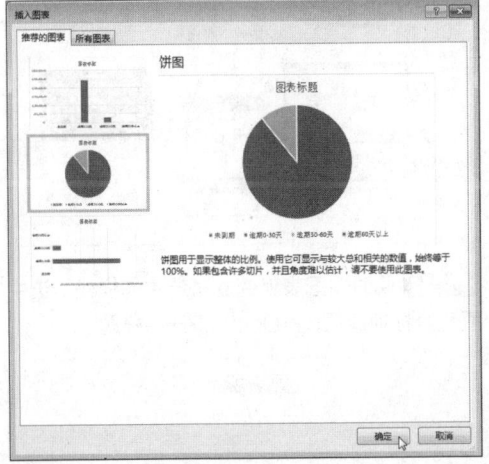

步骤 03 弹出新建的图表,如果用户对创建的图表类型不满意,还可以更改图表类型。

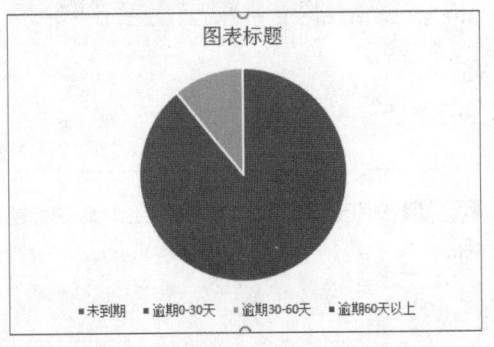

步骤 04 选中图表,打开"图表工具-设计"选项卡,单击"类型"选项组中的"更改图表类型"按钮。

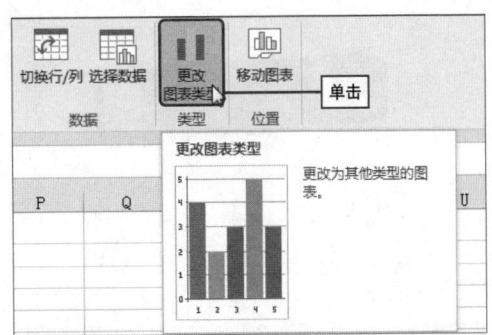

步骤 05 弹出"更改图表类型"对话框,打开"所有图表"选项卡,选择"条形图>三维百分比堆积条形图"选项。

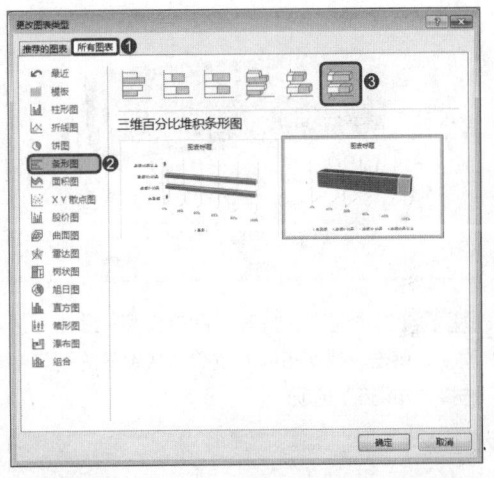

步骤 06 单击"确定"按钮后,返回图表编辑区,可以看到更改类型后的图表。

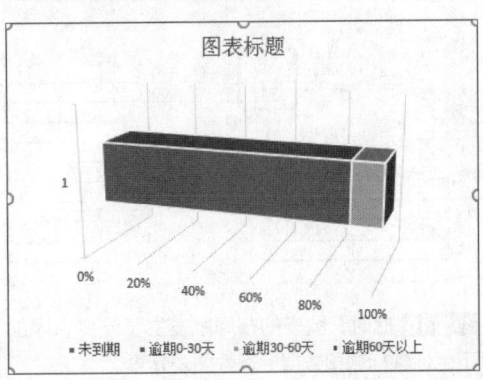

步骤07 选中图例。

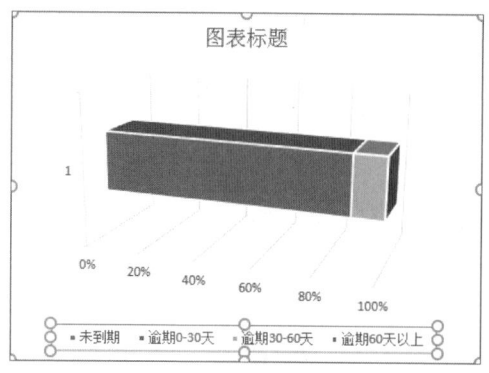

步骤08 然后按Delete键删除图例，查看删除后的效果。

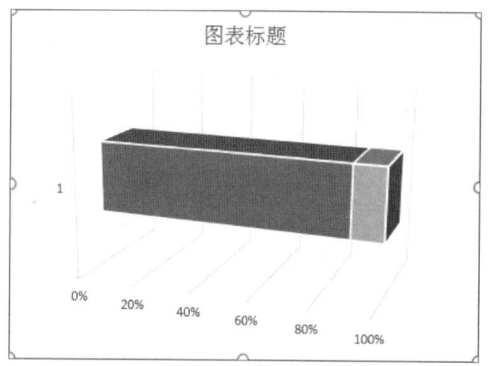

步骤09 选中图表，打开"图表工具-设计"选项卡，单击"快速布局"按钮，从展开的列表中选择"布局6"选项。

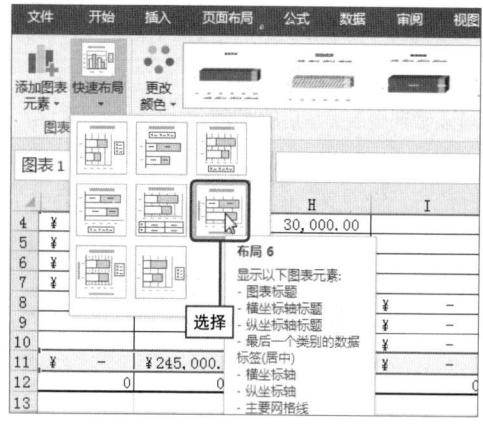

步骤10 此时，图表的布局就发生了改变，添加了坐标轴标题和数据标签等图表元素。

步骤11 单击"快速样式"按钮，从展开的列表中选择"样式4"选项。

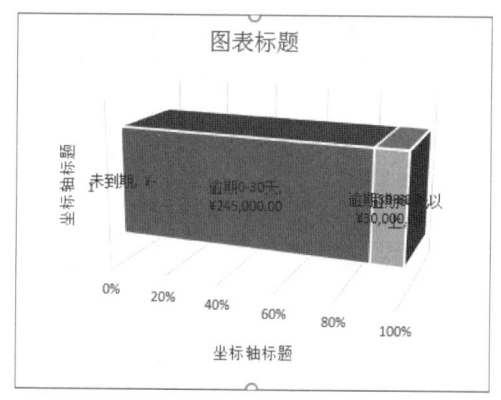

步骤12 此时，图表就变成了选中的样式，选中垂直坐标轴标题，按Delete键删除标题。

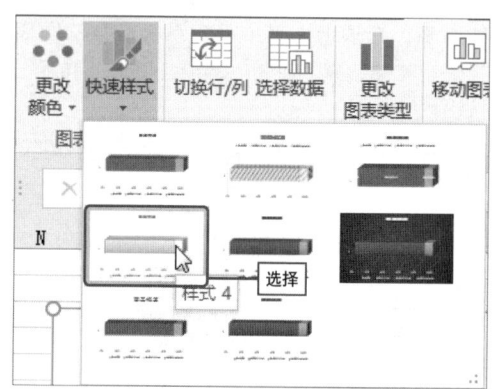

步骤13 按照步骤12的方法将水平坐标轴的标题删除。

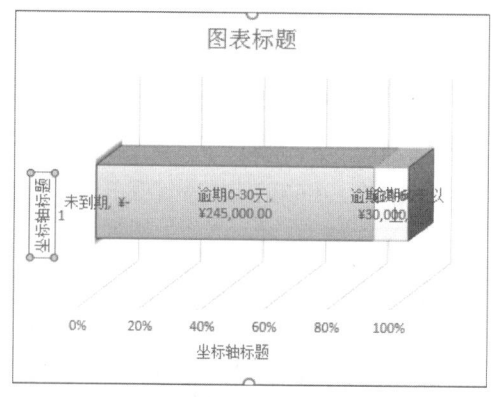

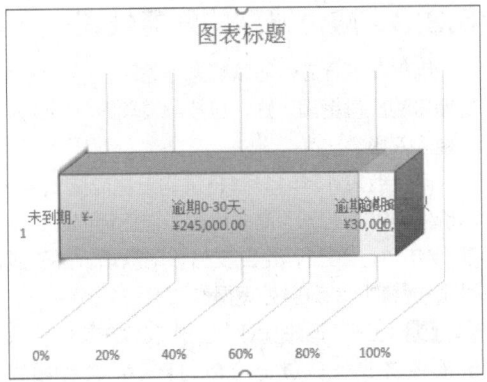

步骤14 选中图表标题，将其修改为"应付账款统计"。

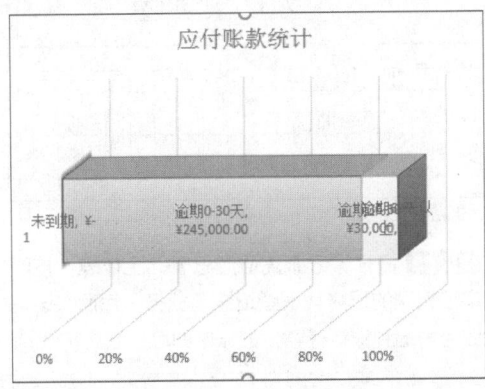

步骤15 打开"图表工具-格式"选项卡，单击"形状样式"选项组的对话框启动器按钮。

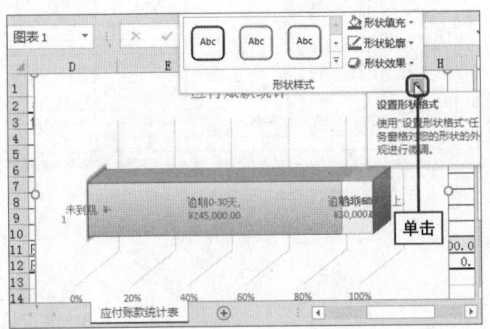

步骤16 弹出"设置图表区格式"窗格，打开"填充与线条"选项卡，在"填充"选项区域中，单击"图片或纹理填充"单选按钮，然后单击"文件"按钮。

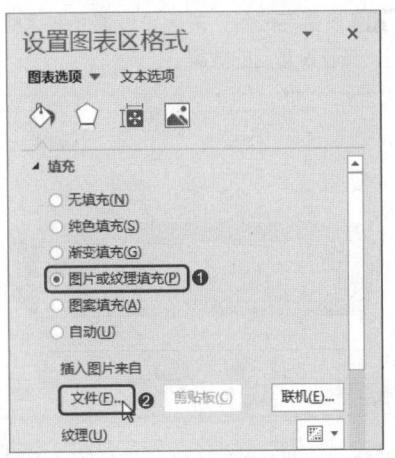

步骤17 弹出"插入图片"对话框，选择合适的背景图片，单击"插入"按钮。

步骤18 在"设置图表区格式"窗格中，打开"效果"选项卡，在"三维格式"选项区域中，将顶部棱台设置为"圆形"，宽度为"5磅"，高度为"15磅"。

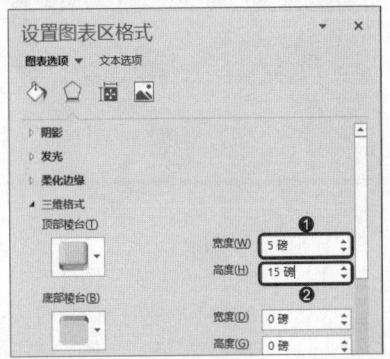

**步骤 19** 设置完成后，关闭"设置图表区格式"窗格，查看设置后的效果。

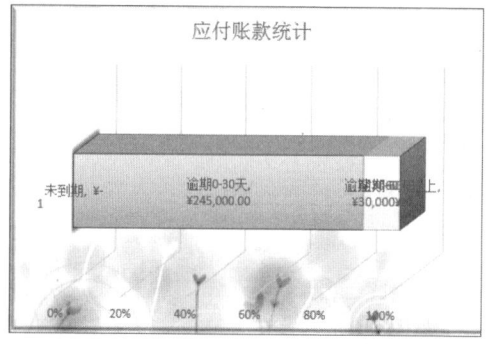

**步骤 20** 打开"开始"选项卡，单击"字体"选项组中的"字体颜色"下拉按钮，从展开的列表中选择"浅绿"选项。

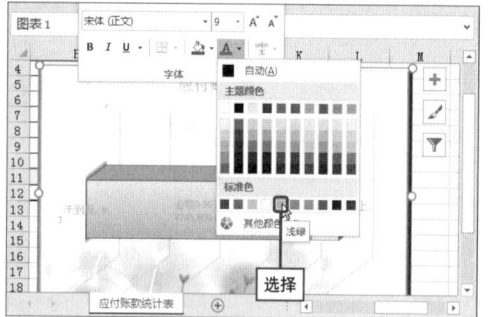

**步骤 21** 设置数据标签字体的格式，并将其移动到合适的位置，查看设置后的最终效果。

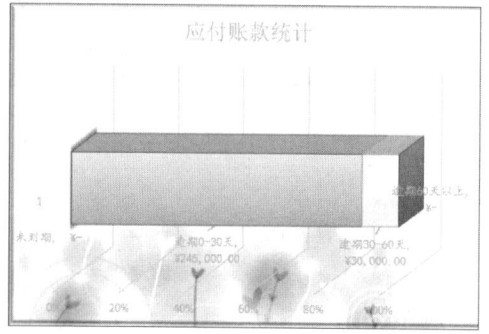

## 6.3.3 应付账款的账务处理

用户在进行应付账款账务处理时，不可按照到期日的应付金额入账，应按照发票账单中的应付金额入账。

甲企业2017年11月1日采购三星电脑5台，总价值为30000元，尚未付款，但已经记账，到2017年11月20日，企业支付该笔款项。关于应付账款付款时的账务处理操作如下：

**步骤 01** 打开"记账凭证"工作表，在其中输入该笔经济业务，贷记"应付账款"，金额为30000；借记"银行存款"，金额为30000。

**步骤 02** 打开"记账凭证汇总表"工作表，按照审核无误的记账凭证登记该笔业务。然后将该笔业务登记到银行存款日记账中即可。

# 动手练习 | 制作客户信息统计表

通过对本章内容的学习，用户对应收账款和应付账款有了一定的了解。下面将通过创建客户信息统计表的操作过程，来温习前面所学的知识。

**步骤 01** 单击"新工作表"按钮，新建一个工作表，将其命名为"客户信息统计表"。

**步骤 02** 在表中输入表标题和列标题，并设置格式，同时为表格添加边框。

**步骤 03** 依次在表格中输入客户的信息，输入客户的邮箱地址后，系统会自动将该地址设置为超链接格式，将光标移动到该地址上，会显示提示信息。

**步骤 04** 如果用户不希望后面的地址也变成超链接的格式，可以将光标移动到超链接左下角的矩形图标上，此时会弹出"自动更正选项"按钮，单击该按钮，从弹出的下拉列表中选择"控制自动更正选项"选项。

**步骤 05** 弹出"自动更正"对话框，打开"键入时自动套用格式"选项卡，取消"Internet及网络路径替换为超链接"复选框的勾选，单击"确定"按钮。

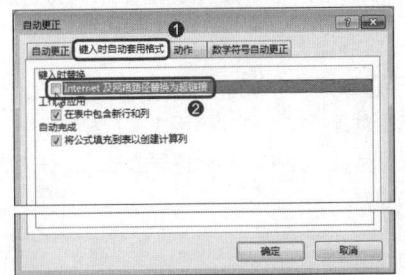

**步骤 06** 选中F3:F13单元格区域，打开"数据"选项卡，单击"数据工具"选项组中的"数据验证"下拉按钮，从弹出的下拉列表中选择"数据验证"选项。

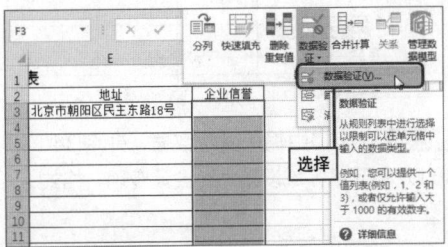

**步骤 07** 弹出"数据验证"对话框,打开"设置"选项卡,在"允许"下拉列表中选择"序列"选项,在"来源"文本框中输入"优,良,差",单击"确定"按钮。

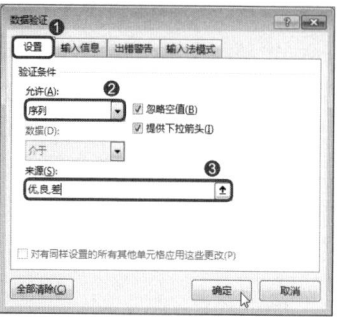

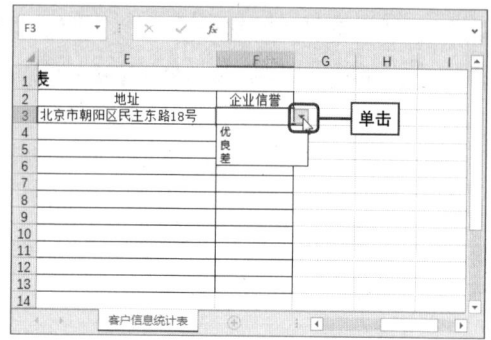

**步骤 08** 选中F3单元格,在其右方出现下拉按钮,单击该下拉按钮,从弹出的下拉列表中选择合适的选项即可。

**步骤 09** 输入客户信息,查看最终效果。

# 高手进阶 | 创建信用决策模型

在应收账款管理中,企业为了降低坏账率,需及时调整对外信用政策。通常企业会制定几种信用政策的方案,通过比较选择一种最合适的方案。下面介绍创建信用决策模型的相关操作。

**步骤 01** 新建一个名为"信用决策方案"工作表,在其中创建"应收账款信用决策方案"表格,设置其行标题、列标题和表标题的格式,并为表格添加边框。

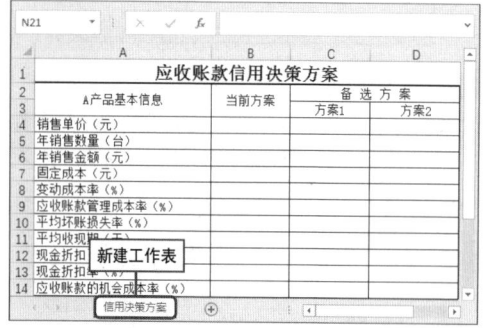

**步骤 02** 在表格中输入基本数据,并将B4:D4和B6:D7单元格区域设置为"会计专用"格式。

**步骤 03** 在F1:H8单元格区域内,设置判断依据,通过这些依据选出最合适的方案。

**步骤 04** 选中G3单元格，输入公式"=（C6-B6）*（1-C8）"，按回车键确认。

**步骤 05** 选中G4单元格，输入公式"= C11/360*（C6-B6）*C8*C14"，按回车键确认。

**步骤 06** 选中G5单元格，输入公式"= C6*C10-B6*B10"，按回车键确认。

**步骤 07** 选中G6单元格，输入公式"= C6*C9-B6*B9"，按回车键确认。

**步骤 08** 选中G7单元格，输入公式"=C6* C12*C13-B6*B12*B13"，按回车键确认。

**步骤 09** 选中G8单元格，输入公式"= G3-G4-G5-G6-G7"，按回车键确认。

**步骤 10** 按照同样的方法，计算出"方案2"对应的判断依据。

**步骤 11** 选中G9单元格，输入公式"=IF(AND(G8>0,H8>0),IF(G8>H8,"方案1","方案2"),IF(G8>0,"方案1",IF(H8>0,"方案2","当前方案")))"。

**步骤12** 按回车键确认后，显示计算结果。将G9和H9单元格合并为一个单元格，在F9单元格中输入"最佳方案"，并设置表格边框。

**步骤13** 打开"页面布局"选项卡，单击"页面设置"选项组中的"背景"按钮。

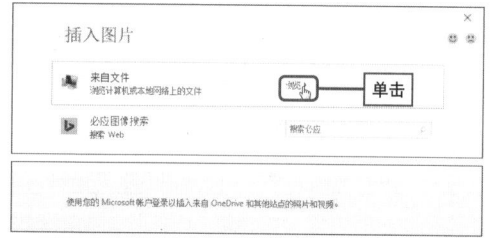

**步骤14** 弹出"插入图片"对话框，单击"来自文件"右侧的"浏览"按钮。

**步骤15** 弹出"工作表背景"对话框，选择合适的背景图片，单击"插入"按钮。

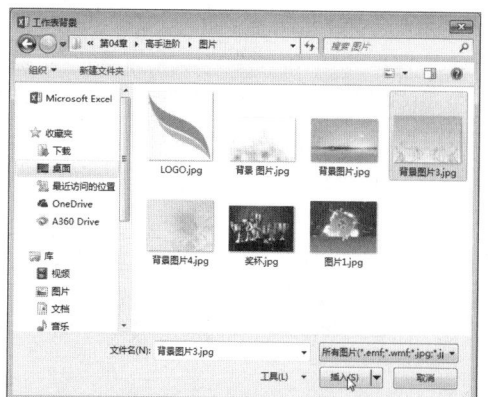

**步骤16** 返回工作表编辑区，可以看到添加了背景的工作表，选中A列，单击鼠标右键，从弹出的快捷菜单中选择"插入"命令。

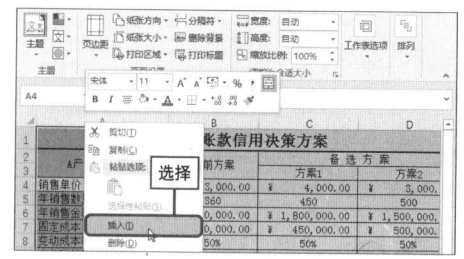

**步骤17** 此时，在表格左侧插入了一列，将光标移动到A列和B列的分隔线上，当光标变成 ↔ 形状时，按住鼠标左键不放并向左拖动，调整列宽。

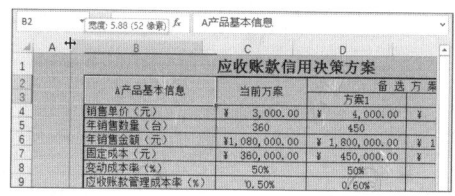

**步骤18** 将光标移动到第一行和第二行之间，当光标变成 ↕ 形状时，按住鼠标左键不放并向下拖动，调整行高。

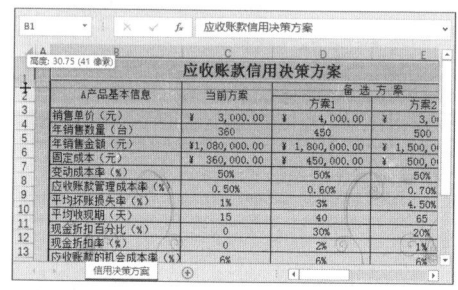

**步骤19** 调整好表格的列宽和行高后，打开"视图"选项卡，在"显示"选项组中取消"网格线"复选框的勾选，查看最终效果。

# 07 Chapter

## 月度账务处理

会计在每月的月末和月初最为忙碌，因为一个月的工作结果都要在这几天进行资料归集、编制报表和纳税申报。会计人员需要结转当前所得的利润，并且进行对账和结账工作，本章将介绍月末账务处理的一些相关知识以及保护工作表的相关操作。

**本章所涉及的知识要点：**

- ◆ 结转利润
- ◆ 编制科目汇总表
- ◆ 编制财务明细账表
- ◆ 保护账目

**本章内容预览：**

科目汇总表

零钱统计表

# 7.1 结转利润

利润是企业经营效果的综合反映,也是其最终成果的具体体现。一般到了月末,会计人员需要结转企业所得的利润,并且通过"本年利润"科目进行核算,"本年利润"科目的贷方余额为当期实现的净利润,借方余额为当前发生的净亏损。

## 1 利润的结转

(1)结转收入类、收益类科目余额

借:主营业务收入
　　其他业务收入
　　营业外收入
　　贷:本年利润

(2)结转成本、费用、支出类科目的余额

借:本年利润
　　贷:主营业务成本
　　　　其他业务成本
　　　　营业税金及附加
　　　　销售费用
　　　　管理费用
　　　　财务费用
　　　　营业外支出
　　　　所得税费用
　　　　资产减值损失

结转利润后,如果发现"本年利润"科目余额在借方,则反映年初至本期末累计发生的净亏损,如果在贷方,则反映年初至本期末累计实现的净利润。

## 2 "本年利润"余额的结转

年末,将"本年利润"科目的余额转入"利润分配-未分配利润"科目,结转后,"本年利润"科目无余额。

(1)结转净利润

借:本年利润
　　贷:利润分配—未分配利润

(2)结转净亏损

借:利润分配—未分配利润
　　贷:本年利润

## 3 账务处理

下面将介绍结转本期实现利润的账务处理操作方法。

**步骤01** 复制"记账凭证汇总表"工作表,得到"记账凭证汇总表(2)"工作表,在"科目代码"列任意单元格上单击鼠标右键,从弹出的快捷菜单中选择"排序>升序"命令。

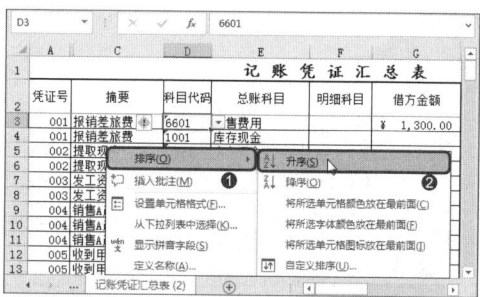

**步骤02** 此时,表中数据按照"科目代码"列升序排列。打开"数据"选项卡,单击"分级显示"选项组中的"分类汇总"按钮。

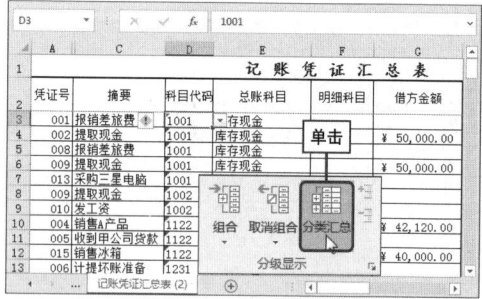

**步骤03** 弹出"分类汇总"对话框,在"分类字段"下拉列表中选择"总账科目"选项,在"汇总方式"下拉列表中选择"求和"选项,在"选定汇总项"列表框中勾选"借方金额"和"贷方金额"复选框。

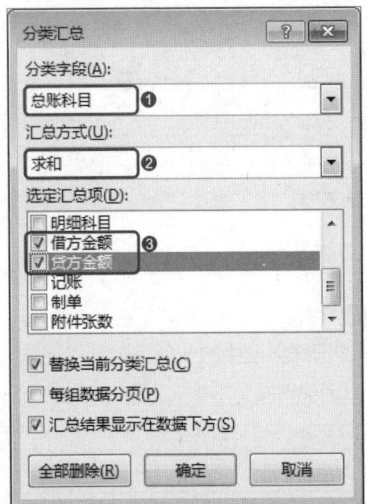

**步骤04** 单击"确定"按钮后，可以看到表中数据按照总账科目进行了汇总，分别汇总了总账科目的借方金额和贷方金额。

**步骤05** 单击工作表左侧的折叠按钮，将明细数据隐藏起来，只查看各个科目的汇总值。

**步骤06** 在"记账凭证汇总表（2）"工作表中，可以看到"主营业务收入"的金额为70188.03，将其结转到"本年利润"科目。打开"记账凭证"工作表，将该笔业务登记到凭证中。

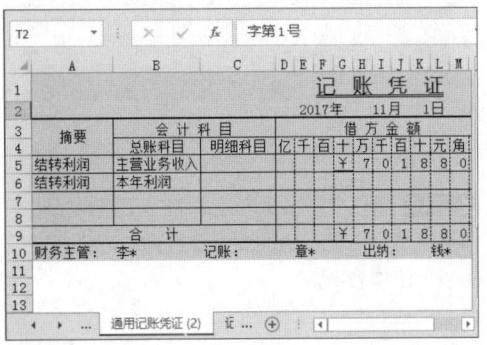

**步骤07** 打开"记账凭证汇总表"工作表，将审核无误的记账凭证中的业务登记到"记账凭证汇总表"工作表中。

**步骤08** 打开"记账凭证汇总表（2）"工作表，查看成本、费用、支出类的金额。

**步骤09** 打开"记账凭证"工作表，将"主营业务成本"、"销售费用"、"资产减值损失"和"财务费用"科目，结转到"本年利润"科目。

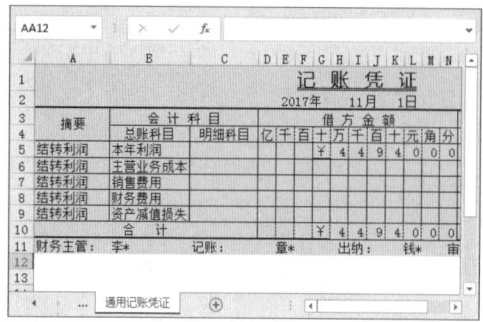

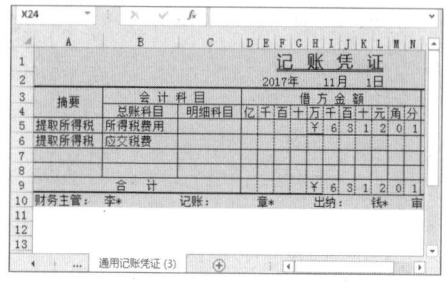

**步骤10** 打开"记账凭证汇总表"工作表,将审核无误的记账凭证中的业务登记到"记账凭证汇总表"工作表中。

**步骤11** 打开"记账凭证汇总表(2)"工作表,选中F56单元格,输入公式"=(H39-G41-G44-G46-G48)*0.25",按回车键确认,计算所得税费用。

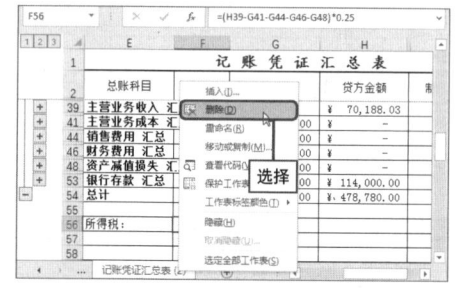

**步骤12** 打开"记账凭证"工作表,将提取所得税费用的业务登记到"记账凭证"工作表中。

**步骤13** 打开"记账凭证汇总表"工作表,将审核无误的记账凭证中的业务登记到"记账凭证汇总表"工作表中。

**步骤14** 在"记账凭证汇总表(2)"工作表标签上右击,从弹出的快捷菜单中选择"删除"命令。会弹出提示对话框,单击"删除"按钮即可。

---

**操作提示**

💡 **利润总额和所得税费用的计算公式**

利润总额=主营业务收入-主营业务成本-营业税金及附加-销售费用-财务费用-管理费用-资产减值损失±公允价值变动损失±投资收益

所得税费用=利润总额×所得税税率=利润总额×0.25

## 7.2 编制科目汇总表

科目汇总表（亦称记账凭证汇总表、账户汇总表），是根据一定时间内所有的记账凭证定期加以汇总而重新编制的记账凭证，其目的是简化总分类账的登记手续。依据借贷记账法的基本原理，科目汇总表中各个科目的借方发生额合计应与贷方发生额合计相等。

### 7.2.1 将所有科目进行分类

会计科目按其所归属的会计要素的不同进行分类，可以分为资产类、负债类、共同类、所有者权益类、成本类和损益类。

下面将介绍如何创建科目汇总表并将会计科目进行分类汇总的操作。

**步骤 01** 单击"新工作表"按钮，新建工作表，将其重命名为"科目汇总表"。

**步骤 02** 打开"记账凭证汇总表"工作表，按住Ctrl键，选择D2:E47和G2:H47单元格区域，单击鼠标右键，从弹出的下拉列表中选择"复制"命令。

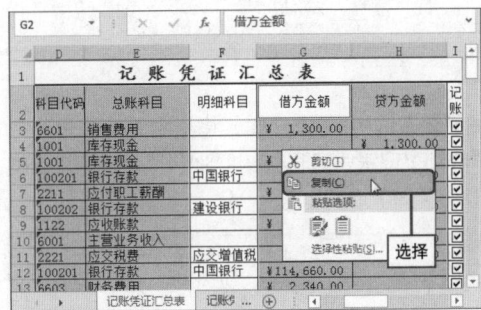

**步骤 03** 打开"科目汇总表"工作表，在A1单元格中单击鼠标右键，从弹出的快捷菜单中选择"粘贴链接"命令。

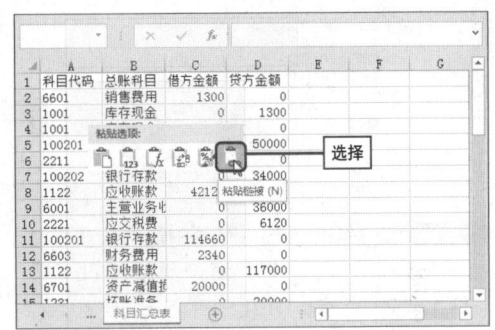

**步骤 04** 选择表格第一行，单击鼠标右键，从弹出的快捷菜单中选择"插入"命令，在插入的行中输入标题并设置其格式。

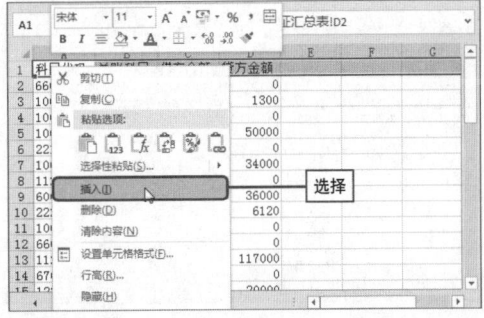

**步骤 05** 选中A列，打开"开始"选项卡，单击"单元格"选项组中的"插入"按钮，从弹出的下拉列表中选择"插入工作表列"选项。

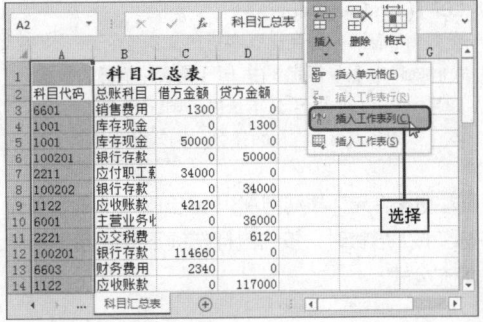

步骤06 选中A2单元格,在其中输入"类别",选中A2:E2单元格区域,设置文本的字体格式和对齐方式。

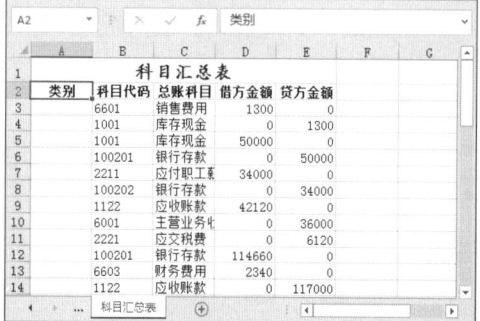

步骤07 选中A3单元格,在其中输入公式"=IF(LEFT(B3,1)="1","资产类",IF(LEFT(B3,1)="2","负债类",IF(LEFT(B3,1)="3","共同类",IF(LEFT(B3,1)="4","所有者权益类",IF(LEFT(B3,1)="5","成本类",IF(LEFT(B3,1)="6","损益类"))))))",按回车键确认。

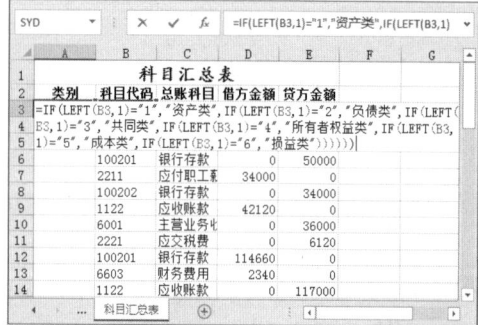

### 函数解析

**LEFT函数**

LEFT函数用于从一个文本字符串的第一个字符开始返回指定个数的字符。该函数的语法格式为:
**LEFT(text,[num_chars])**
参数text表示包含要提取字符的文本字符串,参数num_chars表示指定要由LEFT提取的字符的数量。如果num_chars大于文本长度,则LEFT返回全部文本,如果省略num_chars参数,则假设其值为1。

步骤08 将光标移动到A3单元格的右下角,当光标变成+形状时,按住鼠标左键不放,向下拖动填充公式。

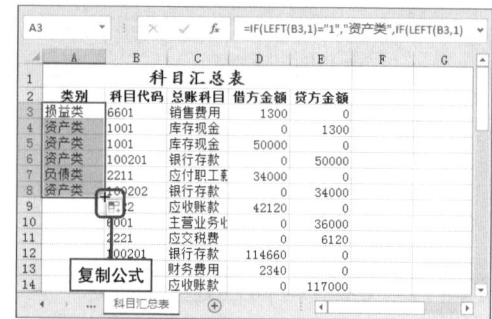

步骤09 选中D3:E47单元格区域,单击"数字"选项组中的"数字格式"下拉按钮,从弹出的下拉列表中选择"会计专用"选项。

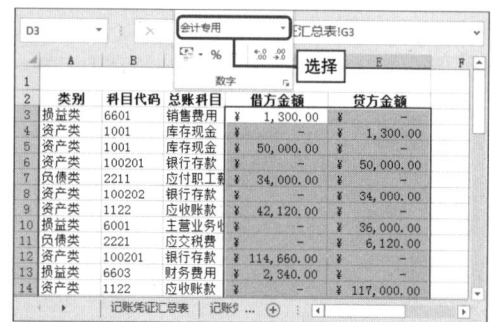

步骤10 单击科目汇总表中的任意单元格,打开"数据"选项卡,单击"筛选"按钮,单击"科目代码"下拉按钮,从弹出的下拉列表中只选择明细代码,单击"确定"按钮。

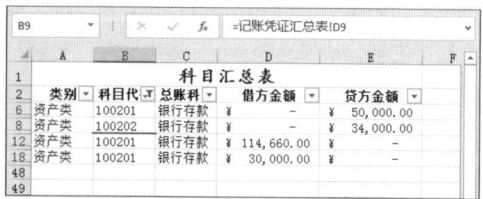

步骤11 选中B6单元格,将其中的公式修改为"=MID(记账凭证汇总表!D6,1,4)",按回车键确认,并向下填充公式。

**函数解析**

**MID函数**

MID函数是用来从文本字符串指定的起始位置起返回指定长度的字符。该函数的语法格式为：

**MID(text,start_num,num_chars)**

参数text表示包含要提取字符的文本字符串，参数start_num表示文本中要提取的第一个字符的位置，参数num_chars表示指定希望MID函数从文本中返回字符的个数。

**步骤12** 取消筛选，单击"科目代码"列任意单元格，单击鼠标右键，从弹出的快捷菜单中选择"排序>升序"命令。

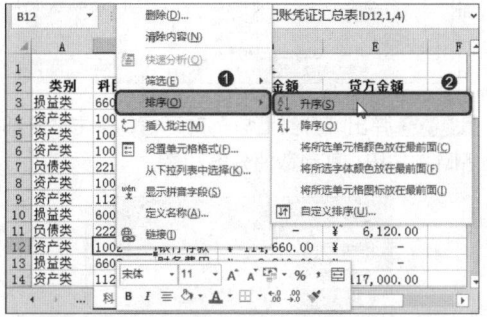

**步骤13** 打开"数据"选项卡，单击"分级显示"选项组中的"分类汇总"按钮。

**步骤14** 弹出"分类汇总"对话框，在"分类字段"下拉列表中选择"类别"选项，在"汇总方式"下拉列表中选择"求和"选项，在"选定汇总项"列表框中勾选"借方金额"和"贷方金额"复选框。

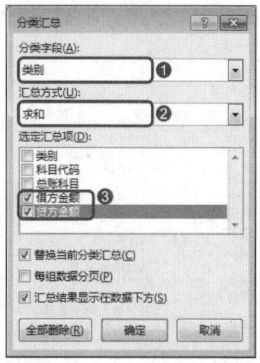

**步骤15** 单击"确定"按钮后，再次单击"分级显示"选项组中的"分类汇总"按钮，进行嵌套汇总。

**步骤16** 弹出"分类汇总"对话框，在"分类字段"下拉列表中选择"总账科目"选项，在"汇总方式"下拉列表中选择"求和"选项，在"选定汇总项"列表框中勾选"借方金额"和"贷方金额"复选框，取消勾选"替换当前分类汇总"复选框。

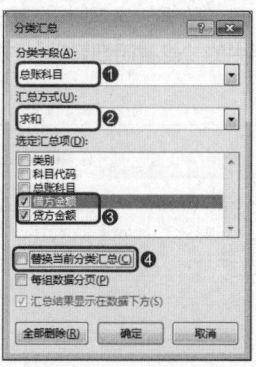

步骤17 单击"□"按钮,隐藏明细数据,只显示对应的汇总数据。

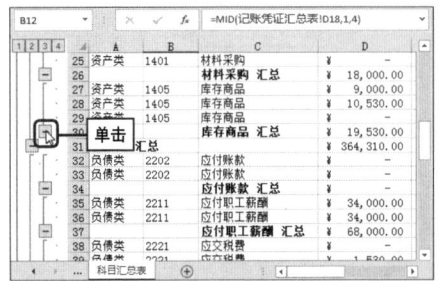

步骤18 单击 + 按钮,将隐藏的明细数据显示出来。

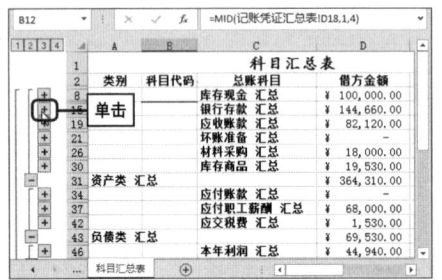

步骤19 用户也可以单击工作表窗口左上角的 4 按钮,显示所有明细数据。

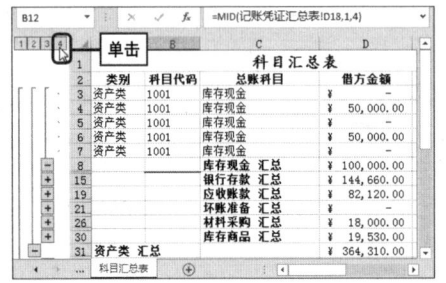

步骤20 打开"数据"选项卡,单击"分级显示"选项组中的"隐藏明细数据"按钮,隐藏明细数据。

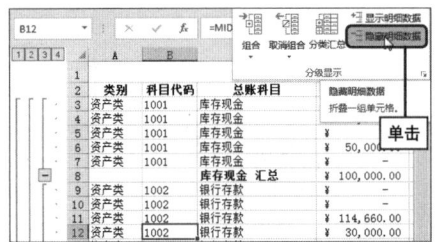

下面介绍在科目汇总表中创建组合,将会计科目进行分类的操作方法。

步骤01 单击"分级显示"选项组中的"分类汇总"按钮。

步骤02 弹出"分类汇总"对话框,单击"全部删除"按钮,即可取消分类汇总。

步骤03 在"类别"列,选中所有包含"资产类"的单元格,单击"分级显示"选项组中的"组合"按钮。

步骤 04 弹出"组合"对话框,选择"行"单选按钮,单击"确定"按钮。

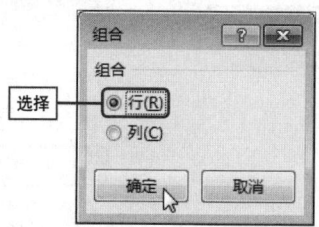

步骤 05 此时,选中的单元格区域形成一个组,建立了显示级别。当用户不需要该组合时,可以单击"取消组合"下拉按钮,从弹出的下拉列表中选择"取消组合"选项。

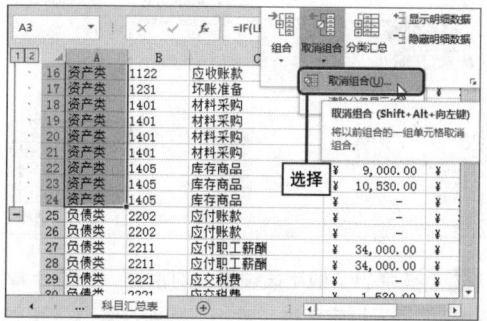

步骤 06 弹出"取消组合"对话框,单击"确定"按钮,即可取消组合。

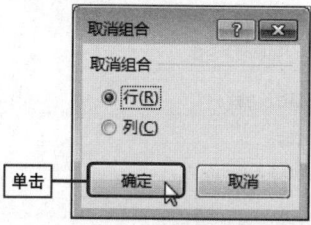

## 7.2.2 多栏式科目汇总表的创建

多栏式科目汇总表能够更加清晰地显示每个会计科目的发生额情况。用户可以通过使用数据透视表来创建多栏式科目汇总表。

下面将介绍使用数据透视表创建多栏式科目汇总表的操作方法。

步骤 01 打开"记账凭证汇总表"工作表,打开"插入"选项卡,单击"表格"选项组中的"数据透视表"按钮。

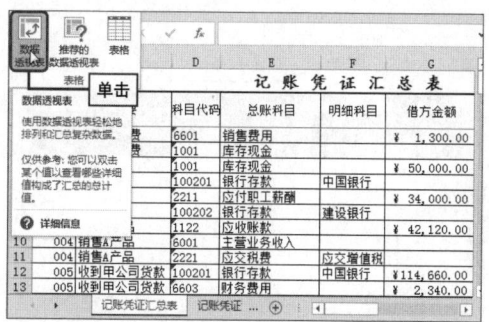

步骤 02 弹出"创建数据透视表"对话框,在"表/区域"文本框中确认选择的区域是否正确,其他保持默认设置,单击"确定"按钮。

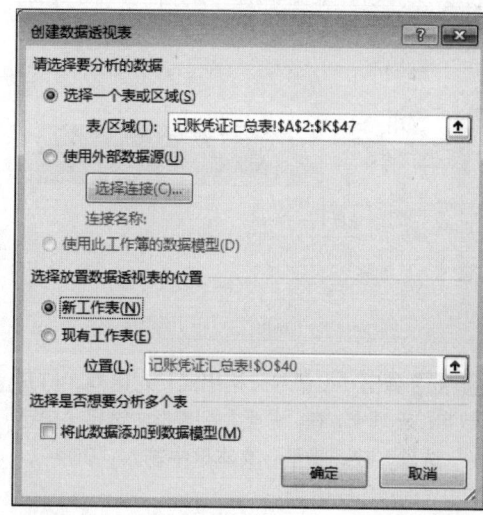

步骤 03 弹出空白的数据透视表和"数据透视表字段"窗格,在"数据透视表字段"窗格中将字段拖至合适区域。

步骤 04 形成初步的数据透视表,将名称修改为"科目汇总表-多栏式"。

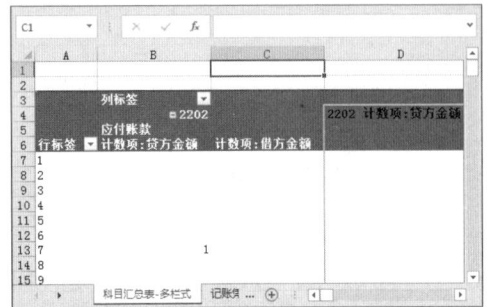

**步骤 05** 选中A列，单击鼠标右键，从弹出的快捷菜单中选择"设置单元格格式"命令。

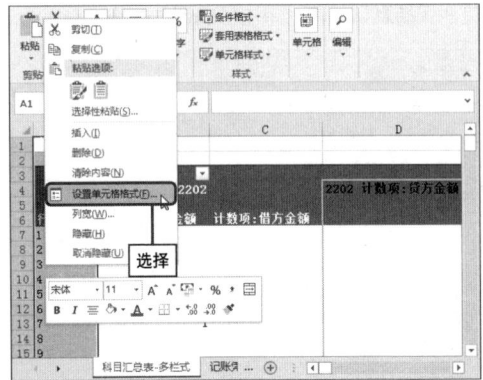

**步骤 06** 弹出"设置单元格格式"对话框，打开"数字"选项卡，在"分类"列表框中选择"自定义"选项，在"类型"文本框中输入"00#"，单击"确定"按钮。

**步骤 07** 在"数据透视表字段"窗格中，单击"工具"按钮，从弹出的下拉列表中选择"仅2×2区域节"选项。

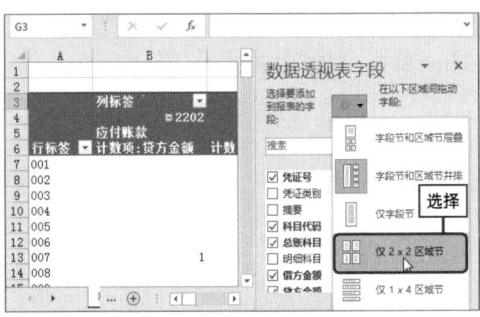

**步骤 08** 单击"计数项：贷方金额"字段，从弹出的下拉列表中选择"值字段设置"选项。

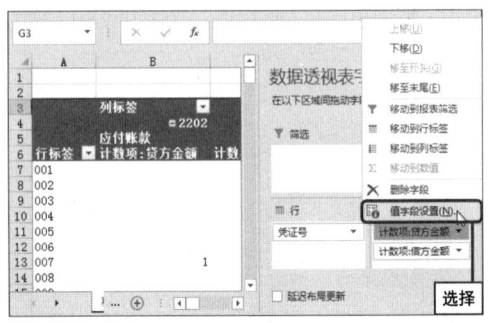

**步骤 09** 弹出"值字段设置"对话框，在"计算类型"列表框中选择"求和"选项，单击"数字格式"按钮。

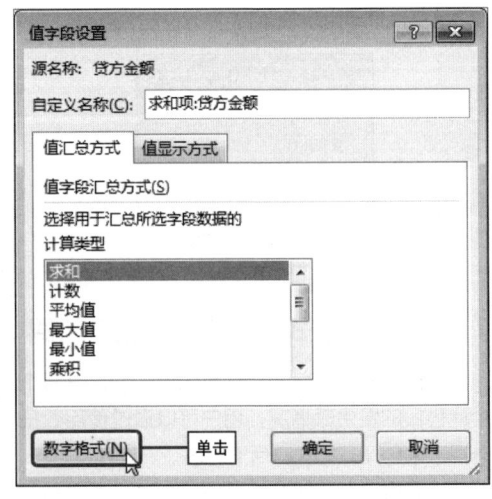

**步骤 10** 弹出"设置单元格格式"对话框，在"分类"列表框中选择"会计专用"选项，将小数位数设置为2，单击"确定"按钮。返回"值字段设置"对话框，单击"确定"按钮。

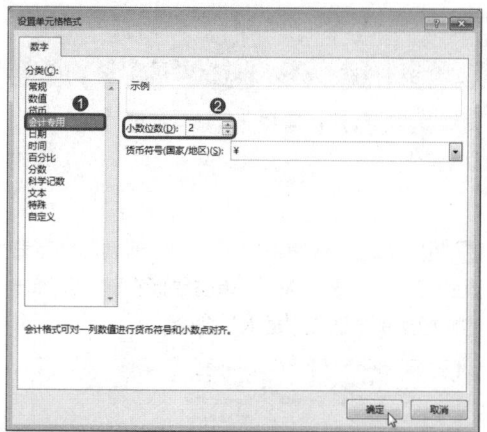

**步骤 11** 按照同样的方法设置"计数项：借方金额"字段，查看设置后的效果。

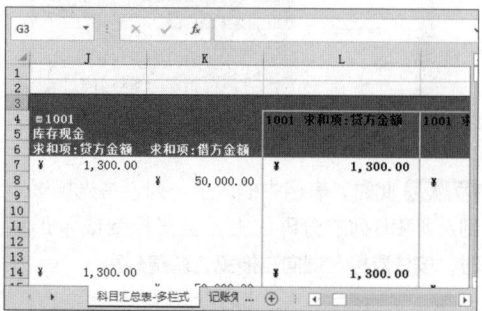

**步骤 12** 单击数据透视表任意单元格，打开"数据透视表工具-设计"选项卡，单击"布局"选项组中的"报表布局"按钮，从弹出的下拉列表中选择"以表格形式显示"选项。

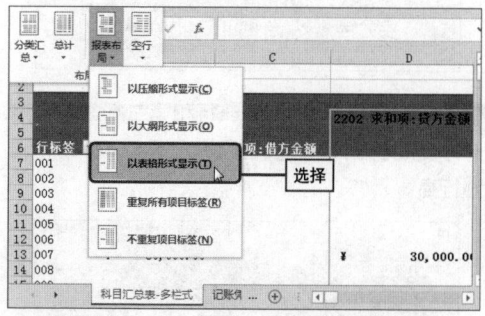

**步骤 13** 在"值"字段上单击鼠标右键，从弹出的快捷菜单中选择"将值移动到>将值移至行"命令。

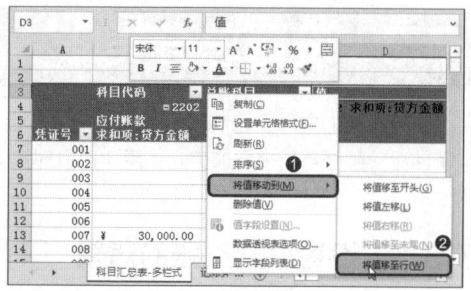

**步骤 14** 单击"布局"选项组中的"分类汇总"按钮，从弹出的下拉列表中选择"不显示分类汇总"选项。

**步骤 15** 单击"布局"选项组中的"总计"按钮，从弹出的下拉列表中选择"仅对列启用"选项。

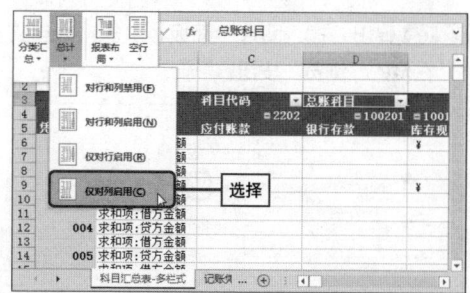

**步骤 16** 设置完成后，调整行距，至此多栏式科目汇总表就创建完成了。

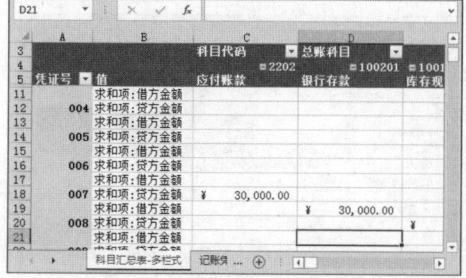

# 7.3 设置总分类账

前面我们学习了编制总分类账的方法，会计人员将发生的经济业务登记到总分类账中后，为了使总分类账看起来更加美观，用户可以对其进行适当美化。

## 7.3.1 设置总分类账的背景

背景的主要作用是渲染主体的效果，起辅助作用，可以使枯燥的表格变得生动起来，也使表格更加美观。下面将介绍为"总分类账"表格添加背景的操作过程。

**步骤01** 打开"总分类账"工作表，打开"页面布局"选项卡，单击"页面设置"选项组中的"背景"按钮。

**步骤02** 弹出"插入图片"面板，单击"来自文件"右侧的"浏览"按钮。

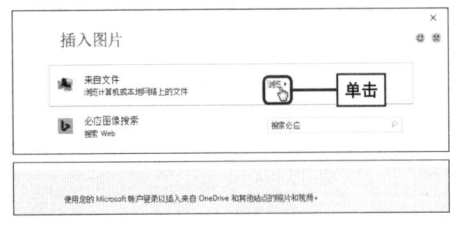

**步骤03** 弹出"工作表背景"对话框，选择合适的背景图片，单击"插入"按钮。

**步骤04** 返回工作表编辑区，可以看到添加了背景的工作表，选中A列，单击鼠标右键，从弹出的快捷菜单中选择"插入"命令。

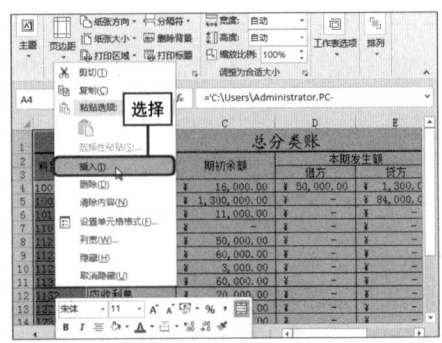

**步骤05** 此时，表格中插入了一列，将光标移动到A列与B列的分隔线上，当光标变成 ↔ 形状时，按住鼠标左键向左拖曳，调整列宽。

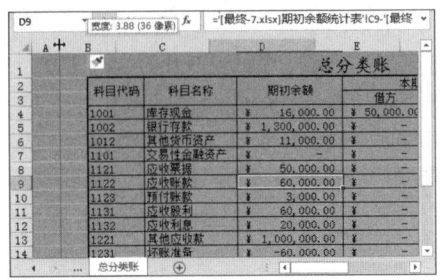

**步骤06** 将光标移动都第一行和第二行之间，当光标变成 ↕ 形状时，按住鼠标左键向下移动，调整行高。

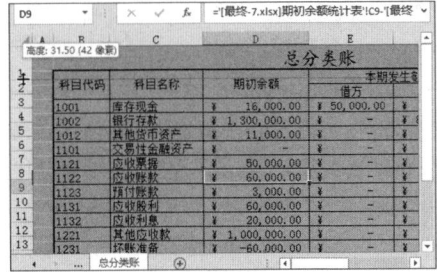

步骤 07 调整好表格的列宽和行高后，背景就添加完成了，查看最终效果。

步骤 03 在批注框中输入"注意：本列单元格中负值表示该科目的期初余额在贷方！"。

## 7.3.2 在总分类账中添加批注

在总分类账中，有些地方会出现负值，但是这些负值并不是真正意义上的负数，而是被记在贷方的金额，表示现金流出，为了对其含义作解释说明，用户可使用批注功能进行说明。

下面将介绍在"总分类账"表格中添加批注的方法。

步骤 01 打开"总分类账"工作表，选中D2单元格，打开"审阅"选项卡，单击"批注"选项组中的"新建批注"按钮。

步骤 04 选中G2单元格，单击鼠标右键，从弹出的快捷菜单中选择"插入批注"命令。

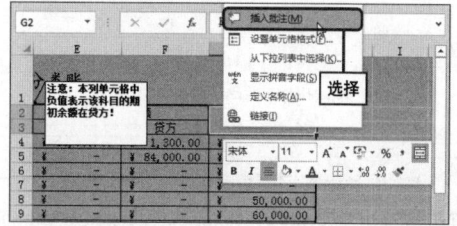

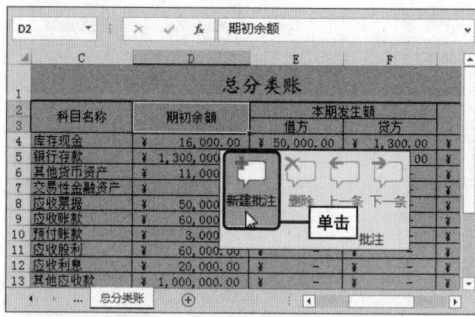

步骤 05 在批注框中输入"注意：本列单元格中的负值表示期末余额在贷方"。

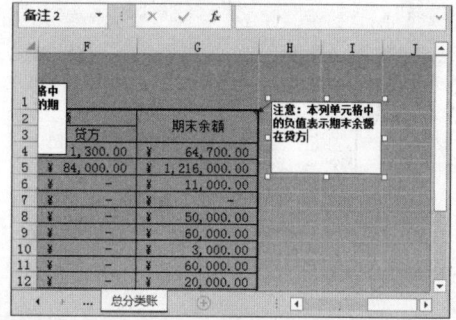

步骤 02 此时，在选定的单元格中插入了批注，但是，只有将光标移动到该单元格上时，才会显示批注，如果要把批注一直显示，可以单击"批注"选项组中的"显示所有批注"按钮。

步骤 06 在批注边框上单击鼠标右键，从弹出的快捷菜单中选择"设置批注格式"命令。

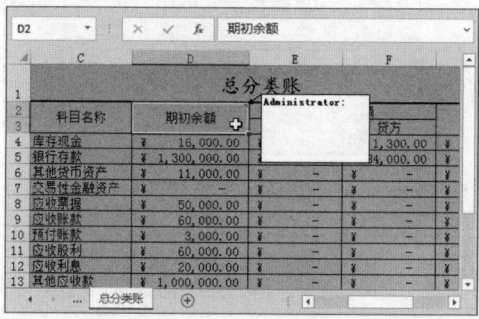

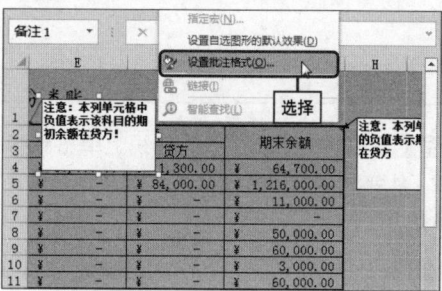

**步骤 07** 弹出"设置批注格式"对话框,打开"字体"选项卡,将批注的字体颜色设置为红色,其他保持默认设置。

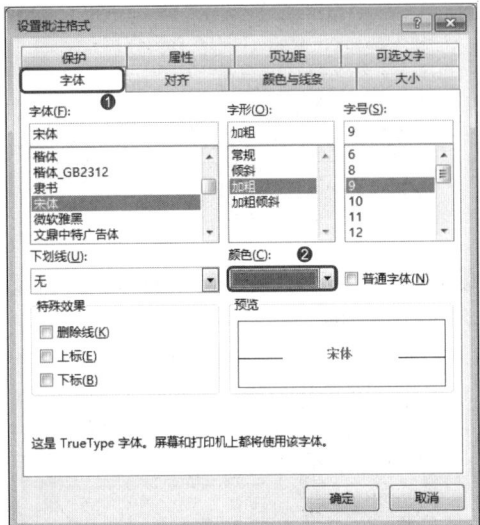

**步骤 08** 打开"对齐"选项卡,将文本的对齐方式设置为"靠左"、"居中",勾选"自动调整大小"复选框,单击"确定"按钮。

**步骤 09** 在另一个批注框的框线上单击鼠标右键,从弹出的快捷菜单中选择"设置批注格式"命令。

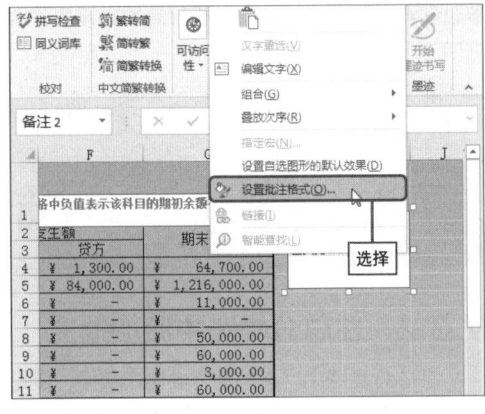

**步骤 10** 弹出"设置批注格式"对话框,打开"字体"选项卡,将批注的字体颜色设置为红色,其他保持默认设置。

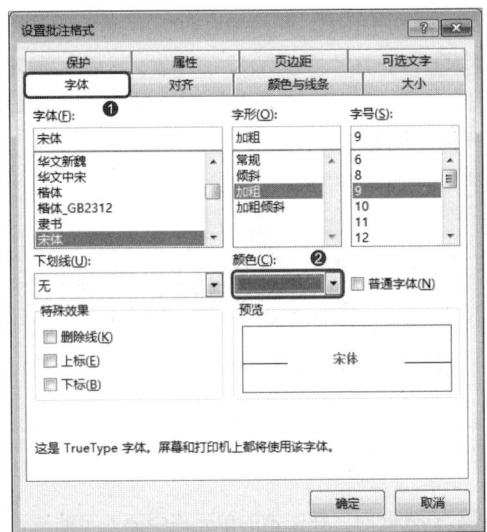

**步骤 11** 打开"属性"选项卡,选择"大小固定,位置随单元格而变"单选按钮。

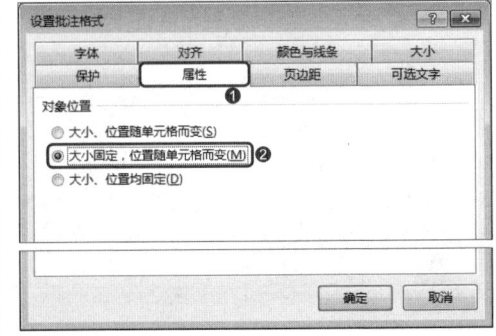

步骤12 打开"对齐"选项卡,将文字方向设置为"竖排文字",勾选"自动调整大小"复选框,单击"确定"按钮。

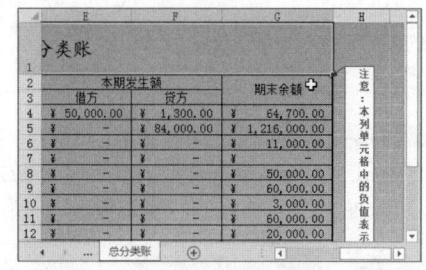

步骤13 返回工作表编辑区,可以看到设置后的批注效果。

步骤14 如果不想一直显示批注,可以再次单击"显示所有批注"按钮,这样只有将光标移动到该单元格上时,才会显示批注。

## 7.4 编制财务明细账表

财务明细账表是将各个会计科目的明细数据汇总到一张表格中,以便财务人员随时查看明细账目情况,它是对总分类账的一种补充。下面将介绍会计科目明细账表的创建操作。

步骤01 单击"新工作表"按钮,新建工作表,将其命名为"会计科目明细账表",然后构建表格的基本框架,设置文字格式、添加边框等。

步骤02 选中A3:A100单元格区域,打开"开始"选项卡,单击"数字"选项组中的对话框启动器按钮。

步骤 03 弹出"设置单元格格式"对话框，打开"数字"选项卡，在"分类"列表框中选择"自定义"选项，在"类型"文本框中输入"00#"，单击"确定"按钮。

步骤 04 选中D1单元格，打开"数据"选项卡，单击"数据工具"选项组中的"数据验证"下拉按钮，从弹出的下拉列表中选择"数据验证"选项。

步骤 05 弹出"数据验证"对话框，打开"设置"选项卡，在"允许"下拉列表中选择"序列"选项，在"来源"文本框中输入"=总账科目"，单击"确定"按钮。

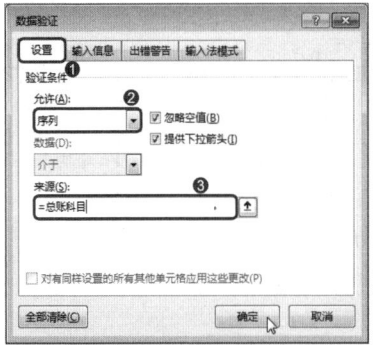

步骤 06 选中C1单元格，在其中输入公式"=INDEX(会计科目表!C:C,MATCH(D1,会计科目表!D:D,0))"，按Shift+Ctrl+Enter组合键完成数组公式的输入。

步骤 07 选中E3单元格，在其中输入公式"=VLOOKUP($C$1,总分类账!B:D,3,0)"，按回车键完成公式的输入，计算期初余额。

步骤 08 选中A4单元格，在其中输入公式"=INDEX(记账凭证汇总表!A:A,SMALL(IF(ISNUMBER(FIND($C$1,记账凭证汇总表!$D$1:$D$500)),ROW(记账凭证汇总表!$D$1:$D$500),1000),ROW()-3))"，按Shift+Ctrl+Enter组合键完成数组公式的输入，引入凭证号。

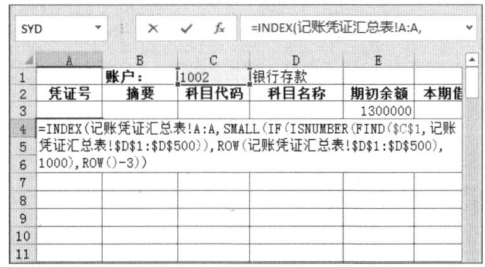

### 函数解析

**SMALL函数**

SMALL函数用于返回数据集中第K个最小值，使用此函数可以返回数据集中特定位置上的数值。该函数的语法格式为：

**SMALL(array,k)**

参数array表示需要找到第K个最小值的数组或数字型数据区域，参数k表示要返回的数据在数组和数据区域里的位置（从小到大）。

**步骤09** 选中B4单元格，在其中输入公式"=INDEX(记账凭证汇总表!C:C,SMALL(IF(ISNUMBER(FIND($C$1,记账凭证汇总表!$D$1:$D$500)),ROW(记账凭证汇总表!$D$1:$D$500),1000),ROW()-3))"，按Shift+Ctrl+Enter组合键完成数组公式的输入，引入摘要。

### 函数解析

**ISNUMBER函数**

ISNUMBER函数用于检查某个值是否为数字，并返回TRUE或FALSE。该函数的语法格式为：

**ISNUMBER(value)**

参数value表示要检验的值，该值可以是空白、逻辑值、错误值、文本、数字、引用值或引用要检验的以上任意值的名称。如果返回值为数字，则返回TRUE，否则返回FALSE。

**步骤10** 选中C4单元格，在其中输入公式"=INDEX(记账凭证汇总表!D:D,SMALL(IF(ISNUMBER(FIND($C$1,记账凭证汇总表!$D$1:$D$500)),ROW(记账凭证汇总表!$D$1:$D$500),1000),ROW()-3))"，按Shift+Ctrl+Enter组合键完成数组公式的输入，引入科目代码。

### 函数解析

**FIND函数**

FIND函数以字符为单位，查找一个文本字符串在另一个文本字符串中出现的起始位置的编号。该函数的语法格式为：

**FIND(find_text,within_text,[start_num])**

参数find_text表示要查找的文本；参数within_text表示包含要查找文本的文本；参数start_num表示指定要从其开始搜索的字符，若省略，则假设其值为1。

**步骤11** 选中D4单元格，在其中输入公式"=INDEX(记账凭证汇总表!E:E,SMALL(IF(ISNUMBER(FIND($C$1,记账凭证汇总表!$D$1:$D$500)),ROW(记账凭证汇总表!$D$1:$D$500),1000),ROW()-3))&" "&INDEX(记账凭证汇总表!F:F,SMALL(IF(ISNUMBER(FIND($C$1,记账凭证汇总表!$D$1:$D$500)),ROW(记账凭证汇总表!$D$1:$D$500),1000),ROW()-3))"，按Shift+Ctrl+Enter组合键完成数组公式的输入，引用科目名称。

### 函数解析

**ROW函数**

ROW函数用于返回引用的行号。该函数的语法格式为：

**ROW([reference])**

参数reference表示需要得到其行号的单元格或单元格区域。若省略参数reference，则表示是对函数ROW所在单元格的引用。

**步骤12** 选中F4单元格，输入公式"=INDEX(记账凭证汇总表!G:G,SMALL(IF(ISNUMBER(FIND($C$1,记账凭证汇总表!$D$1:$D$500)),ROW(记账凭证汇总表!$D$1:$D$500),1000),ROW()-3))"，按Shift+Ctrl+Enter组合键完成数组公式的输入，引用本期借方发生额。

**步骤13** 选中G4单元格，在其中输入公式"=INDEX(记账凭证汇总表!H:H,SMALL(IF(ISNUMBER(FIND($C$1,记账凭证汇总表!$D$1:$D$500)),ROW(记账凭证汇总表!$D$1:$D$500),1000),ROW()-3))"，按Shift+Ctrl+Enter组合键完成数组公式的输入，引入本期贷方发生额。

**步骤14** 选中H4单元格，在其中输入公式"=$E$3+SUM($F$4:F4)-SUM($G$4:G4)"，按回车键完成公式的输入，计算期末余额。

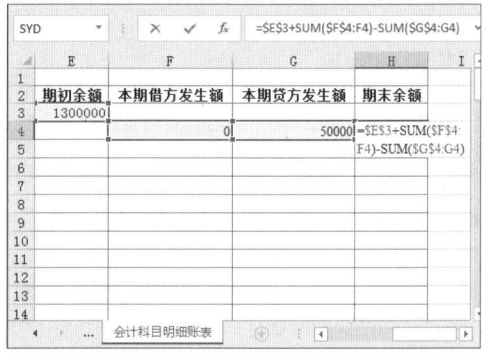

**步骤15** 将A4:H4单元格区域中的公式填充到下方的单元格中，查看效果。

**步骤16** 单击D1单元格的下拉按钮，从下拉列表中选择"库存现金"选项，查看最终效果。

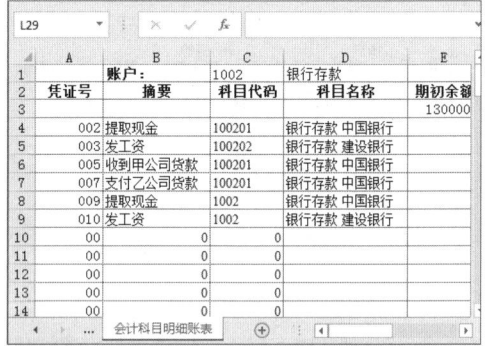

# 7.5 账务核对和平衡检验

对账，是指对前一个清算周期的交易信息进行核对，以确认交易信息的一致性和正确性的过程。企业应坚持对账制度，通过对账工作检查账簿记录内容是否完整，有无错记或漏记，总分类账与明细分类账数字是否相等，以做到账证相符、账账相符、账实相符。下面将介绍总分类账和会计科目明细账表的核对操作。

**步骤01** 新建一个名为"账务核对"工作表，在其中创建账务核对表格。

**步骤04** 选中C4单元格，在其中输入公式"=会计科目明细账表!E3"，按回车键确认输入。导入"会计科目明细账表"工作表中"库存现金"科目的期初余额。

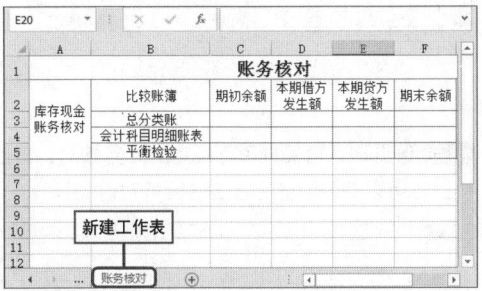

**步骤02** 选中C3单元格，在其中输入公式"=总分类账!D4"，按回车键确认，导入"总分类账"工作表中"库存现金"科目的期初余额。

**步骤05** 选中D4单元格，在其中输入公式"=会计科目明细账表!F4+会计科目明细账表!F5+会计科目明细账表!F6+会计科目明细账表!F7"，按回车键确认。

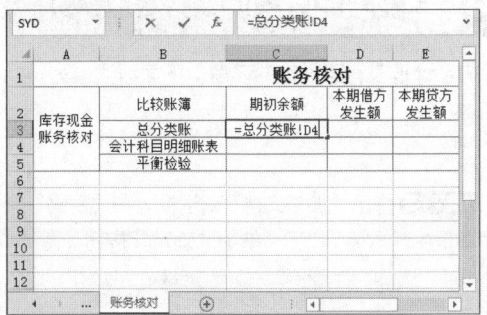

**步骤03** 将光标移动到C3单元格的右下角，当光标变成+形状时，按住鼠标左键不放，向右移动填充公式。

**步骤06** 选中E4单元格，在其中输入公式"=SUM(会计科目明细账表!G4:G8)"，按回车键确认。

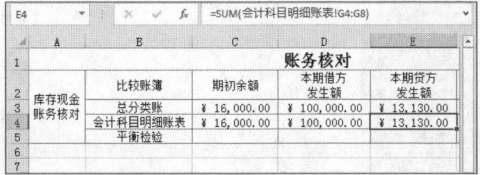

**步骤 07** 选中F4单元格，在其中输入公式"=会计科目明细账表!H8"，按回车键确认。

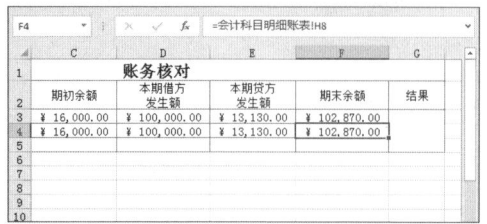

**步骤 08** 选中C5单元格，在其中输入公式"=IF(C3=C4,"平衡","不平衡")"，按回车键确认。

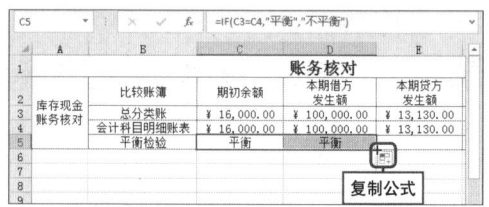

**步骤 09** 将光标移动到C5单元格的右下角，当光标变成+形状时，按住鼠标左键不放，向右移动填充公式。

**步骤 10** 在G3单元格中输入公式"=IF (OR(C5="不平衡",D5="不平衡",E5="不平衡",F5="不平衡"),"账账不符","账账相符")"，按回车键确认。

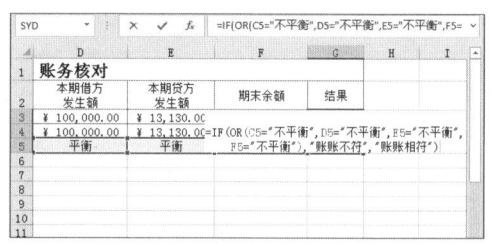

**步骤 11** 此时，就完成库存现金的账务核对。其他科目也可以使用同样的方法进行核对。

# 动手练习 | 为财务报表设置访问密码

通过对本章内容的学习，用户对使用Excel保护会计报表有了一定的了解。下面再通过为财务报表设置访问密码来拓展前面所学的知识。

**步骤 01** 执行"文件>信息"命令，单击"保护工作簿"按钮，从弹出的下拉列表中选择"用密码进行加密"选项。

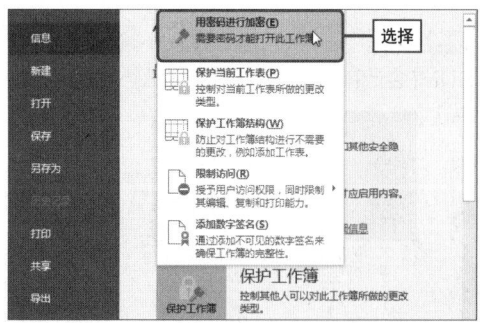

**步骤 02** 弹出"加密文档"对话框，在"密码"文本框中输入密码123，单击"确定"按钮。

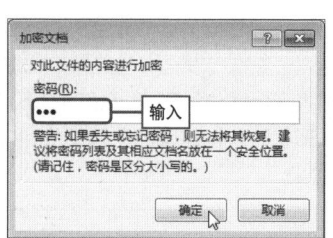

**步骤 03** 弹出"确认密码"对话框，在"重新输入密码"文本框中输入密码123，单击"确定"按钮。

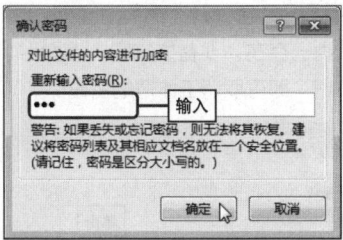

**步骤04** 此时，该工作簿的打开密码就设置好了。

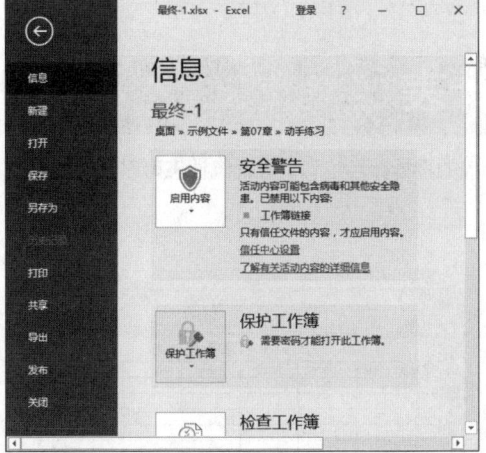

**步骤05** 关闭该工作簿，当用户再次打开该工作簿时，就会弹出"密码"对话框，在"密码"文本框中输入正确的密码，才能打开该工作簿。

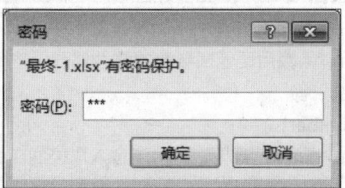

**步骤06** 如果用户想要取消对工作簿的密码保护，可以执行"文件>另存为"命令。

**步骤07** 打开"另存为"选项面板，选择"浏览"选项。

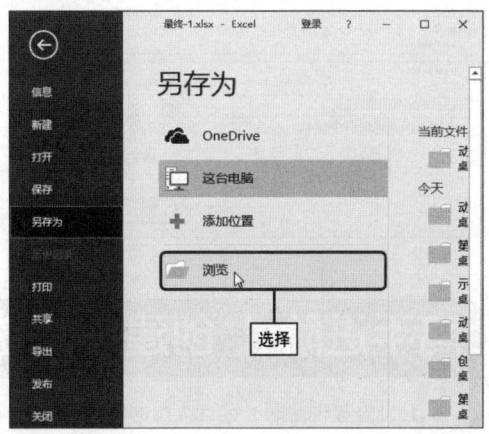

**步骤08** 弹出"另存为"对话框，单击"工具"下拉按钮，从弹出的下拉列表中选择"常规选项"选项。

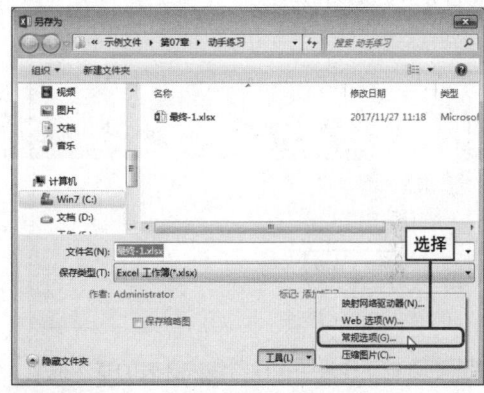

**步骤09** 弹出"常规选项"对话框，将"打开权限密码"文本框中的密码删除，保持"打开权限密码"文本框空白状态。

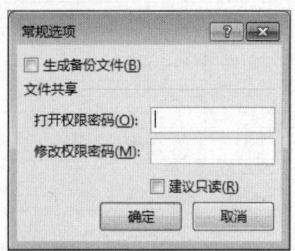

**步骤10** 单击"确定"按钮返回"另存为"对话框，单击"保存"按钮。

**步骤 11** 弹出"确认另存为"对话框,询问"最终-1.xlsx已存在。要替换它吗?"对话框,单击"是"按钮,即可取消工作薄的密码保护。

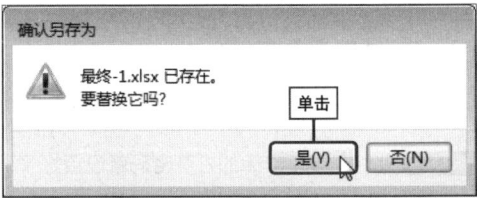

# 高手进阶 | 创建零钱统计表

企业发放现金时,会计人员时常为统计各个面值的零钞数目犯愁。零钱统计表可以解决这个问题,下面将介绍创建零钱统计表的操作过程。

**步骤 01** 单击"新工作表"按钮,新建工作表,将其命名为"零钱统计表"。

**步骤 02** 在工作表中构建零钱统计表的基本框架,输入基本数据,添加边框并设置格式。

**步骤 03** 选中B3单元格,在其中输入公式"=INT(A3/100)",按回车键确认,即可计算需要多少张100元面值。

### 函数解析

**INT函数**

INT函数用于返回参数的整数部分,该函数的语法格式为:

**INT(number)**

参数number表示需要进行向下舍入取整的实数。

**步骤 04** 选中C3单元格,在其中输入公式"=MOD(INT(A3/50),2)",按回车键确认,计算需要多少张50元面值。

## 函数解析

**MOD函数**

MOD函数用于返回两数相除的余数，该函数的语法格式为：

**MOD(number,divisor)**

参数number表示被除数；参数divisor表示除数，该参数不能为0。

**步骤 05** 选中D3单元格，在其中输入公式"=INT(MOD(A3,50)/ 10)"，按回车键确认，计算需要多少张10元面值。

**步骤 06** 选中E3单元格，在其中输入公式"=MOD(INT(A3/5),2)"，按回车键确认，计算需要多少张5元面值。

**步骤 07** 选中F3单元格，在其中输入公式"=INT(MOD(A3,5))"，按回车键确认，计算需要多少张1元面值。

**步骤 08** 选中G3单元格，在其中输入公式"=MOD(INT(A3*2),2)"，按回车键确认，计算需要多少张0.5元面值。

**步骤 09** 选中H3单元格，在其中输入公式"=INT(MOD(A3*10,5))"，按回车键确认，计算需要多少张0.1元面值。

**步骤 10** 选中B3:H3单元格区域，将光标移动到H3单元格的右下角，当光标变成"+"形状时，按住鼠标左键不放向下移动，填充公式。

**步骤 11** 选中B12单元格，在其中输入公式"=SUM(B3:B11)"，按回车键确认，计算总共需要多少张100元面值。

步骤 12 选中B12单元格,将光标移动到B12单元格的右下角,当光标变成+形状时,按住鼠标左键不放向右移动,填充公式,查看效果。

步骤 13 单击"文件"标签,选择"另存为"选项。

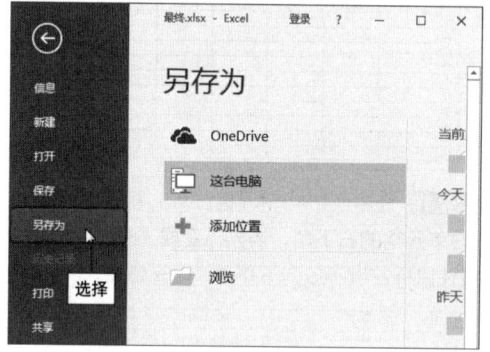

步骤 14 在"另存为"面板中选择"浏览"选项。

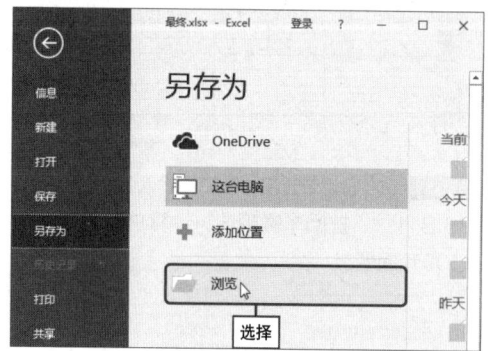

步骤 15 弹出"另存为"对话框,将文件名修改为"零钱统计表",在"保存类型"下拉列表中选择"文本文件(制表符分隔)(*.txt)"选项,单击"保存"按钮。

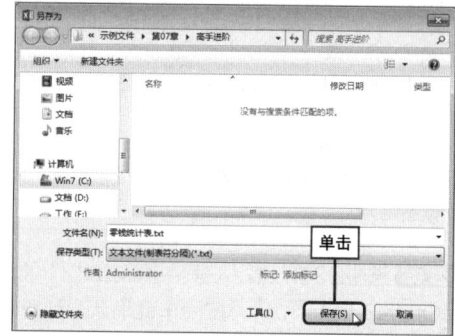

步骤 16 弹出提示对话框,单击"确定"按钮。

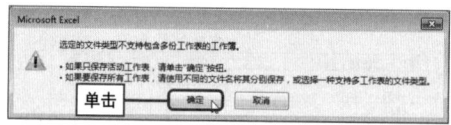

步骤 17 再次弹出提示对话框,继续单击"是"按钮。

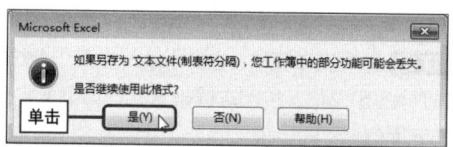

步骤 18 打开素材文件夹,在"零钱统计表"文件上双击。

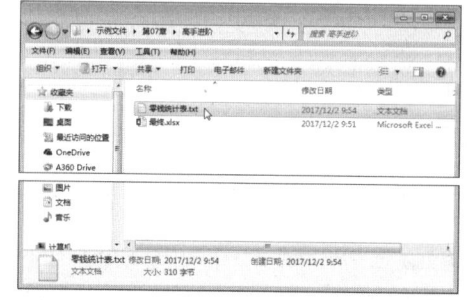

步骤 19 打开零钱统计表文本,查看最终效果。

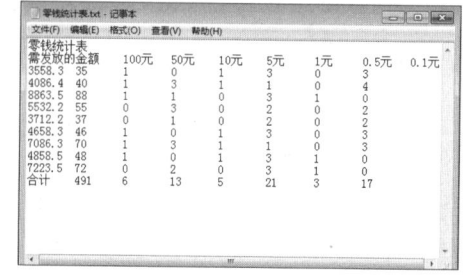

# 08 Chapter

179~207

# 企业会计报表

资产负债表、利润表和现金流量表是财务报告最重要的组成部分。其中资产负债表是反映企业在某一特定日期（如月末、季末、年末）全部资产、负债和所有者权益情况的会计报表，是企业经营活动的静态体现。现金流量表是反映一定时期内(如月度、季度或年度)企业经营活动、投资活动和筹资活动对其现金及现金等价物所产生影响的财务报表。

**本章所涉及的知识要点：**

◆ 创建资产负债表        ◆ 创建利润表

◆ 创建现金流量表

**本章内容预览：**

资产负债表                                    现金流量表

# 8.1 资产负债表

资产负债表是会计上相当重要的财务报表，其功能在于展现企业的经营状况。就性质而言，资产负债表是表现企业或公司资产、负债与股东权益的对比关系，可以准确地反应公司营运状况。就报表基本组成而言，资产负债表主要包含了报表左边算式的资产部分和右边算式的负债与股东权益部分。

## 8.1.1 资产负债表的创建

资产负债表是用来反映财务状况的报表，属于时点报表。下面将对资产负债表的创建过程进行介绍，具体如下。

**步骤01** 新建一个名为"资产负债表"工作表，在其中输入表标题、行标题和列标题等信息，并设置其格式。

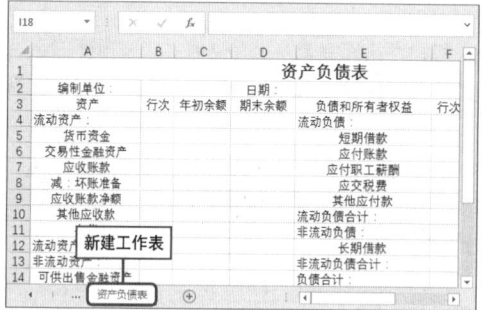

**步骤02** 选中A3:H20单元格区域，打开"开始"选项卡，单击"字体"选项组的对话框启动器按钮。

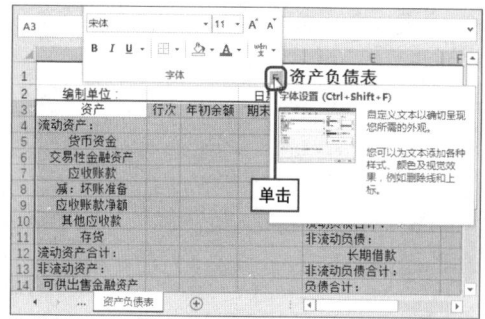

**步骤03** 弹出"设置单元格格式"对话框，打开"边框"选项卡，设置表格外边框和内部边框样式后，单击"确定"按钮。

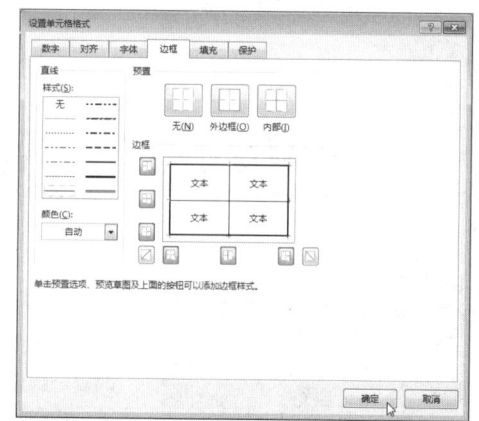

**步骤04** 选中E3:H20单元格区域，打开"设置单元格格式"对话框，打开"边框"选项卡，在"样式"列表框中选择双线条选项，单击"左框线"按钮，单击"确定"按钮。

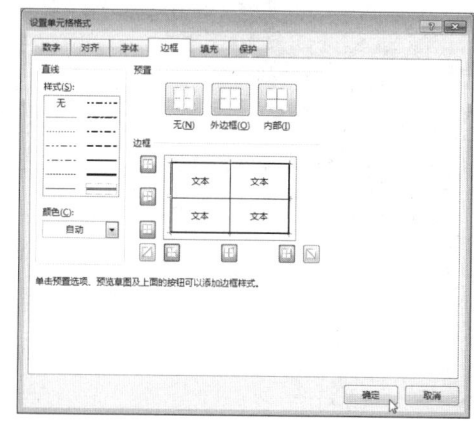

**步骤05** 打开"公式"选项卡，单击"定义名称"按钮，弹出"新建名称"对话框，在"名称"文本框中输入"年初余额"，在"引用位置"文本框中输入公式"=总分类账!$D$4:$D$59"，单击"确定"按钮。

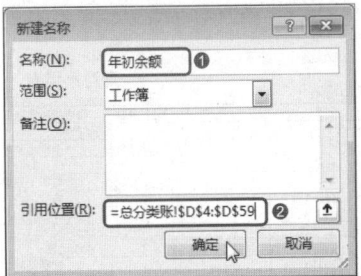

**步骤06** 按照同样的方法，打开"新建名称"对话框，在"名称"文本框中输入"期末余额"，在"引用位置"文本框中输入公式"=总分类账!$G$4:$G$59"，单击"确定"按钮。

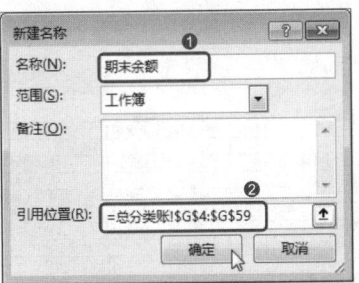

**步骤07** 选中C5单元格，在其中输入公式"=SUMIF(科目代码,"1001",年初余额)+SUMIF(科目代码,"1002",年初余额)+SUMIF(科目代码,"1012",年初余额)"，按回车键确认。计算货币资金的年初余额，因为货币资金=库存现金+银行存款+其他货币资金。

**步骤08** 选中D5单元格，在其中输入公式"=SUMIF(科目代码,"1001",期末余额)+SUMIF(科目代码,"1002",期末余额)+SUMIF(科目代码,"1012",期末余额)"，按回车键确认，计算货币资金的期末余额。

**步骤09** 选中C7单元格，在其中输入公式"=SUMIF(科目代码,"1122",年初余额)"，按回车键确认，引用应收账款的年初余额。

**步骤10** 选中D7单元格，在其中输入公式"=SUMIF(科目代码,"1122",期末余额)"，按回车键确认，引用应收账款的期末余额。

### 函数解析

**ABS函数**

ABS函数用于返回数字的绝对值。该函数的语法格式为：

**ABS(number)**

参数number表示需要计算其绝对值的实数。

**步骤11** 选中C8单元格，在其中输入公式"=ABS(SUMIF(科目代码,"1231",年初余额))"，按回车键确认，引用坏账准备年初余额。

**步骤12** 选中D8单元格，在其中输入公式"=ABS(SUMIF(科目代码,"1231",期末余额))"，按回车键确认，引用坏账准备期末余额。

**步骤13** 选中C9单元格，在其中输入公式"=C7-C8"，按回车键确认，计算应收账款净额年初余额。

**步骤14** 选中D9单元格，在其中输入公式"=D7-D8"，按回车键确认，计算应收账款净额期末余额。

**步骤15** 选中C10单元格，在其中输入公式"=SUMIF(科目代码,"1221",年初余额)"，按回车键确认，引用其他应收款年初余额。

**步骤16** 选中D10单元格，在其中输入公式"=SUMIF(科目代码,"1221",期末余额)"，按回车键确认，引用其他应收款期末余额。

**步骤17** 选中C11单元格，在其中输入公式"=SUMIF(科目代码,"1401",年初余额)+SUMIF(科目代码,"1403",年初余额)+SUMIF(科目代码,"1405",年初余额)"，按回车键确认。引用存货年初余额，此处存货=材料采购+原材料+库存商品。

**步骤18** 选中D11单元格，在其中输入公式"=SUMIF(科目代码,"1401",期末余额)+SUMIF(科目代码,"1403",期末余额)+SUMIF(科目代码,"1405",期末余额)"，按回车键确认，引用存货期末余额。

**步骤19** 选中C12单元格，在其中输入公式"=C5+C9+C10+C11"，按回车键确认。选中D12单元格，在其中输入公式"=D5+D9+D10+D11"，按回车键确认。

**步骤20** 选中C15单元格，在其中输入公式"=SUMIF(科目代码,"1601",年初余额)"，按回车键确认。选中D15单元格，在其中输入公式"=SUMIF(科目代码,"1601",期末余额)"，按回车键确认。

**步骤21** 选中C16单元格，在其中输入公式"=SUMIF(科目代码,"1602",年初余额)"，按回车键确认。选中D16单元格，在其中输入公式"=SUMIF(科目代码,"1602",期末余额)"，按回车键确认。

**步骤22** 选中C17单元格，在其中输入公式"=C15+C16"，按回车键确认。选中D17单元格，在其中输入公式"=D15+D16"，按回车键确认。

**步骤23** 选中C19单元格，在其中输入"=C17"，按回车键确认。选中D19单元格，在其中输入"=D17"，按回车键确认。

**步骤 24** 选中C20单元格,在其中输入公式"=C12+C19",按回车键确认。选中D20单元格,在其中输入公式"=D12+D19",按回车键确认。

**步骤 25** 选中G5单元格,在其中输入公式"=SUMIF(科目代码,"2001",年初余额)",按回车键确认。选中H5单元格,在其中输入公式"=SUMIF(科目代码,"2001",期末余额)",按回车键确认。

**步骤 26** 选中G6单元格,在其中输入公式"=SUMIF(科目代码,"2202",年初余额)",按回车键确认。选中H6单元格,在其中输入公式"=SUMIF(科目代码,"2202",期末余额)",按回车键确认。

**步骤 27** 选中G7单元格,在其中输入公式"=SUMIF(科目代码,"2211",年初余额)",按回车键确认。选中H7单元格,在其中输入公式"=SUMIF(科目代码,"2211",期末余额)",按回车键确认。

**步骤 28** 选中G8单元格,在其中输入公式"=SUMIF(科目代码,"2221",年初余额)",按回车键确认。选中H8单元格,在其中输入公式"=SUMIF(科目代码,"2221",期末余额)",按回车键确认。

**步骤 29** 选中G9单元格,在其中输入公式"=SUMIF(科目代码,"2241",年初余额)",按回车键确认。选中H9单元格,在其中输入公式"=SUMIF(科目代码,"2241",期末余额)",按回车键确认。

**步骤 30** 选中G10单元格，在其中输入公式"=SUM(G5:G9)"，按回车键确认。选中H10单元格，在其中输入公式"=SUM(H5:H9)"，按回车键确认。

**步骤 31** 选中G14单元格，在其中输入公式"=G10"，按回车键确认。选中H14单元格，在其中输入公式"=H10"，按回车键确认。

**步骤 32** 选中G16单元格，在其中输入公式"=SUMIF(科目代码,"4001",年初余额)"，按回车键确认。选中H16单元格，在其中输入公式"=SUMIF(科目代码,"4001",期末余额)"，按回车键确认。

**步骤 33** 选中G18单元格，在其中输入公式"=SUMIF(科目代码,"4103",年初余额)"，按回车键确认。选中H18单元格，在其中输入公式"=SUMIF(科目代码,"4103",期末余额)"，按回车键确认。

**步骤 34** 选中G19单元格，在其中输入公式"=SUM(G16:G18)"，按回车键确认。选中H19单元格，在其中输入公式"=SUM(H16:H18)"，按回车键确认。

**步骤 35** 选中G20单元格，在其中输入公式"=G19+G14"，按回车键确认。选中H20单元格，在其中输入公式"=H19+H10"，按回车键确认。

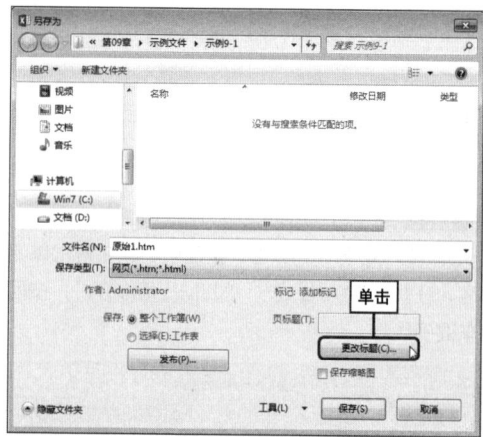

**步骤02** 弹出"另存为"对话框,单击"保存类型"下拉按钮,从弹出的下拉列表中选择"网页(*.htm;*.html)"选项,单击"更改标题"按钮。

**步骤36** 设置金额的数字格式,调整列宽,查看最终效果。

**步骤03** 弹出"输入文字"对话框,在"页标题"文本框中输入"资产负债表",单击"确定"按钮。

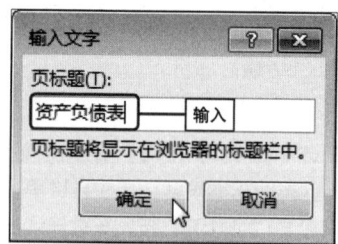

> **操作提示**
> 在总分类账中,各会计科目的期末余额都是用借方余额减去贷方余额计算出来的,因此,在总分类账中金额在贷方的表现为负值。

## 8.1.2 资产负债表的发布

Excel不仅可以将报表保存为Word格式、PPT格式,还可以将其保存为网页格式,其具体发布操作介绍如下。

**步骤01** 打开"资产负债表"工作表,执行"文件>另存为"命令,在"另存为"面板中选择"浏览"选项。

**步骤04** 返回"另存为"对话框,选中"选择工作表"单选按钮,单击"发布"按钮。

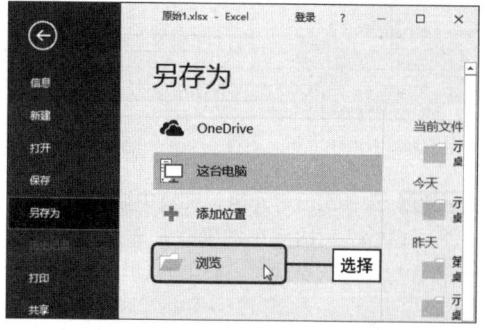

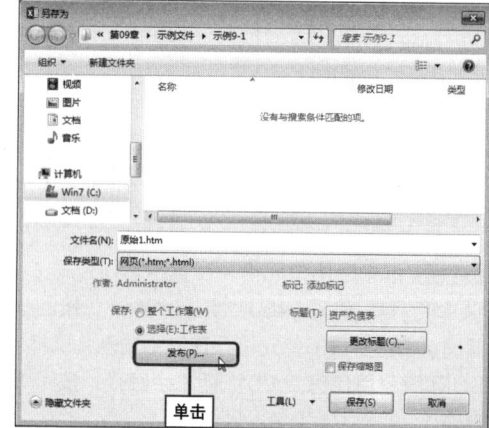

步骤 05 弹出"发布为网页"对话框,保持默认设置不变,单击"发布"按钮。

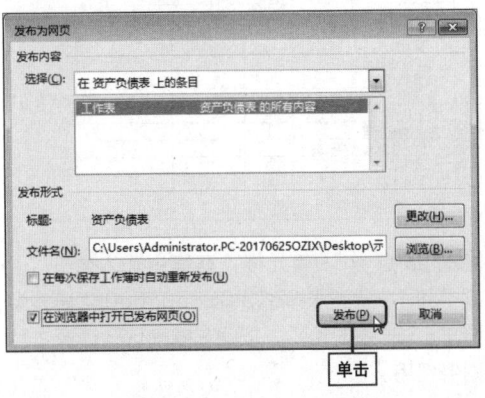

步骤 06 此时,弹出网页格式的资产负债表。同时,系统已将网页格式的资产负债表保存到了指定位置,用户可以随时查看发布的资产负债表。

# 8.2 利润表

利润表是反映企业一定会计期间(如月度、季度、半年度或年度)生产经营成果的会计报表。企业在一定会计期间的经营成果既可能表现为盈利,也可能表现为亏损。因此,利润表也被称为损益表,它全面揭示了企业在某一特定时期实现的各种收入、发生的各种费用、成本或支出,以及企业实现的利润或发生的亏损情况。

## 8.2.1 利润表的创建

利润表主要包括营业收入、营业成本、营业利润、利润总额、净利润等项目组成。其中营业利润=营业收入-营业成本-营业税金及附加-销售费用-管理费用-财务费用-资产减值损失+公允价值变动净收益+投资净收益。

下面将对利润表的创建操作进行介绍。

步骤 01 新建一个名为"利润表"的工作表,在其中构建利润表的基本框架,设置格式并添加边框。

步骤 02 选中C4单元格,在其中输入公式"=SUMIF(总分类账!$B$3:$B$50,"6001",总分类账!$F$3:$F$50)",按回车键确认,计算本月营业收入。

步骤 03 选中C5单元格,在其中输入公式"=SUMIF(总分类账!$B$3:$B$50,"6401",总分类账!$E$3:$E$50)",按回车键确认,计算本月的营业成本。

**步骤04** 选中C6单元格，在其中输入公式"=SUMIF(总分类账!$B$3:$B$50,"6405",总分类账!$E$3:$E$50)"，按回车键确认，计算本月营业税金及附加。

**步骤05** 选中C7单元格，在其中输入公式"=SUMIF(总分类账!$B$3:$B$50,"6601",总分类账!$E$3:$E$50)"，按回车键确认，计算本月销售费用。

**步骤06** 选中C8单元格，在其中输入公式"=SUMIF(总分类账!$B$3:$B$50,"6602",总分类账!$E$3:$E$50)"，按回车键确认，计算本月管理费用。

**步骤07** 选中C9单元格，在其中输入公式"=SUMIF(总分类账!$B$3:$B$50,"6603",总分类账!$E$3:$E$50)"，按回车键确认，计算本月财务费用。

**步骤08** 选中C10单元格，在其中输入公式"=SUMIF(总分类账!$B$3:$B$50,"6701",总分类账!$E$3:$E$50)"，按回车键确认，计算本月资产减值损失。

**步骤09** 由于本示例中不涉及公允价值变动净收益和投资净收益，所以在C11和C12单元格中输入0。选中C13单元格，在其中输入公式"=C4+C11+C12-C5-C6-C7-C8-C9-C10"，按回车键确认，计算营业利润。

步骤13 由于本示例中未涉及"上一期本年累计数",而"本年累计数=上一期本年累计数+本月数",因此此处假设"本月数=本年累计数"。选中D4单元格,输入公式"=C4",按回车键确认。

步骤10 由于本示例中不涉及营业外收入和营业外支出,所以在C14和C15单元格中输入0。选中C16单元格,在其中输入公式"=C13-C14-C15",按回车键确认,计算利润总额。

步骤14 将D4单元格中的公式填充到其下方单元格中,至此利润表制作完成,查看最终效果。

步骤11 选中C17单元格,在其中输入公式"=SUMIF(总分类账!$B$3:$B$50,"6801",总分类账!$E$3:$E$50)",按回车键确认,计算所得税费用。

## 8.2.2 收入和费用分析

为了清晰直观地分析利润表中收入和费用的关系,可以将这些项目提取出来,创建收入与费用统计表,然后使用统计表中数据,创建图表,结合图表分析数据。下面将对图表的创建过程进行介绍。

步骤01 新建名称为"收入与费用"的工作表,在表中构建"收入与费用统计表"的基本框架,设置格式并添加边框。

步骤12 选中C18单元格,在其中输入公式"=C16-C17",按回车键确认,计算净利润。

步骤02 选中B3单元格，在其中输入公式"=利润表!C4"，按回车键确认，引用利润表中的营业收入。

步骤03 按照同样的方法，引用其他数据。选中A2:B7单元格区域，打开"插入"选项卡，单击"图表"选项组的对话框启动器按钮。

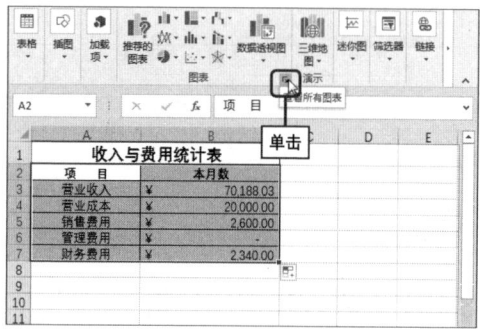

步骤04 弹出"插入图表"对话框，打开"所有图表"选项卡，选择"折线图>带数据标记的折线图"选项，单击"确定"按钮。

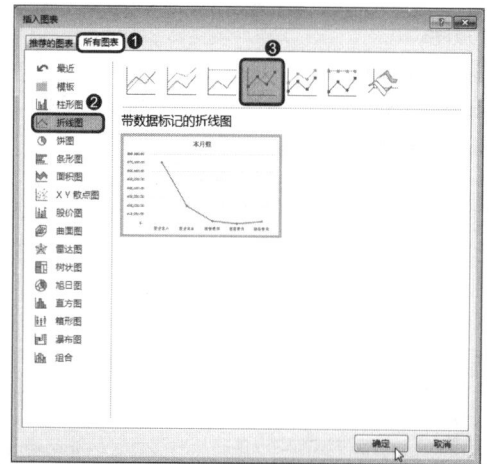

步骤05 此时，弹出创建的图表，在图表中显示了收入和费用的情况。

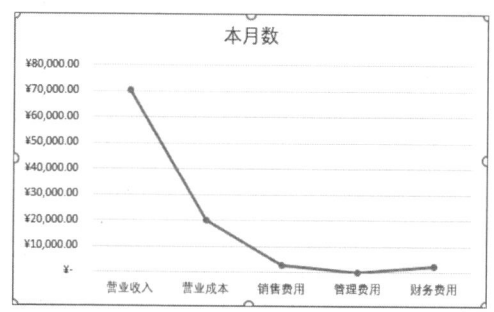

步骤06 修改图表标题名称为"收入与费用统计"。

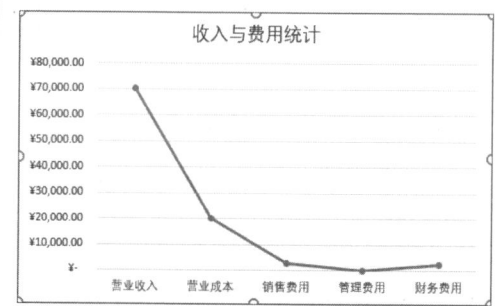

步骤07 选中图表，打开"图表工具-设计"选项卡，单击"图表样式"选项组中的"快速样式"按钮，从弹出的下拉列表中选择"样式14"选项。

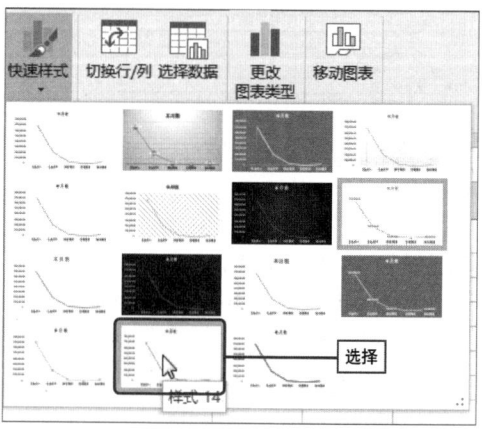

步骤08 选中数据标签并单击鼠标右键，从弹出的快捷菜单中选择"设置数据标签格式"命令。

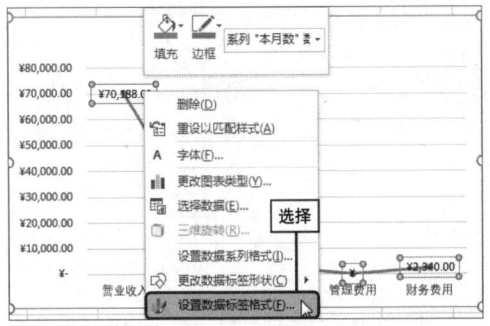

**步骤09** 弹出"设置数据标签格式"窗格，打开"文本选项>文本填充与轮廓"选项卡，在"文本填充"选项区域中，选中"纯色填充"单选按钮，将颜色设置为红色。

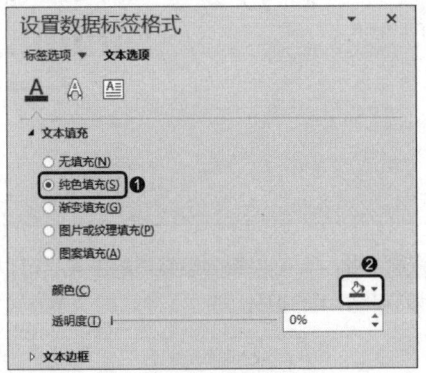

**步骤10** 打开"标签选项"选项卡，在"标签位置"区域选中"靠上"单选按钮，然后关闭"设置数据标签格式"窗格。

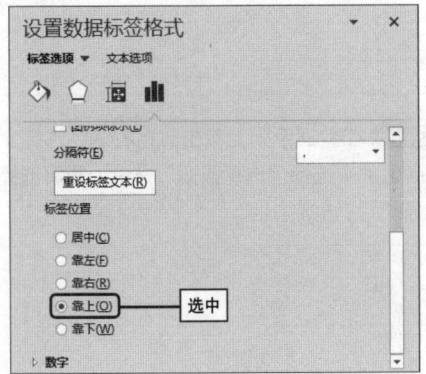

**步骤11** 选中数据系列，打开"图表工具-格式"选项卡，单击"当前所选内容"选项组中的"设置所选内容格式"按钮。

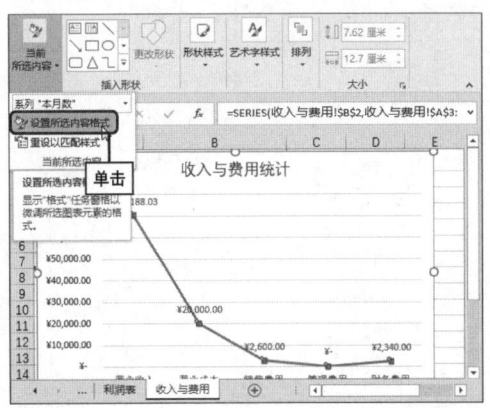

**步骤12** 弹出"设置数据系列格式"窗格，打开"填充与线条"选项卡，在"线条"选项区域中，选中"实线"单选按钮，将颜色设为浅蓝。

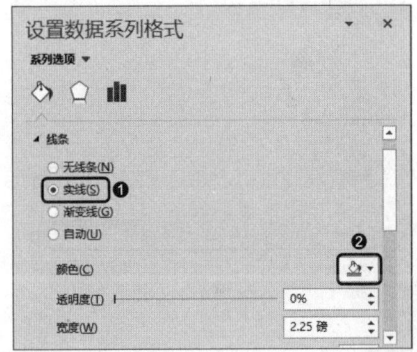

**步骤13** 在"标记"选项卡的"数据标记选项"区域中，选中"内置"单选按钮，在"大小"数值框中输入7。

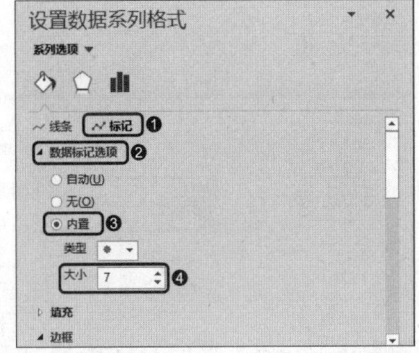

**步骤14** 在"填充"区域中选中"纯色填充"单选按钮，将颜色设置为浅蓝。

**步骤15** 打开"效果"选项卡,在"发光"选项区域中,将发光颜色设置为浅蓝,大小为"7磅",透明度为"50%"。

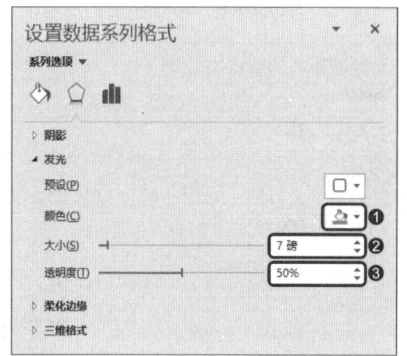

**步骤16** 在"三维格式"选项区域中,将顶部棱台设置为"斜面",宽度为"5磅",高度为"5磅",然后关闭"设置数据系列格式"窗格。

**步骤17** 返回图表编辑区后,选中标题,打开"图表工具-格式"选项卡,单击"艺术字样式"选项组中的"其他"按钮,从弹出的下拉列表中选择"填充:蓝色,主题色1;阴影"选项。

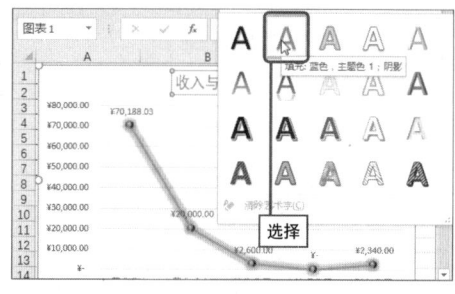

**步骤18** 单击"艺术字样式"选项组中的"文本填充"按钮,从弹出的下拉列表中选择"黑色,文字1"选项。

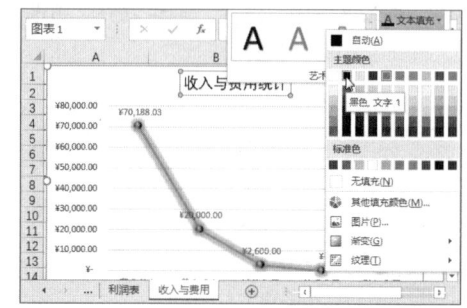

**步骤19** 此时,可以看到设置好的图表,可以看到收入和费用的相关情况。

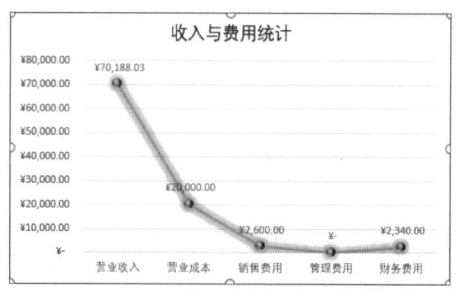

**步骤20** 在数据系列上单击鼠标右键,从弹出的快捷菜单中选择"选择数据"命令,重新选择数据源。

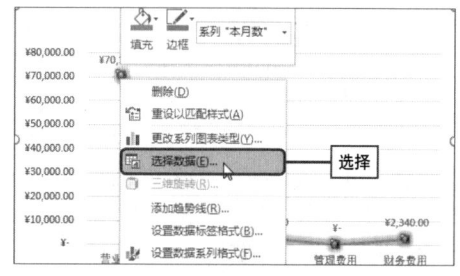

步骤 21 弹出"选择数据源"对话框,在"水平(分类)轴标签"列表框中取消"营业成本"复选框的勾选,单击"确定"按钮。

步骤 22 返回图表编辑区,可以看到图表中"营业成本"消失了。

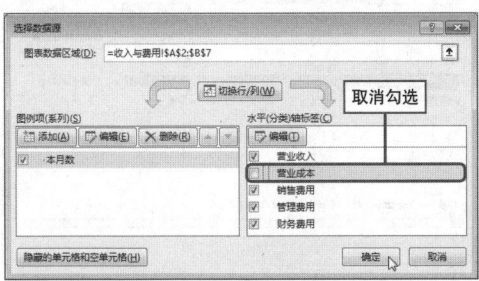

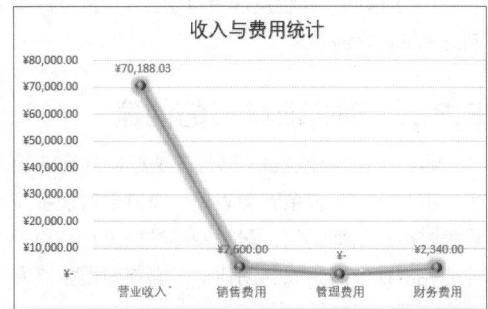

## 8.3 现金流量表

现金流量表是原先财务状况变动表或者资金流动状况表的替代物,用于详细描述由公司的经营、投资与筹资活动所产生的现金流。

### 8.3.1 认识现金流量表

现金流量表是财务报表中非常重要的报表之一,它有三种编制方法:工作底稿法、T型账户法和直接法。下面对工作底稿法和T型账户法进行介绍。

**1 工作底稿法**

使用工作底稿法编制现金流量表,就是以工作底稿为手段,以资产负债表和利润表的数据为基础,对每一项目进行分析并编制调整分录,从而编制出现金流量表。

采用工作底稿法编制现金流量表的程序如下。

(1)将资产负债表的期初数和期末数过入工作底稿的期初数栏和期末数栏。

(2)对当期业务进行分析并编制调整分录。在调整分录中,有关现金和现金等价物的事项,并不直接借记或贷记现金,而是分别计入"经营活动产生的现金流量"、"投资活动产生的现金流量"、"筹资活动产生的现金流量",借记表明现金流入,贷记表明现金流出。

(3)将调整的分录过入工作底稿中的相应部分。

(4)核对调整的分录,借贷合计应当相等,资产负债表项目期初数加减调整分录中的借贷金额以后,应当等于期末数。

(5)根据工作底稿中的现金流量表项目部分,编制真实的现金流量表。

**2 T形账户法**

采用T形账户法,就是以T形账户为手段,以利润表和资产负债表数据为基础,对每一项目进行分析并编制调整分录,从而编制出现金流量表。

采用T形账户法编制现金流量表的具体程序如下:

(1)为所有的非现金项目分别开设T形账户,并将各自的期末期初变动数过入各账户。

(2)设置"现金及现金等价物"T形账户,每边分为经营活动、投资活动和筹资活动三个部分,左边记现金流入,右边记现金流出。与其他账户一样,过入期末期初变动数。

(3)以利润表的项目为基础,结合资产负债表分析每一个非现金项目的增减变动,并据此编制调整分录。

(4)将调整的分录过入各T形账户,并进行核对，该账户借贷相抵后的余额与原先过入的期末期初变动数应当一致。

（5）根据"现金及现金等价物"T形账户编制正式的现金流量表。

## 8.3.2 现金流量表的创建

通过工作底稿法或T形账户法编制现金流量表，将数据输入现金流量表后，还需要对现金流量表进行适当地调整，对其中的数据进行计算，才能完成现金流量表的创建。下面将对现金流量表的创建过程进行介绍。

**步骤01** 新建工作表，将其命名为"现金流量表"，在其中输入表标题、列标题、项目名称、金额等基本数据。

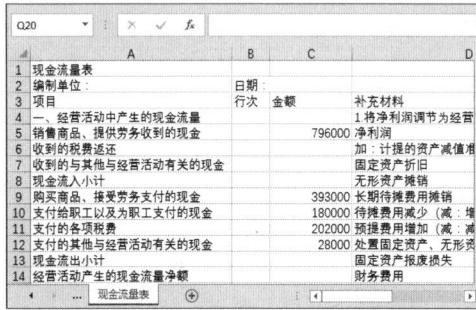

**步骤02** 选中A1:F1单元格，打开"开始"选项卡，单击"字体"选项组中的对话框启动器按钮。

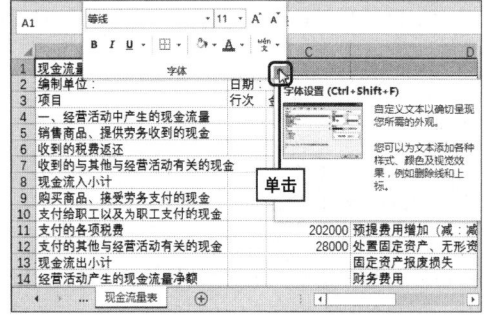

**步骤03** 弹出"设置单元格格式"对话框，打开"字体"选项卡，将标题字体格式设置为"宋体"、"加粗"、"会计用双下划线"和16号。

**步骤04** 打开"对齐"选项卡，在"水平对齐"下拉列表中选择"居中"选项，在"垂直对齐"下拉列表中选择"居中"选项，勾选"合并单元格"复选框。

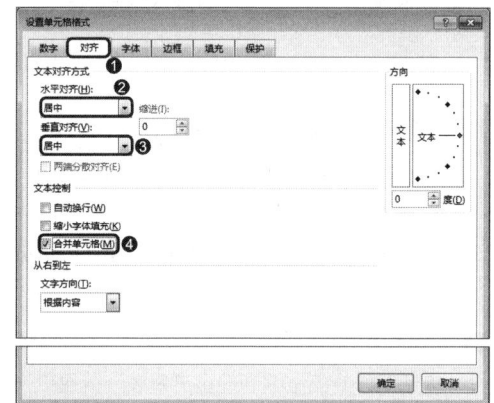

**步骤05** 单击"确定"按钮后，选中A3:F33单元格区域，单击鼠标右键，从弹出的快捷菜单中选择"设置单元格格式"命令。

步骤06 弹出"设置单元格格式"对话框,打开"边框"选项卡,将外边框设置为实线,将内部框线设置为虚线,单击"确定"按钮。

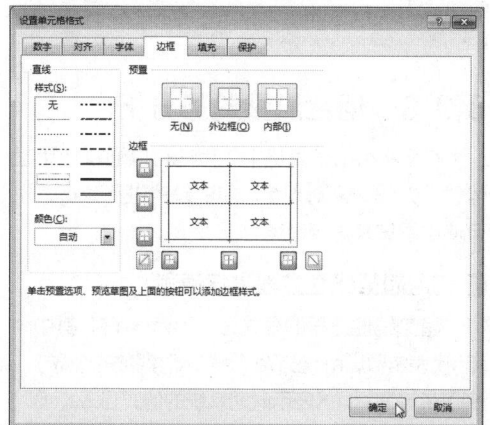

步骤07 返回工作表编辑区,调整表格列宽,输入公司名称、日期和行次信息。

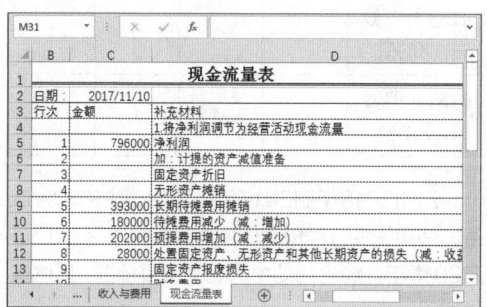

步骤08 选中C5:C33和F5:F33单元格区域,打开"开始"选项卡,单击"数字"选项组中的"数字格式"下拉按钮,从弹出的下拉列表中选择"会计专用"选项。

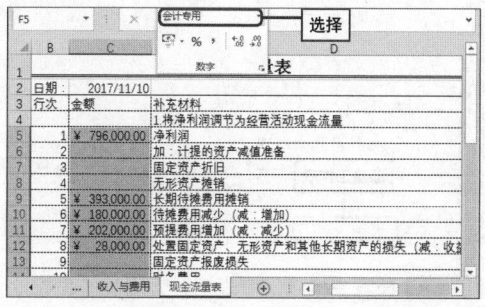

步骤09 选中A3、A4、F3等单元格,在"字体"选项组中单击"加粗"按钮,将选中的字体加粗显示。

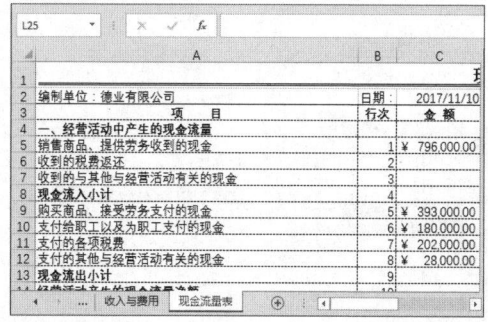

步骤10 选中所有"小计"和"现金流量净额"所在的单元格,单击"字体"选项组中的"填充颜色"下拉按钮,从弹出的下拉列表中选择"浅蓝"选项。

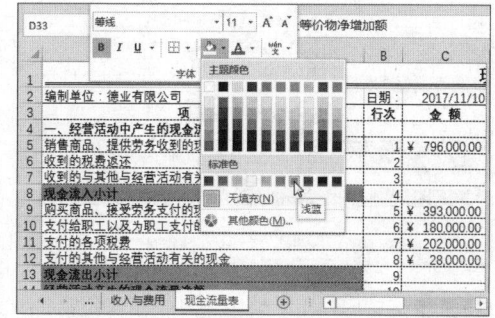

步骤11 选中C8单元格,在其中输入公式"=SUM(C5:C7)",按回车键确认,计算经营活动中现金流入小计。按照同样的方法,计算其他小计金额。

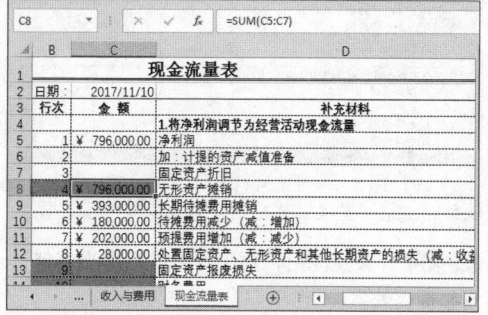

步骤12 选中C14单元格，在其中输入公式"=C8-C13"，按回车键确认，计算经营活动中现金流量净额。

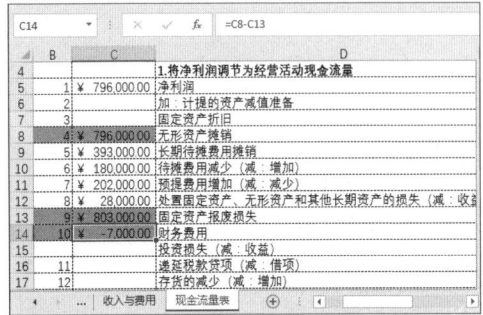

步骤13 选中C33单元格，在其中输入公式"=C14+C21+C31"，按回车键确认，计算现金及现金等价物净增加额。

步骤14 选中F33单元格，在其中输入公式"=F21+F29-F30"，按回车键确认，计算现金及现金等价物净增加额。

步骤15 计算完成后，对工作表进行适当调整，查看最终效果。

## 8.3.3 现金流量趋势分析

在Excel电子表格中，用户可以通过使用趋势线性方程，来对现金流量的趋势进行分析，也可使用图表来进行趋势分析。

### 1 使用趋势线性方程进行预测

趋势线性方程的公式为：Y=m+nX，其中m和n代表常数，m=$\Sigma Y/a$（a表示时期数的个数），n=$\Sigma XY/\Sigma X^2$。X表示时期系统的值，且$\Delta X=0$，随着时期的奇偶性不同，X的值是不同的。

| | 第一年 | 第二年 | 第三年 | 第四年 |
|---|---|---|---|---|
| 时期为奇数时，X的值 | -2 | -1 | 0 | 1 |
| 时期为偶数时，X的值 | -3 | -1 | 1 | 3 |

已知2013年到2016年经营活动中的现金流量，使用线性方程预测现金流量净额预测2017年和2018年，经营活动中的现金流量情况，具体操作如下。

步骤01 单击"新工作表"按钮，新建工作表，将表名称修改为"现金流量趋势分析"。

步骤02 在表中构建三个表格，分别是"趋势分析表"、"趋势预测"和"预测前提"，设置其格式和边框。

**步骤 03** 选中I3:I6单元格区域,按Ctrl+C组合键,复制单元格中的数据。

**步骤 04** 选中C3单元格,打开"开始"选项卡,单击"剪贴板"选项组中的"粘贴"下拉按钮,从弹出的下拉列表中选择"粘贴"选项。

**步骤 05** 选中D3单元格,在其中输入公式"=B3*C3",按回车键确认,计算XY的值。

**步骤 06** 选中E3单元格,在其中输入公式"=B3^2",按回车键确认,计算X^2的值。

**步骤 07** 选中D3:E3单元格区域,将光标移动到E3单元格的右下角,当光标变成"+"形状时,按住鼠标左键不放向下拖曳,填充公式。

**步骤 08** 选中B7单元格,在其中输入公式"=SUM(B3:B6)",按回车键确认。然后将公式填充到右方相应的单元格中。

**步骤 09** 选中B8单元格,在其中输入公式"=C7/4",按回车键确认,计算m的值。

**步骤10** 选中D8单元格，在其中输入公式"=D7/E7"，按回车键确认，计算n的值。

**步骤11** 在B10和B11单元格中分别输入5和7，然后选中C10单元格，在其中输入公式"=$B$8+$D$8*B10"，按回车键确认，预测2017年现金流量净额。

**步骤12** 选中C10单元格，将光标移动到单元格的右下角，当光标变成+形状时，按住鼠标左键不放向下移动，填充公式，预测2018年现金流量净额。

### 2 使用图表进行预测

下面介绍使用图表对"现金流量趋势分析"表中的数据进行分析，具体如下。

**步骤01** 选中H2:I6单元格区域，打开"插入"选项卡，单击"插入柱形图或条形图"按钮，从弹出的下拉列表中选择"簇状柱形图"选项。

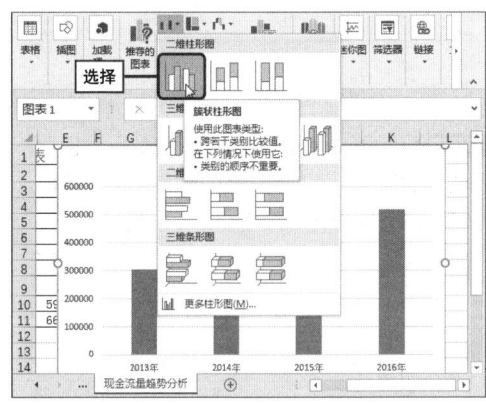

**步骤02** 创建柱形图，选中图表标题，将其修改为"经营活动产生的现金流量净额"。

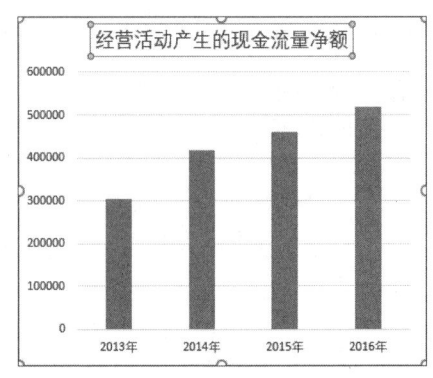

步骤03 选中图表，打开"图表工具-设计"选项卡，单击"图表样式"选项组中的"快速样式"按钮，从弹出的下拉列表中选择"样式7"选项。

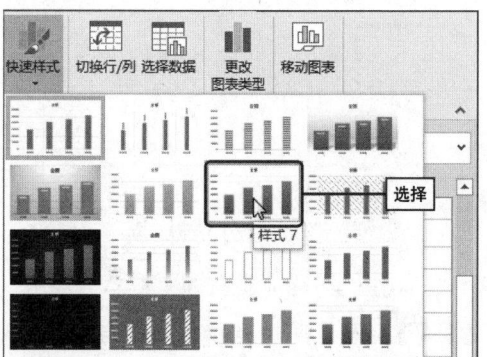

步骤04 单击图表的图表区，打开"图表工具-格式"选项卡，单击"当前所选内容"选项组中的"设置所选内容格式"按钮。

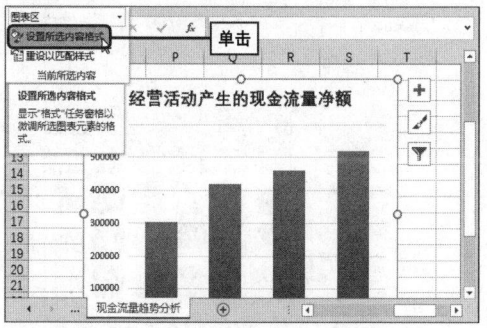

步骤05 弹出"设置图表区格式"窗格，打开"填充与线条"选项卡，在"填充"选项区域中选中"图片或纹理填充"单选按钮，单击"文件"按钮。

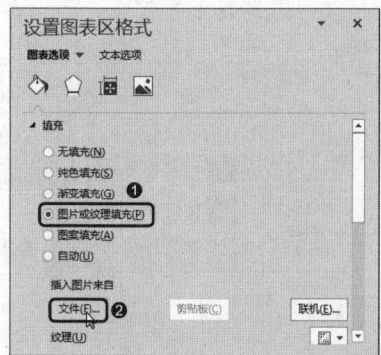

步骤06 弹出"插入图片"对话框，选择合适的图片，单击"插入"按钮。

步骤07 在"设置图表区格式"窗格中，单击"图表选项"下拉按钮，从弹出的下拉列表中选择"绘图区"选项。

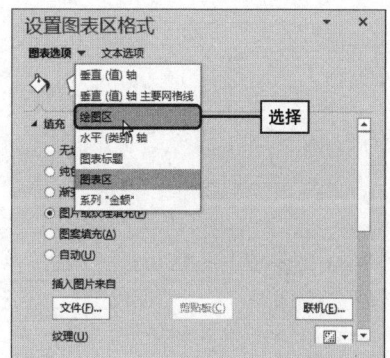

步骤08 切换到"设置绘图区格式"窗格，打开"填充与线条"选项卡，在"填充"选项区域中，选中"图片或纹理填充"单选按钮，单击"文件"按钮。

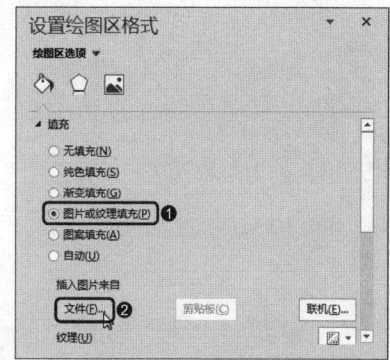

步骤09 弹出"插入图片"对话框，选择合适的图片，单击"插入"按钮。

步骤10 在"设置绘图区格式"窗格中，打开"效果"选项卡，在"柔化边缘"选项区域中，将"柔化边缘"的大小设置为"40磅"。

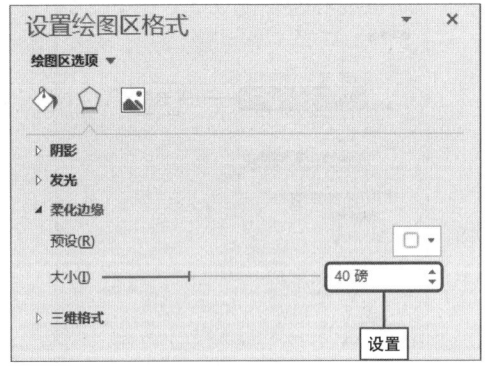

步骤11 在"设置绘图区格式"窗格中，单击"绘图区选项"下拉按钮，从弹出的下拉列表中选择"系列'金额'"选项。

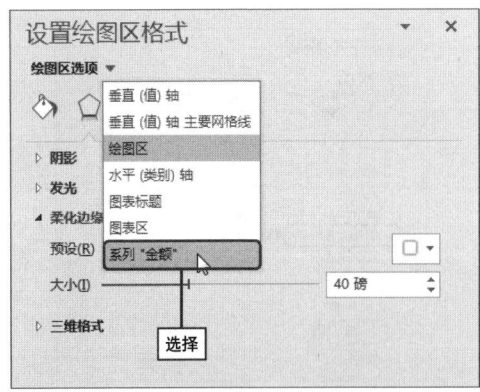

步骤12 切换到"设置数据系列格式"窗格，打开"系列选项"选项卡，在"系列选项"选项区域中，将"分类间距"设置为150%。

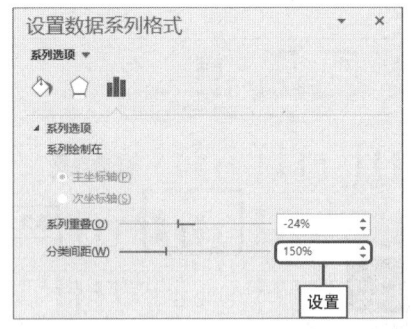

步骤13 打开"填充与线条"选项卡，在"填充"选项区域中，选中"渐变填充"单选按钮，单击"预设渐变"按钮，从弹出的列表中选择"浅色渐变-个性色6"选项。

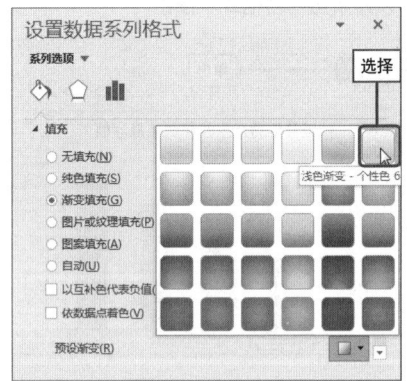

步骤14 在"边框"选项区域中，选中"渐变线"单选按钮，单击"预设渐变"按钮，从弹出的列表中选择"中等渐变-个性色6"选项。

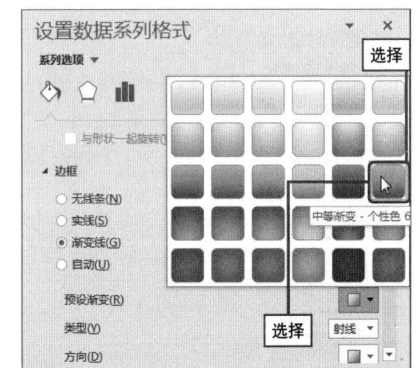

步骤 15 关闭"设置数据系列格式"窗格，选中图表，打开"图表工具-设计"选项卡，单击"图表布局"选项组中的"添加图表元素"按钮，从弹出的下拉列表中选择"趋势线>线性预测"选项。

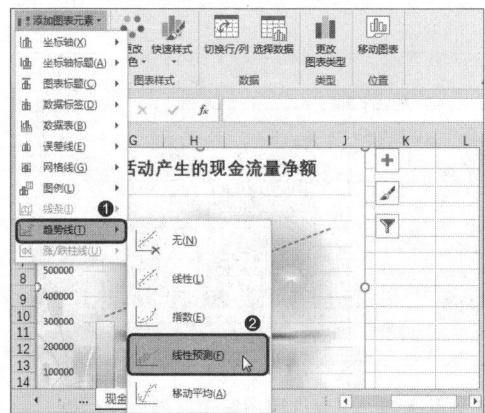

步骤 16 弹出"设置趋势线格式"窗格，打开"趋势线选项"选项卡，勾选"显示公式"复选框，其他保持默认设置。

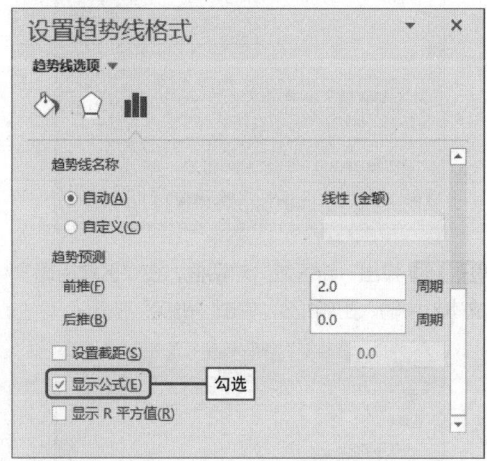

步骤 17 打开"填充与线条"选项卡，在"线条"选项区域中，选中"实线"单选按钮，将颜色设置为"绿色，个性色6，深色25%"，关闭窗格。

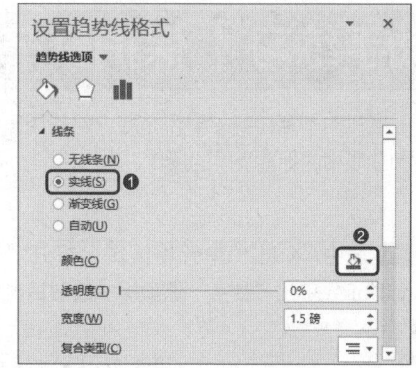

步骤 18 选中图表，打开"图表工具-设计"选项卡，单击"图表布局"选项组中的"添加图表元素"按钮，从弹出的下拉列表中选择"数据标签>数据标签外"选项。

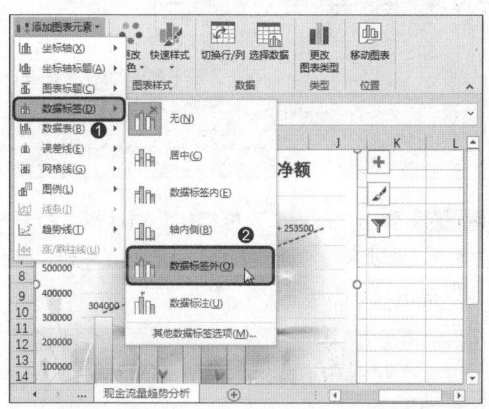

步骤 19 返回图表，可以看到图表不仅添加了背景色，还添加了趋势线和数据标签，在图表中形象地显示了未来数据的走势。

# 动手练习 | 保护资产负债表中的计算公式

通过对本章内容的学习,用户对使用Excel创建财务报表有了一定的了解。下面通过保护资产负债表中的计算公式的操作,来温习前面所学的知识。

**步骤01** 选中A4:H20单元格区域,打开"开始"选项卡,单击"数字"选项组中的对话框启动器按钮。

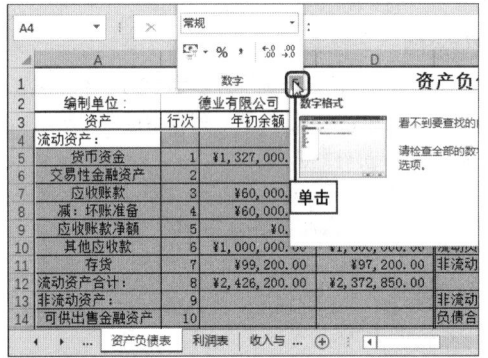

**步骤02** 弹出"设置单元格格式"对话框,打开"保护"选项卡,勾选"隐藏"复选框,单击"确定"按钮。

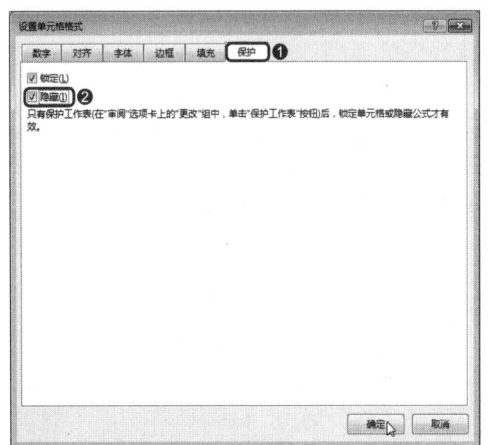

**步骤03** 打开"审阅"选项卡,单击"保护"选项组中的"允许编辑区域"按钮。

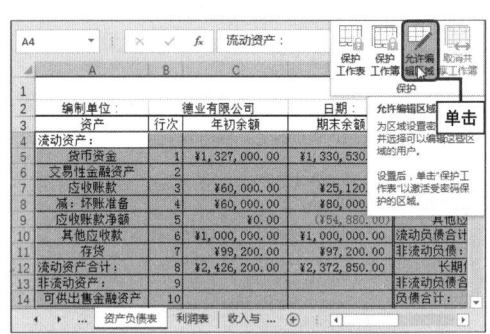

**步骤04** 弹出"允许用户编辑区域"对话框,单击"新建"按钮。

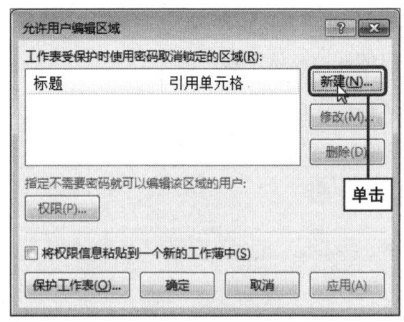

**步骤05** 弹出"新区域"对话框,在"区域密码"文本框中输入密码123,单击"确定"按钮。

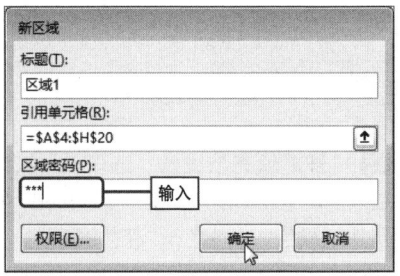

**步骤06** 弹出"确认密码"对话框,在"重新输入密码"文本框中输入密码123,单击"确定"按钮。

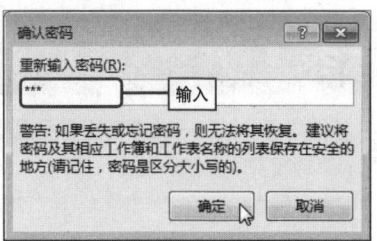

**步骤07** 返回"允许用户编辑区域"对话框,此时,可以看到在"工作表受保护时使用密码取消锁定的区域"列表框中显示了刚刚设置的区域,单击"保护工作表"按钮。

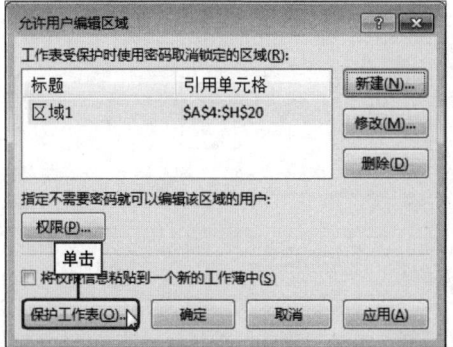

**步骤08** 弹出"保护工作表"对话框,在"取消工作表保护时使用的密码"文本框中输入密码123,其他保持默认设置,单击"确定"按钮。

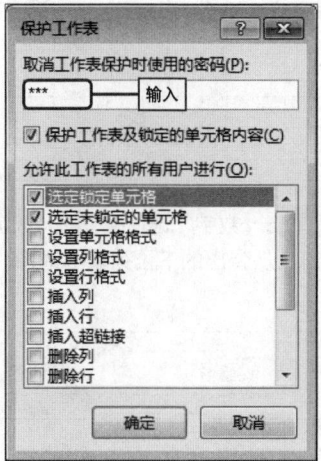

**步骤09** 弹出"确认密码"对话框,在"重新输入密码"文本框中输入密码123,单击"确定"按钮。

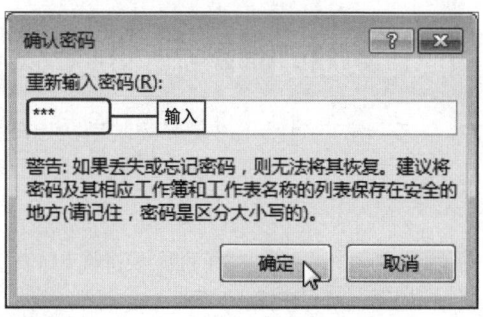

**步骤10** 此时,工作表中的公式就被隐藏了,如果想要显示公式,则打开"审阅"选项卡,单击"保护"选项组中的"撤消工作表保护"按钮。

**步骤11** 弹出"撤消工作表保护"对话框,在"密码"文本框中输入密码123,单击"确定"按钮。

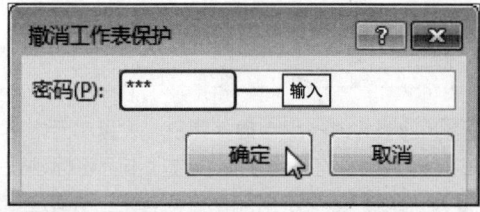

**步骤12** 公式就被取消隐藏了,查看最终效果。

# 高手进阶 | 编制经费收支账表

在日常的会计工作中，经费收支账表也是经常遇到的原始凭证，比如，公司销售部员工集体聚餐，就会向财务部提交部门活动经费收支账表。下面介绍编制经费收支账表的相关操作。

**步骤01** 创建一个名为"部门活动经费收支账表"的新工作表，在其中输入文字。

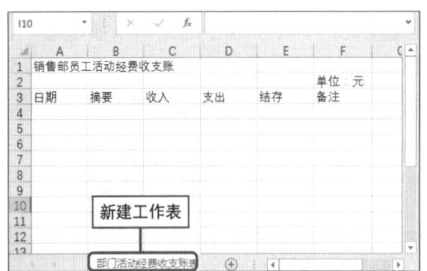

**步骤02** 选中A1:F1单元格区域，打开"开始"选项卡，单击"对齐方式"选项组中的"合并后居中"按钮。

**步骤03** 按Ctrl+1组合键，弹出"设置单元格格式"对话框，打开"字体"选项卡，将标题设置为"宋体"、"加粗"和16号，单击"确定"按钮。

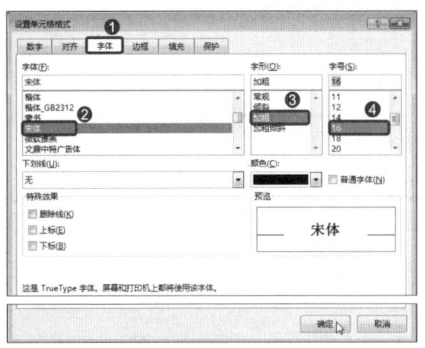

**步骤04** 选中A3:F14单元格区域，按Ctrl+1组合键，弹出"设置单元格格式"对话框，打开"边框"选项卡，设置表格边框的样式。

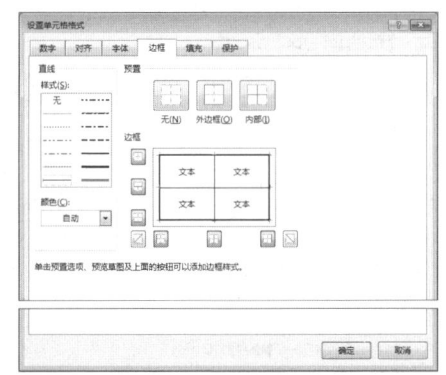

**步骤05** 单击"确定"按钮后，选中C4:E14单元格区域。

**步骤06** 单击"数字"选项组中的"数字格式"下拉按钮，从弹出的下拉列表中选择"会计专用"选项。

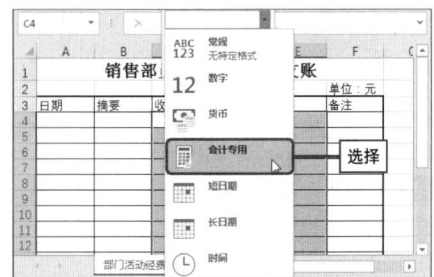

**步骤 07** 在创建的销售部员工活动的经费收支账表中输入基本信息。

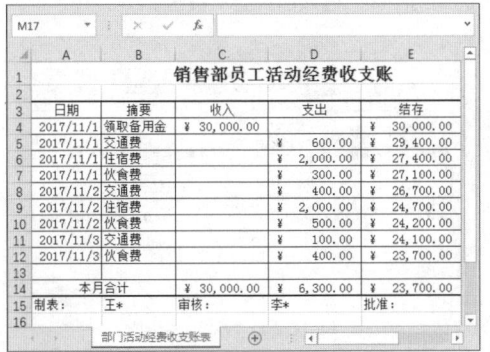

**步骤 08** 选中工作表中的A3:E12单元格区域，打开"插入"选项卡，单击"表格"选项组中的"数据透视表"按钮。

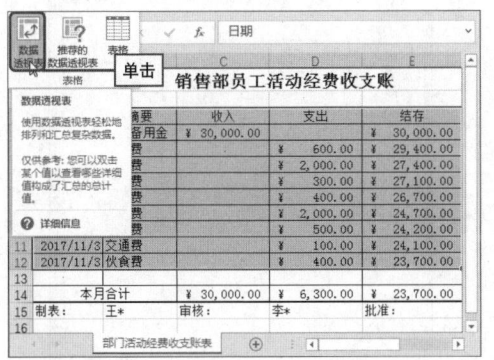

**步骤 09** 弹出"创建数据透视表"对话框，在"表/区域"文本框中确认区域选择是否正确，选中"新工作表"单选按钮，单击"确定"按钮。

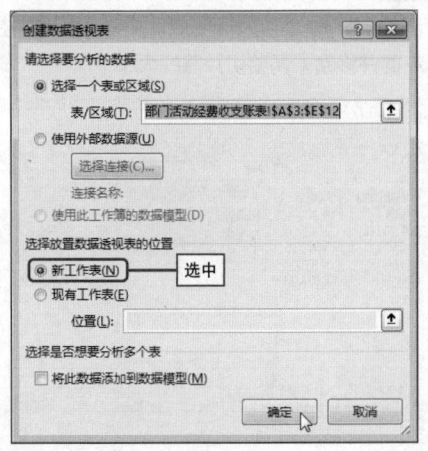

**步骤 10** 此时，将打开一个新的工作表，在工作表中弹出空白的数据透视表和"数据透视表字段"窗格。

**步骤 11** 在"数据透视表字段"窗格中，在"字段"列表中选择"日期"字段，按住鼠标左键不放，拖动该字段到"行"区域，释放鼠标，将该字段移动到该区域中了。

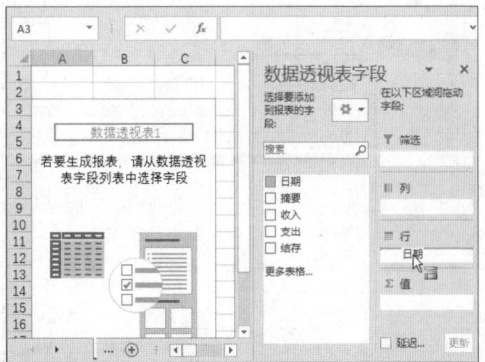

**步骤 12** 按照同样的方法，将其他字段拖动到合适的区域中。

步骤13 选中B5:F8单元格区域，单击鼠标右键，从弹出的快捷菜单中选择"设置单元格格式"命令。

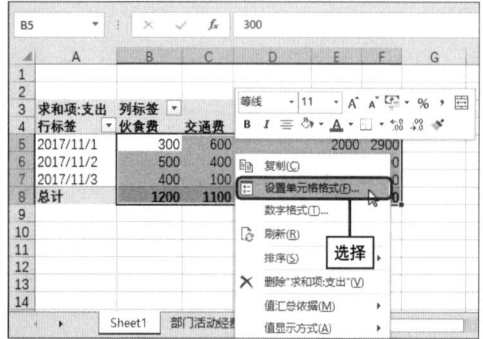

步骤14 弹出"设置单元格格式"对话框，打开"数字"选项卡，在"分类"列表框中选择"货币"选项，并将小数位数设置为2。

步骤15 单击"确定"按钮，返回数据透视表编辑区，可以看到设置后的效果。

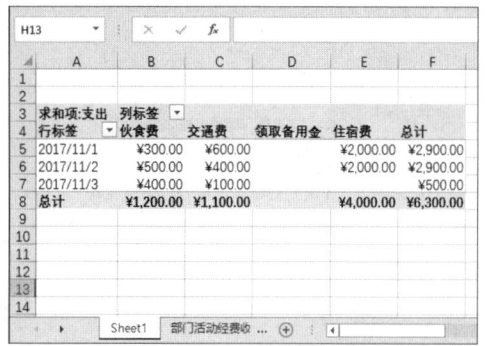

步骤16 选择数据透视表中的任意单元格，打开"数据透视表工具-分析"选项卡，单击"筛选"选项组中的"插入切片器"按钮。

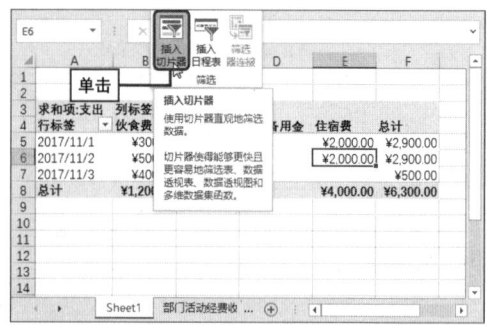

步骤17 弹出"插入切片器"对话框，勾选"摘要"复选框，单击"确定"按钮。

步骤18 弹出"摘要"切片器，将光标移动到切片器的右下角，当光标变成形状时，按住鼠标左键并移动，调整切片器的大小。

步骤19 单击切片器,打开"切片器工具-选项"选项卡,单击"切片器样式"选项组中的"其他"按钮,从弹出的下拉列表中选择"浅绿,切片器样式浅色6"选项。

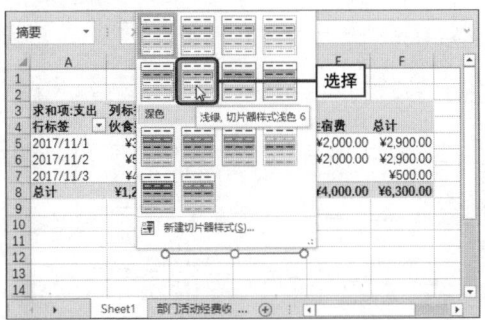

步骤20 设置好切片器样式后,选择切片器中的"伙食费"选项。

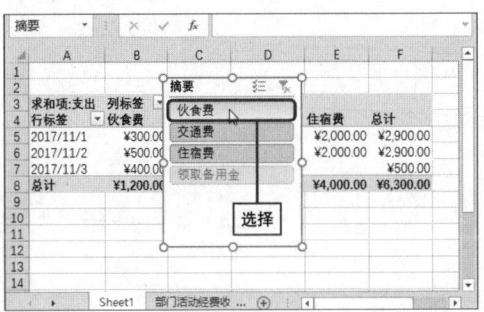

步骤21 即可对数据透视表进行筛选。

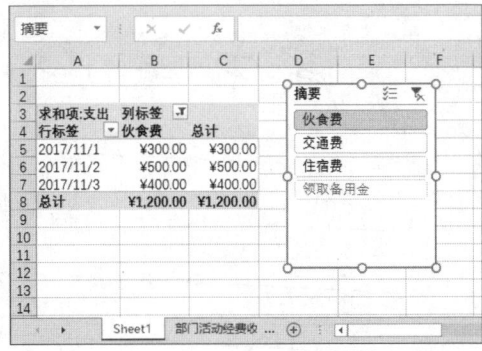

步骤22 删除切片器,修改数据透视表的列标签和行标签名称,并调整数据透视表的列宽和行高,查看最终效果。

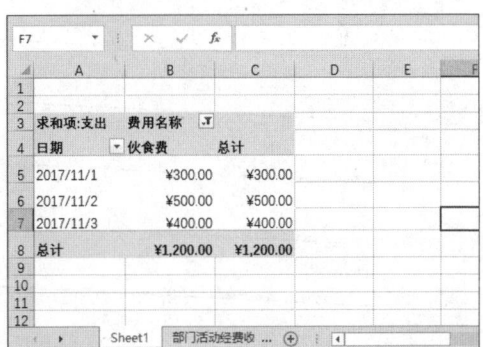

读书笔记

# 09 Chapter

## 其他常用报表创建

使用Excel不仅可以帮助用户制作各种表单，还可以使用筛选、汇总、图表等工具，帮助用户分析表格中的数据。前面我们学习了各种财务表格的制作方法，为了使用户了解更多的财务表格，本章将继续介绍几种财务中常见表格的创建操作。

**本章所涉及的知识要点：**

◆ 创建银行存款日记账　　◆ 创建销售业绩分析表

◆ 创建生产成本汇总表

**本章内容预览：**

银行存款日记账

生产成本月度汇总表

# 9.1 银行账表

现代经济业务中，银行的参与起到了举足轻重的作用，并且产生了很多与银行相关的业务和财务表格，银行存款日记账和银行存款总账就是其中常见的两种表格。

## 9.1.1 银行存款日记账的创建

银行存款日记账是专门用来记录银行存款收支业务的一种特种日记账，必须采用订本式账簿，其账页格式一般采用"借"、"贷"和"余额"三栏式，来反映银行存款的增加、减少和结存情况。

下面将介绍"三栏式"银行存款日记账的创建过程。

**步骤01** 新建名称为"银行存款日记账"工作表，在其中构建基本框架，选中A列到G列单元格区域，打开"开始"选项卡，单击"条件格式"按钮，从弹出的下拉列表中选择"新建规则"选项。

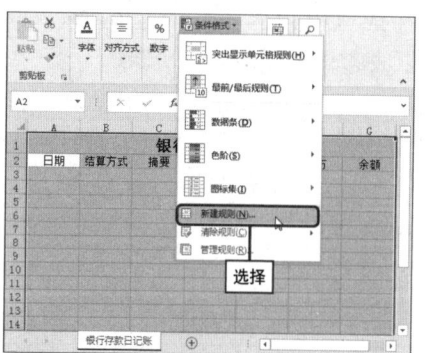

**步骤02** 弹出"新建格式规则"对话框，在"选择规则类型"列表框中选择"使用公式确定要设置格式的单元格"选项。

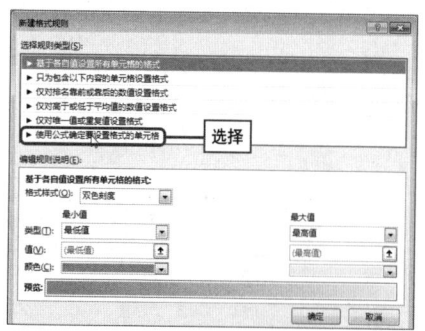

**步骤03** 在"为符合此公式的值设置格式"文本框中输入公式"=$A2<>"""，单击"格式"按钮。

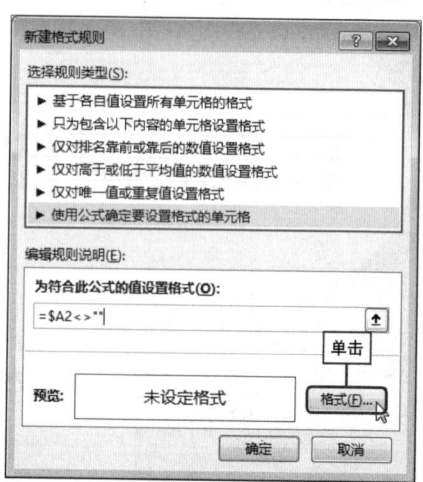

**步骤04** 弹出"设置单元格格式"对话框，打开"边框"选项卡，设置表格的线条样式和颜色，单击"外边框"按钮。

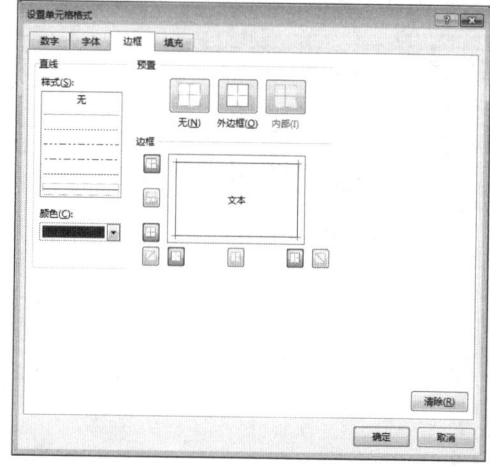

**步骤05** 单击"确定"按钮后，返回"新建格式规则"对话框，此时在"预览"区域中可以看到设置的效果，单击"确定"按钮。

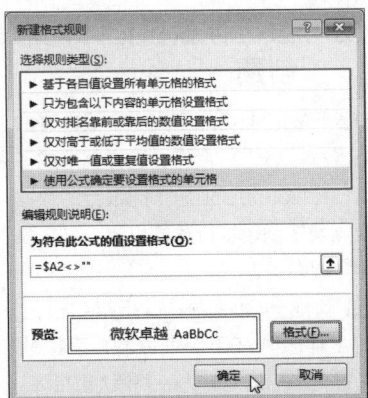

**步骤 06** 选中B4:B50单元格区域,打开"数据"选项卡,单击"数据工具"选项组中的"数据验证"下拉按钮,从弹出的下拉列表中选择"数据验证"选项。

**步骤 07** 弹出"数据验证"对话框,打开"设置"选项卡,在"允许"下拉列表中选择"序列"选项,在"来源"文本框中输入"本票,现支,电汇,转支,委托收款,银行汇票"。

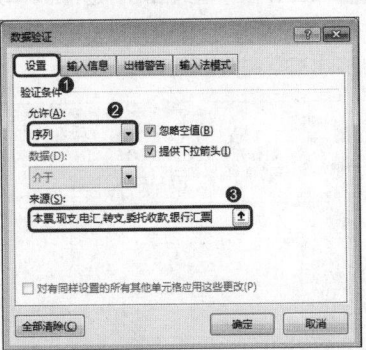

**步骤 08** 打开"输入信息"选项卡,在"标题"文本框中输入"注意:",在"输入信息"文本框中输入"请选择正确的结算方式!",单击"确定"按钮。

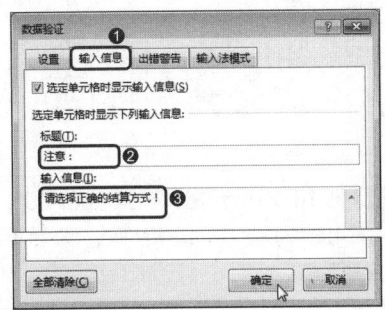

**步骤 09** 选中E3:G50单元格区域,打开"开始"选项卡,单击"数字"选项组中的"数字格式"下拉按钮,从弹出的下拉列表中选择"会计专用"选项。

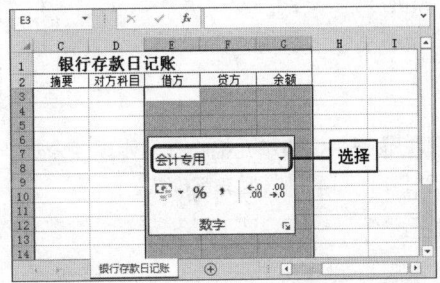

**步骤 10** 选中G4单元格,在其中输入公式"=G3+E4-F4",按回车键确认,计算余额。将公式填充到下方的单元格中,然后按照审核无误的记账凭证输入经济业务。

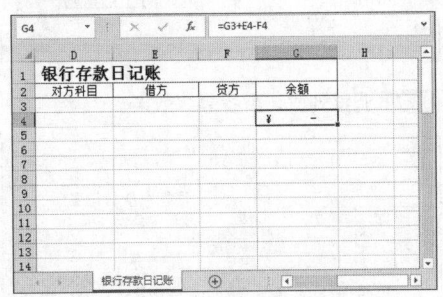

**步骤 11** 选中表格第四行,打开"视图"选项卡,单击"窗口"选项组中的"冻结窗格"按钮,从弹出的下拉列表中选择"冻结拆分窗格"选项。

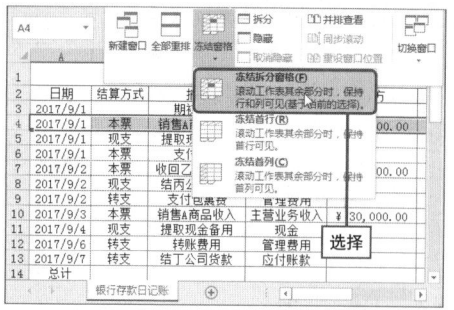

## 9.1.2 银行存款日记账汇总表的创建

由于一家企业可能不止一个银行账户，它会同时与多家银行进行合作，这样就造成了多张银行存款日记账。为了汇总不同银行的数据，用户可以根据需要创建银行存款日记账汇总表，其具体操作介绍如下。

**步骤01** 新建一个名为"银行存款日记账汇总表"的工作表，在工作表中输入表标题和列标题，设置文本格式后，为表格添加边框。

**步骤12** 选中E14单元格，在其中输入公式"=SUM(E4:E13)"，按回车键确认。然后再计算贷方金额汇总。

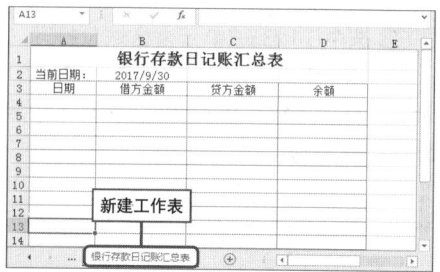

**步骤02** 选中B4:D50单元格区域，打开"开始"选项卡，单击"数字"选项组中的"数字格式"下拉按钮，从弹出的下拉列表中选择"会计专用"选项。

**步骤13** 选中G14单元格，在其中输入公式"=G3+E14-F14"，按回车键确认。

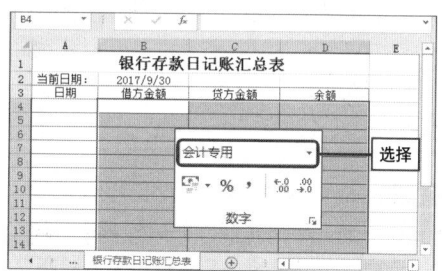

**步骤03** 在工作表中输入日期，选中D4单元格，在其中输入公式"=中国银行日记账!G3+建设银行日记账!G3"，按回车键确认。

**步骤14** 调整列宽，查看最终效果。

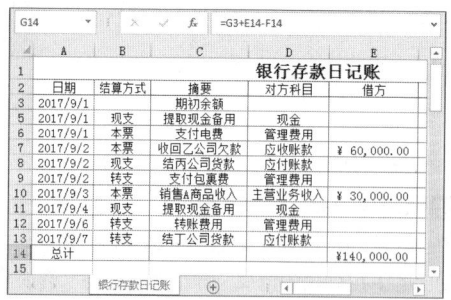

步骤 04 选中B5单元格，在其中输入公式"=SUMIF(中国银行日记账!$A$4:$A$15,A5,中国银行日记账!$E$4:$E$15)+SUMIF(建设银行日记账!$A$4:$A$15,A5,建设银行日记账!$E$4:$E$15)"，按回车键确认。

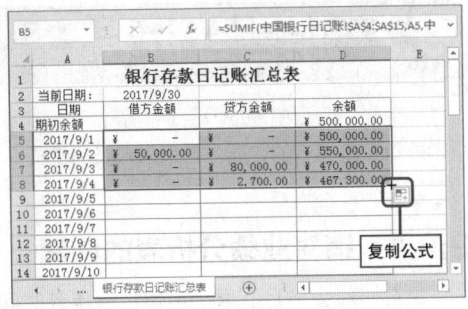

步骤 05 选中C5单元格，在其中输入公式"=SUMIF(中国银行日记账!$A$4:$A$15,A5,中国银行日记账!$F$4:$F$15)+SUMIF(建设银行日记账!$A$4:$A$15,A5,建设银行日记账!$F$4:$F$15)"，按回车键确认。

步骤 06 选中D5单元格，在其中输入公式"=D4+B5-C5"，按回车键确认。

步骤 07 选中B5:D5单元格区域，将光标移动到D5单元格的右下角，当光标变成+形状时，按住鼠标左键不放，向下移动填充公式。

步骤 08 选中B16单元格，在其中输入求和公式"=SUM(B5:B15)"，按回车键确认。

步骤 09 选中D16单元格，在其中输入公式"=D4+B16-C16"，按回车键确认。

步骤 10 对银行存款日记账汇总表做适当调整后，查看最终效果。

## 9.2 销售分析表

在财务管理中会涉及到很多表格,例如销售统计表、销售分析表和销售汇总表等。财务人员根据这些表格中的数据,对销售人员的提成、业绩、奖金等进行核算。

### 9.2.1 销售业绩分析表的创建

企业一般会按月、季、半年、一年等时间段,编制销售业绩分析表,对各种商品的销售情况进行统计分析。下面将介绍半年销售业绩分析表的创建过程。

**步骤 01** 创建一个名为"销售业绩分析表"的工作表,在表中创建上半年销售业绩分析表的基本框架,并添加边框。

**步骤 02** 选中B3:F9单元格区域,打开"开始"选项卡,单击"数字"选项组中的"数字格式"下拉按钮,从弹出的下拉列表中选择"数值"选项。

**步骤 03** 选中F3单元格,在其中输入公式"=SUM(B3:E3)",按回车键确认。

**步骤 04** 选中B9单元格,在其中输入公式"=SUM(B3:B8)",按回车键确认。

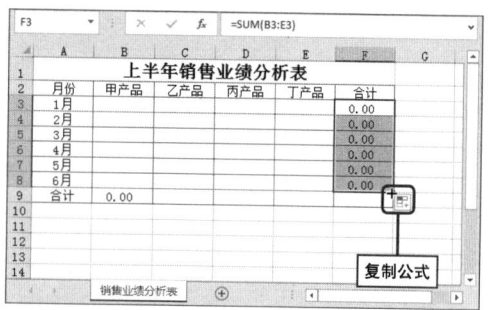

**步骤 05** 选中F3单元格,将光标移动到该单元格的右下角,当光标变成+形状时,按住鼠标左键不放,向下移动填充公式。

**步骤 06** 选中B9单元格,将光标移动到该单元格的右下角,当光标变成+形状时,按住鼠标左键不放向右移动,填充公式。

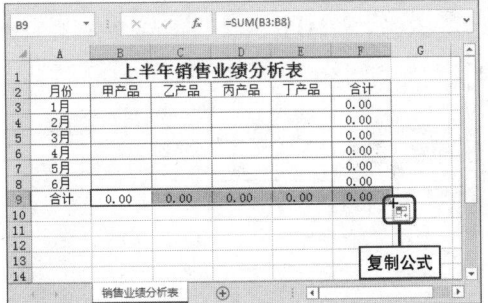

**步骤 07** 按照实际的销售情况输入销售金额,并调整列宽。

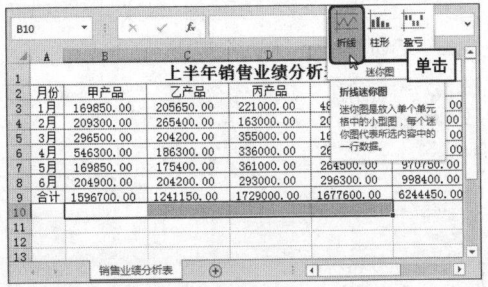

**步骤 08** 选中B10:E10单元格区域,打开"插入"选项卡,单击"迷你图"选项组中的"折线"按钮。

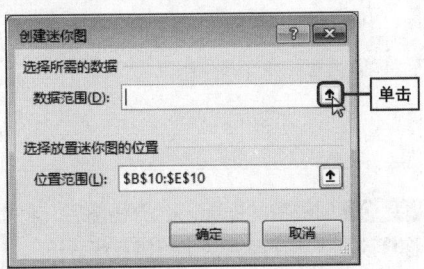

**步骤 09** 弹出"创建迷你图"对话框,单击"数据范围"文本框右侧的折叠按钮。

**步骤 10** 此时"创建迷你图"对话框被折叠起来,选中B3:E8单元格区域,再次单击折叠按钮。

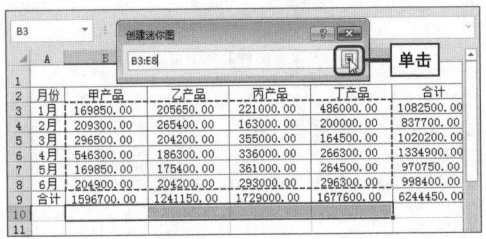

**步骤 11** 返回到"创建迷你图"对话框的展开状态,此时在"数据范围"文本框中已经包含了选择的数据区域,单击"确定"按钮。

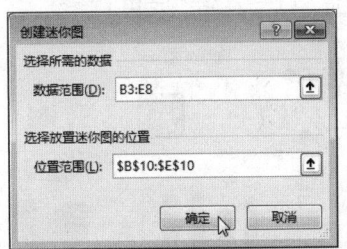

**步骤 12** 此时,在选定的区域可以看到创建的迷你图,迷你图形象地展示了数据的趋势变化。

## 9.2.2 利用图表辅助分析

除了使用迷你图进行销售数据的趋势分析,用户还可以根据销售业绩分析表,创建柱形图和折线图,通过它们进一步分析销售数据。下面将介绍通过图表对销售业绩进行分析(创建柱形图和折线图)的操作。

**步骤 01** 打开"销售业绩分析表"工作表,选中B2:E2和B9:E9单元格区域,打开"插入"选项卡,单击"图表"选项组的对话框启动器按钮。

**步骤 02** 弹出"插入图表"对话框,打开"所有图表"选项卡,选择"柱形图>三维簇状柱形图"选项,单击"确定"按钮。

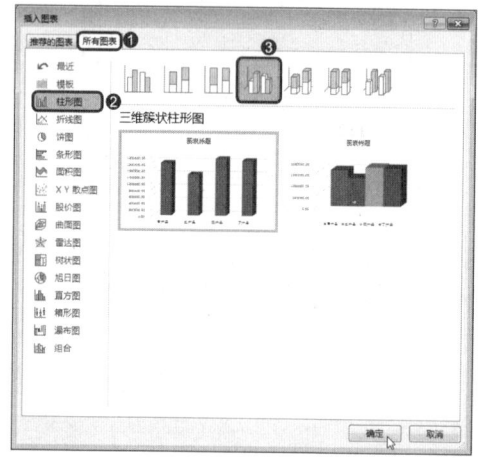

**步骤 03** 弹出新建的图表,选中图表标题,将其修改为"各类产品销售业绩分析"。

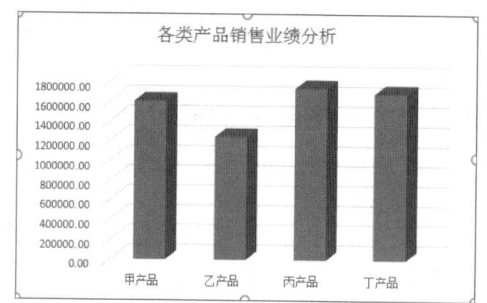

**步骤 04** 打开"图表工具-设计"选项卡,单击"图表布局"选项组中的"添加图表元素"按钮,从弹出的下拉列表中选择"数据表>显示图例项标示"选项。

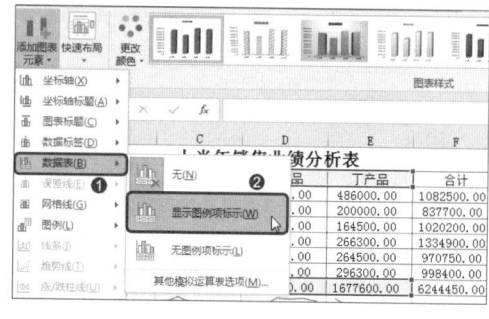

**步骤 05** 选中A3:A8和F3:F8单元格区域,打开"插入"选项卡,单击"图表"选项组的对话框启动器按钮。

**步骤 06** 弹出"插入图表"对话框,打开"所有图表"选项卡,选择"折线图>带数据标记的折线图"选项,单击"确定"按钮。

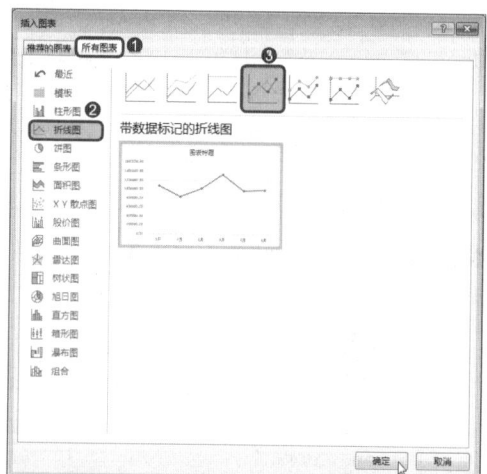

**步骤 07** 创建带数据标记的折线图后,将图表名称修改为"上半年各月份销售业绩分析"。

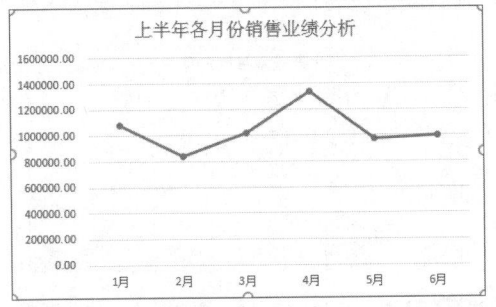

步骤 08 打开"图表工具-设计"选项卡,单击"图表样式"选项组中的"快速样式"按钮,从弹出的下拉列表中选择"样式2"选项。

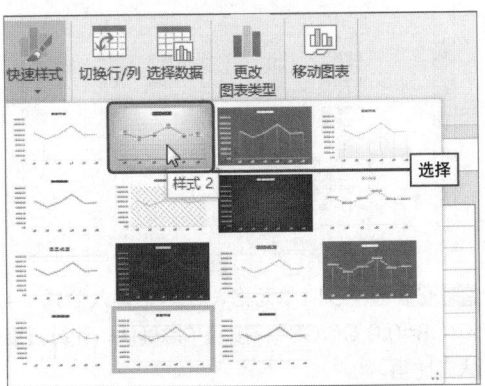

步骤 09 到此,按照不同分类方式创建的图表就完成了,通过各类产品销售业绩分析图,可以分析不同产品在相同时间内的销售情况。

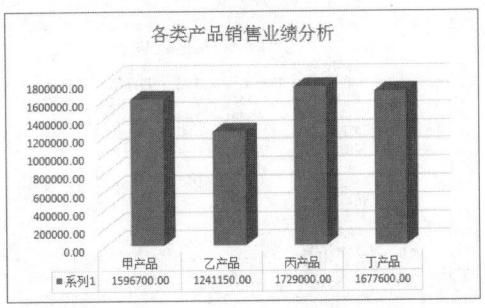

步骤 10 通过上半年各月份销售业绩分析图,可以分析不同月份中所有产品的销售情况。

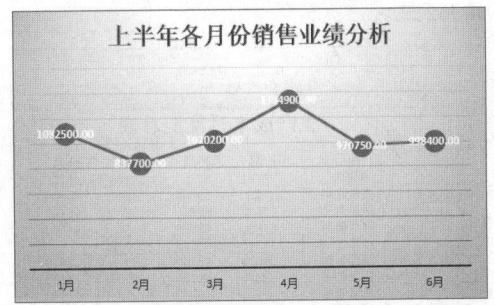

## 9.3 生产成本表

对成本分析时,需要按照一定的原则和方法控制实际成本的支出,并且查明成本升降的原因,以便找到降低成本的途径和方法。

### 9.3.1 生产成本月度汇总表的创建

生产成本月度汇总表是指以月为单位,统计一个月内成本的发生额、各类成本所占的比重情况以及单位成本情况。下面将介绍生产成本月度汇总表的创建方法。

步骤 01 新建名称为"生产成本月度汇总表"的工作表,在其中输入表标题、行标题、列标题和基本数据,构建基本的框架。

**步骤 02** 选中C8单元格,在其中输入公式"=SUM(C5:C7)",按回车键确认,计算成本总额。

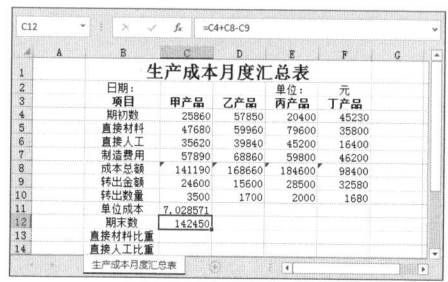

**步骤 03** 将光标移动到C8单元格的右下角,当光标变成+形状时,按住鼠标左键不放,向右拖动填充公式。

**步骤 04** 选中C11单元格,在其中输入公式"=IF(C10=0,"",C9/C10)",按回车键确认,计算单位成本。

**步骤 05** 选中C12单元格,在其中输入公式"=C4+C8-C9",按回车键确认,计算期末数。

**步骤 06** 选中C13单元格,在其中输入公式"=IF(C8=0,0,C5/C8)",按回车键确认,计算直接材料比重。

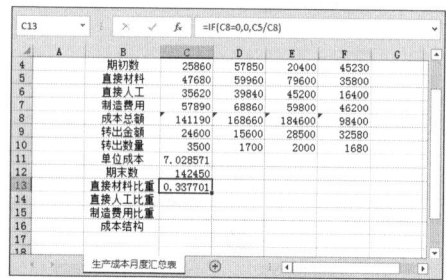

**步骤 07** 选中C14单元格,在其中输入公式"=IF(C8=0,0,C6/C8)",按回车键确认,计算直接人工比重。

**步骤 08** 选中C15单元格,在其中输入公式"=IF(C8=0,0,C7/C8)",按回车键确认,计算制造费用比重。

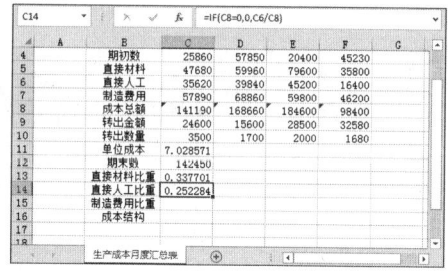

**步骤 09** 选中C16单元格，在其中输入公式"=C8/SUM($C$8:$F$8)"，按回车键确认，计算成本结构。

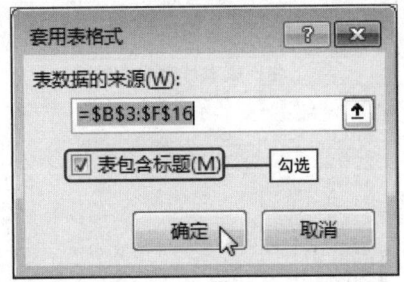

**步骤 10** 将公式填充到其右方的单元格中，并设置单元格的格式。

**步骤 11** 选中B3:F16单元格区域，打开"开始"选项卡，单击"样式"选项组中的"套用表格格式"按钮，从弹出的下拉列表中选择"橄榄色,表样式中等深浅4"选项。

**步骤 12** 弹出"套用表格式"对话框，核对表数据的来源，勾选"表包含标题"复选框，单击"确定"按钮。

**步骤 13** 套用了系统的固定样式后，选中C8:F8单元格区域，单击 按钮，从弹出的下拉列表中选择"忽略错误"选项。

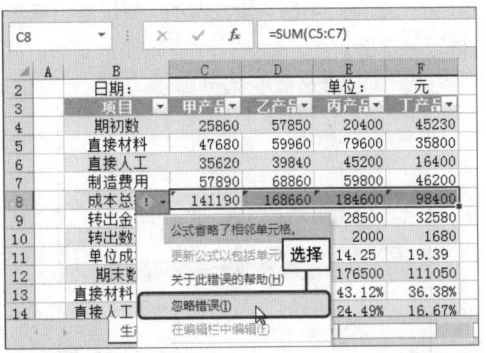

**步骤 14** 调整表格的列宽，至此生产成本月度汇总表就创建完成了。

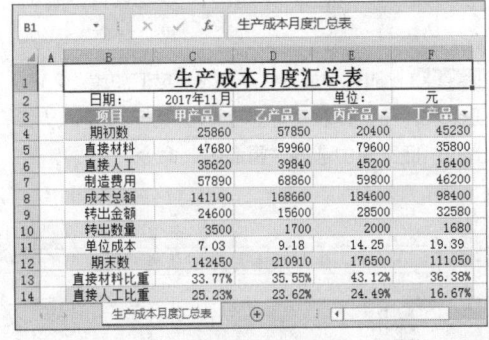

## 9.3.2 生产成本年度汇总表的创建

在一个自然年度内，企业往往会对整年的生产成本进行汇总，以便于进行总体分析。下面将介绍生产成本年度汇总表的创建操作。

**步骤 01** 在"生产成本月度汇总表"工作表标签上单击鼠标右键，从弹出的快捷菜单中选择"移动或复制"命令。

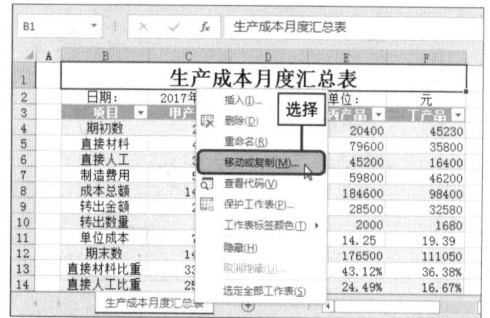

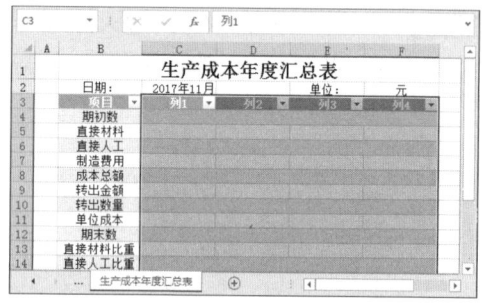

**步骤05** 在工作表中按实际情况输入数据，调整列宽。

**步骤02** 弹出"移动或复制工作表"对话框，在"下列选定工作表之前"列表框中选择"（移至最后）"选项，勾选"建立副本"复选框，单击"确定"按钮。

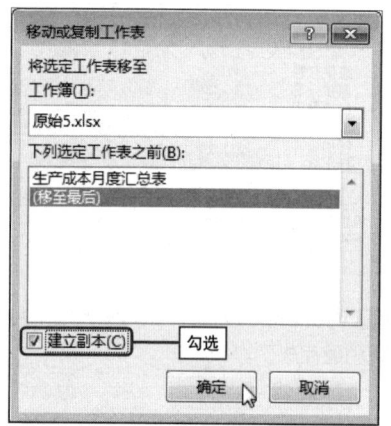

**步骤06** 选中C8单元格，在其中输入公式"=SUM(C5:C7)"，按回车键确认，计算成本总额。

**步骤03** 此时，生成"生产成本月度汇总表（2）"工作表，在工作表其标签上单击鼠标右键，从弹出的快捷菜单中选择"重命名"命令。

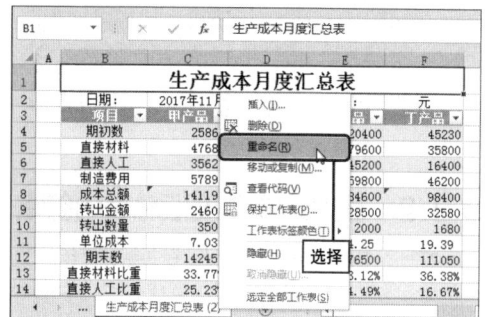

**步骤07** 选中C11单元格，在其中输入公式"=C9/C10"，按回车键确认，计算单位成本。

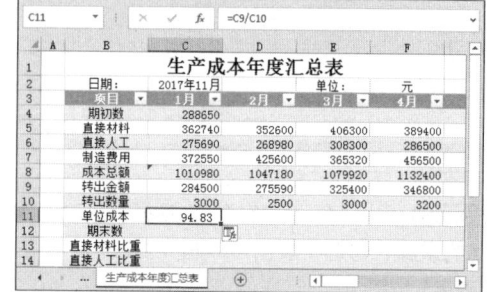

**步骤04** 将工作表名称修改为"生产成本年度汇总表"，接着修改表标题，然后选中C3:F16单元格区域，按Delete键将数据删除。

**步骤 08** 选中C12单元格,在其中输入公式"=C4+C8-C9",按回车键确认,计算期末数。

**步骤 09** 选中D4单元格,在其中输入公式"=C12",按回车键确认,计算期初数。

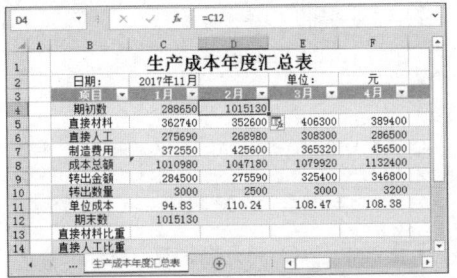

**步骤 10** 选中C13单元格,在其中输入公式"=C5/C8",按回车键确认,计算直接材料比重。

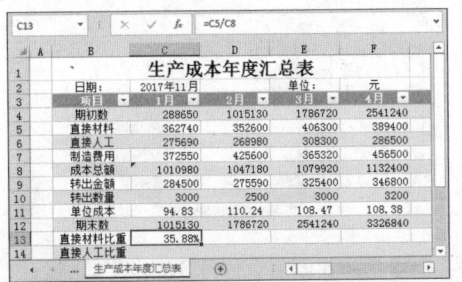

**步骤 11** 选中C14单元格,在其中输入公式"=C6/C8",按回车键确认,计算直接人工比重。

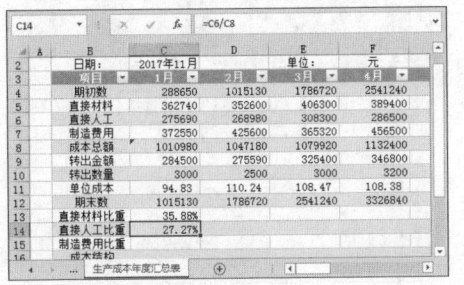

**步骤 12** 选中C15单元格,在其中输入公式"=C7/C8",按回车键确认,计算制造费用比重。

**步骤 13** 选中O4单元格,在其中输入公式"=SUM(生产成本年度汇总表!$C4:$N4)",按回车键确认,计算全年合计数。

**步骤 14** 选中D16单元格,在其中输入公式"=O5/O8",按回车键确认,计算成本结构。

**步骤 15** 打开"开始"选项卡,单击"样式"选项组中的"套用表格格式"按钮,从弹出的下拉列表中选择"红色,表样式中等深浅3"选项,更改表格样式。

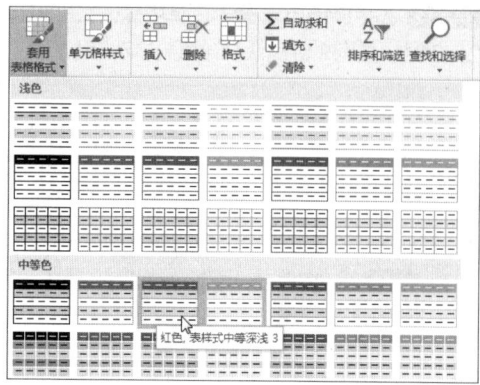

### 9.3.3 利用饼图辅助分析

企业每年会对成本结构进行分析，了解成本的构成，查看哪些成本偏高，哪些成本偏低，进而寻求降低成本的途径和方法。在对成本结构进行分析时，图表可以使数据更加直观明了。

下面介绍利用饼图分析直接材料、直接人工和制造费用的占比情况。

**步骤01** 新建名称为"成本结构分析"工作表，在其中构建成本结构分析表，将"生产成本年度汇总表"工作表中的数据复制过来。

**步骤16** 打开"表格工具-设计"选项卡，单击"工具"选项组中的"转换为区域"按钮，将表格转换为普通的单元格区域。

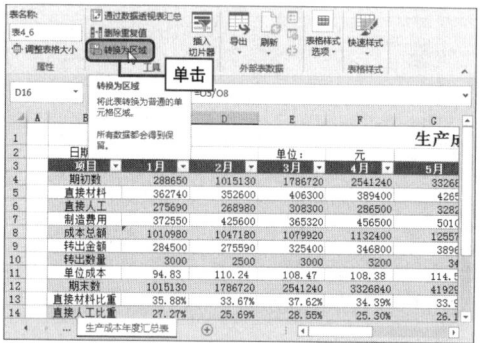

**步骤02** 选中B2:C5单元格区域，打开"插入"选项卡，单击"插入饼图或圆环图"下拉按钮，从弹出的下拉列表中选择"三维饼图"选项。

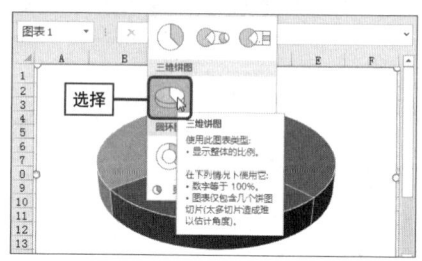

**步骤17** 此时将弹出提示对话框，提示"是否将表转换为普通区域"，单击"是"按钮。

**步骤18** 即可将该表格转换成普通的单元格区域，对表格做适当的调整，查看最终效果。

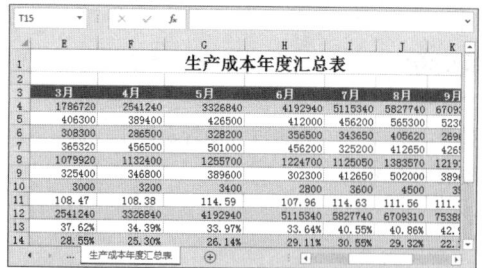

**步骤03** 新建饼图后，打开"图表工具-设计"选项卡，单击"快速布局"按钮，从弹出的下拉列表中选择"布局2"选项。

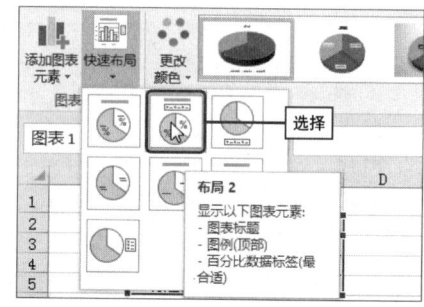

步骤 04 将图表标题修改为"成本结构年度分析",然后调整图表的大小。

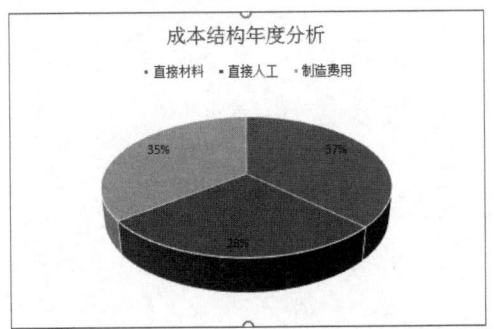

步骤 05 单击"图表样式"选项组中的"更改颜色"下拉按钮,从弹出的下拉列表中选择"彩色调色板2"选项。

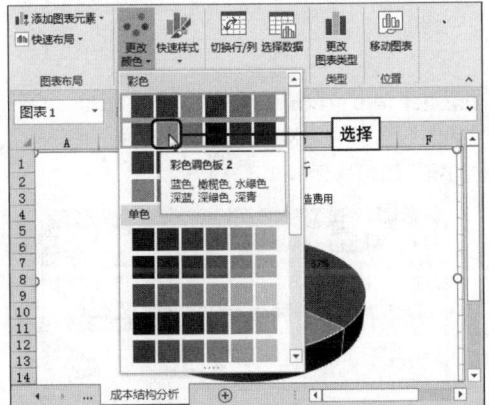

步骤 06 单击"图表样式"选项组中的"快速样式"下拉按钮,从弹出的下拉列表中选择"样式4"选项。

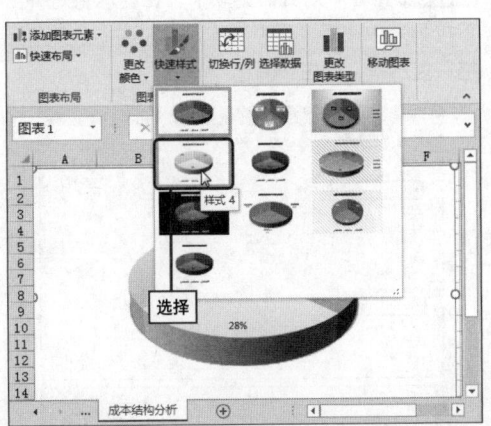

步骤 07 将光标放置到饼图的信息部分上,当光标变成形状时,按住鼠标左键向外拖动,将其从整体中分开。

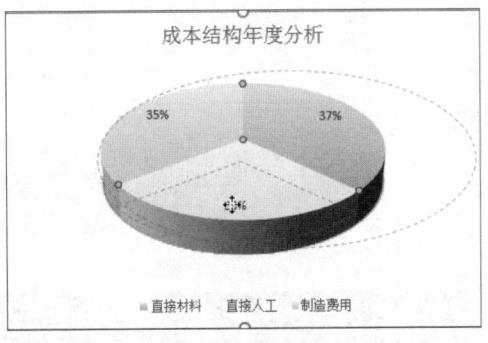

步骤 08 按照同样的方法,将其他部分也分开,使其成为独立的扇形。

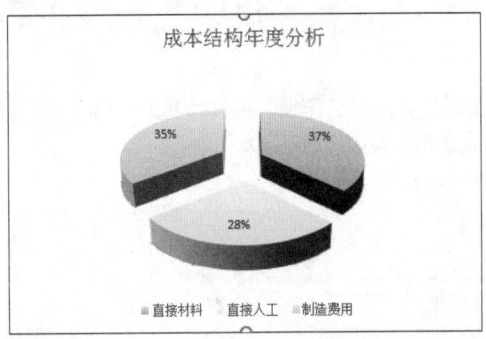

步骤 09 打开"图表工具-格式"选项卡,单击"形状样式"选项组中的"其他"按钮,从弹出的下拉列表中选择"细微效果-橙色,强调颜色6"选项。

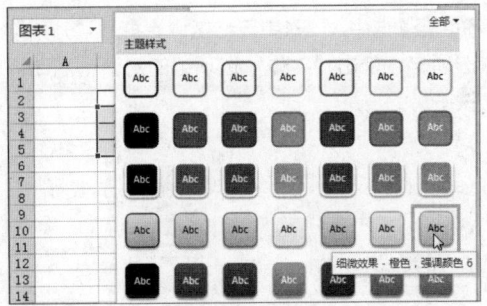

步骤 10 单击"形状样式"选项组中的"形状效果"下拉按钮,从弹出的下拉列表中选择"棱台>十字形"选项。

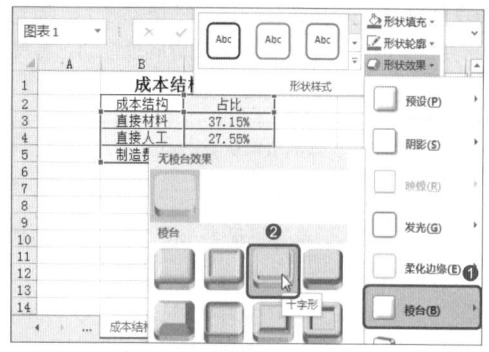

步骤 11 返回图表编辑区，查看设置好的图表效果，在图中可以直观地看到各种成本的比重。

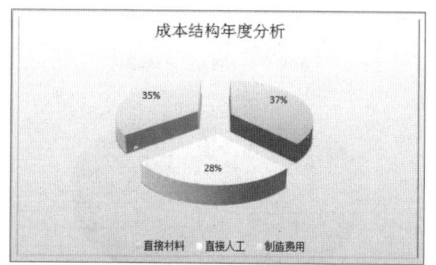

# 动手练习 | 制作借款单

通过对本章内容的学习，加深用户对使用Excel创建财务表格的了解。下面通过制作借款单来温习前面所学的知识。

步骤 01 新建工作表，将其命名为"借款单"，在表格中输入标题等基本信息。

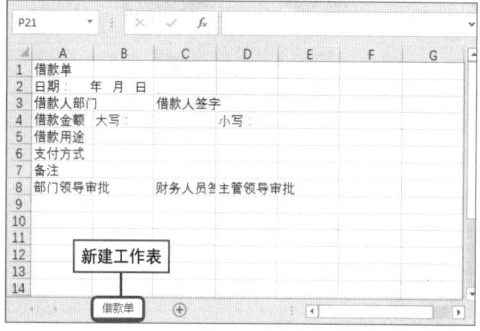

步骤 02 选中A1:E1单元格区域，打开"开始"选项卡，单击"字体"选项组的对话框启动器按钮。

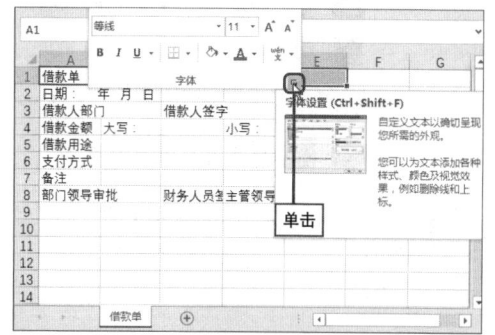

步骤 03 弹出"设置单元格格式"对话框，打开"字体"选项卡，将标题格式设置为"楷体"、"加粗"和16号。

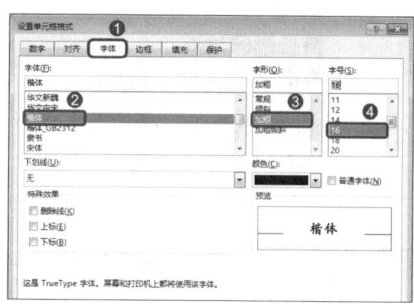

步骤 04 打开"对齐"选项卡，在"水平对齐"下拉列表中选择"居中"选项，勾选"合并单元格"复选框，单击"确定"按钮。

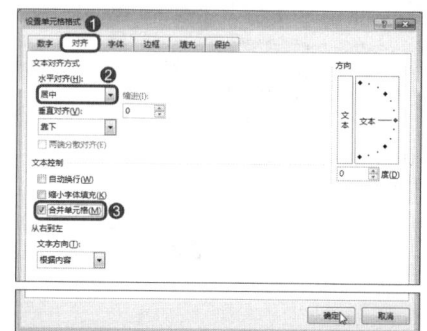

步骤 05 选中A2:E2单元格区域,单击"对齐方式"选项组中的"合并后居中"下拉按钮,从弹出的下拉列表中选择"合并后居中"选项。

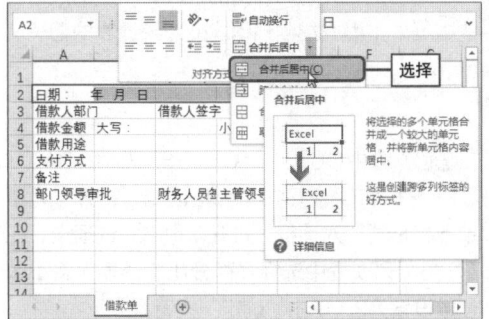

步骤 06 选中B4:C4单元格区域,单击"对齐方式"选项组中的"合并后居中"下拉按钮,从弹出的下拉列表中选择"合并单元格"选项。

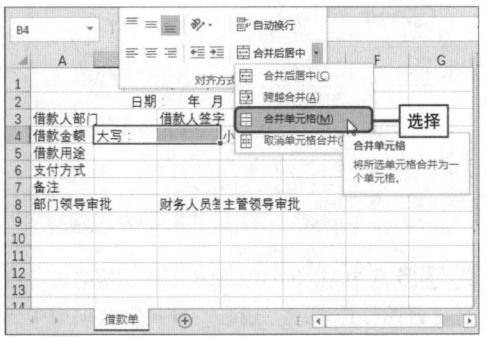

步骤 07 按照同样的方法,将其他需要合并的单元格进行合并。

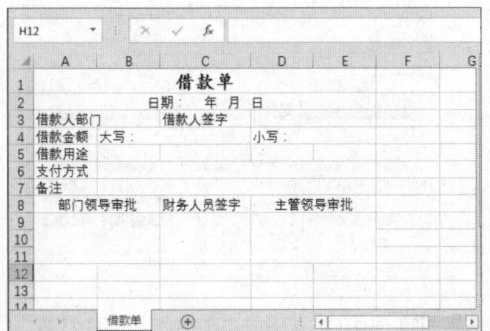

步骤 08 选中A3:E11单元格区域,打开"开始"选项卡,单击"字体"选项组的对话框启动器按钮。

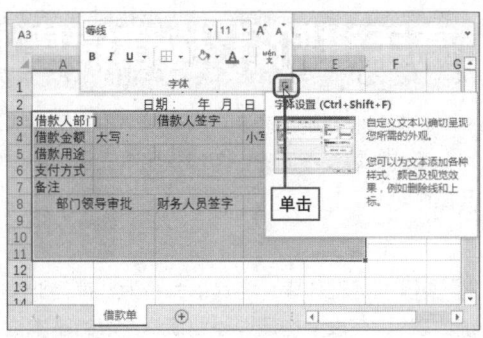

步骤 09 弹出"设置单元格格式"对话框,打开"边框"选项卡,在"样式"列表框中选择合适的表格线框样式,单击"外边框"按钮,在"样式"列表框中选择合适的样式,单击"内部"按钮,然后单击"确定"按钮。

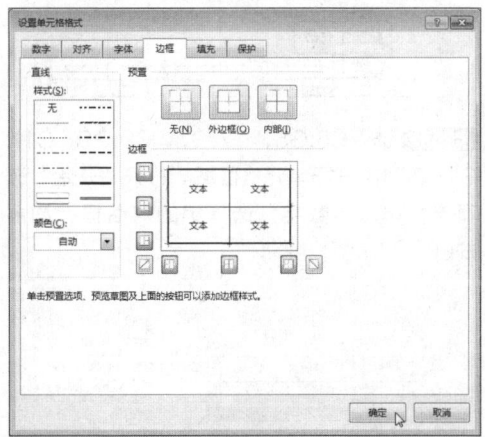

步骤 10 调整表格的行高和列宽,查看最终效果。

# 高手进阶 | 构建销售业绩统计表

销售业绩统计表在销售管理中占有重要的地位，不同的企业，根据自身的情况，制作的销售业绩统计表是不同的，但都是用来汇总销售过程中的数据。下面介绍创建销售业绩统计表的相关操作。

**步骤 01** 新建工作表，将其重命名为"销售业绩统计表"，在表中构建销售业绩统计表的基本框架，并添加边框。

**步骤 02** 选中C5:G5、C7:G7、C9:G9、C11:G11和C13:G13单元格区域，打开"开始"选项卡，单击"数字"选项组的对话框启动器按钮。

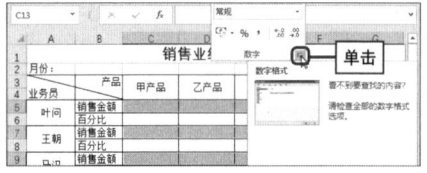

**步骤 03** 弹出"设置单元格格式"对话框，打开"数字"选项卡，在"分类"列表框中选择"数值"选项，将小数位数设置为2，单击"确定"按钮。

**步骤 04** 选中C6:G6、C8:G8、C10:G10、C12:G12和C14:G14单元格区域，打开"设置单元格格式"对话框，打开"数字"选项卡，在"分类"列表框中选择"百分比"选项，将小数位数设置为2，单击"确定"按钮。

**步骤 05** 选中A3:G4和A5:B15单元格区域，打开"开始"选项卡，单击"样式"选项组中的"单元格样式"按钮，从弹出的下拉列表中选择"计算"选项。

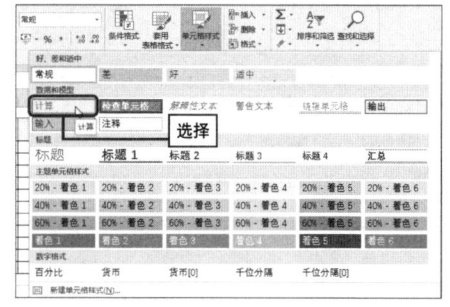

**步骤 06** 选中C6:G6、C8:G8、C10:G10、C12:G12和C14:G14单元格区域，打开"开始"选项卡，单击"样式"选项组中的"单元格样式"按钮，从弹出的下拉列表中选择"浅橙色,20%-着色2"选项。

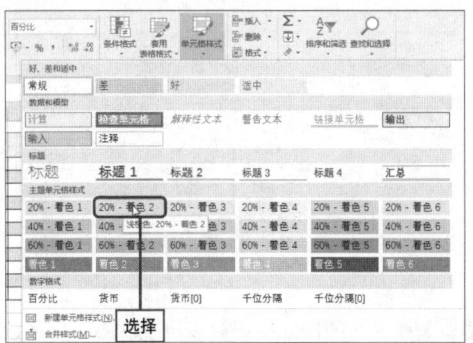

**步骤07** 选中B2单元格，在其中输入公式"=MONTH(TODAY())"，按回车键确认。

**步骤08** 选中G5单元格，在其中输入公式"=SUM(C5:F5)"，按回车键确认。

**步骤09** 选中C15单元格，在其中输入公式"=C5+C7+C9+C11+C13"，按回车键确认。

**步骤10** 选中C6单元格，在其中输入公式"=C5/C15"，按回车键确认。

**步骤11** 选中C8单元格，在其中输入公式"=C7/C15"，按回车键确认。

**步骤12** 选中C10单元格，在其中输入公式"=C9/C15"，按回车键确认。

**步骤13** 选中C12单元格，在其中输入公式"=C11/C15"，按回车键确认。

**步骤14** 选中C14单元格，在其中输入公式"=C13/C15"，按回车键确认。

**步骤15** 将百分比公式填充到其右方的相关单元格中，将计算各产品销售金额的公式填充到其右方的单元格中，将计算销售员销售金额的公式复制到其下方的单元格中。

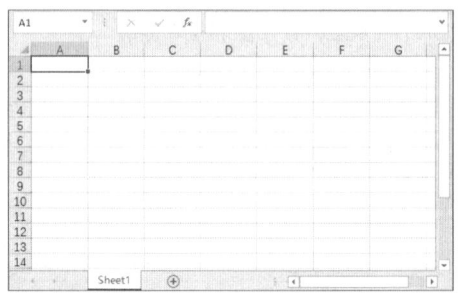

**步骤16** 在表格中根据实际统计的数据输入销售金额，调整表格的列宽。

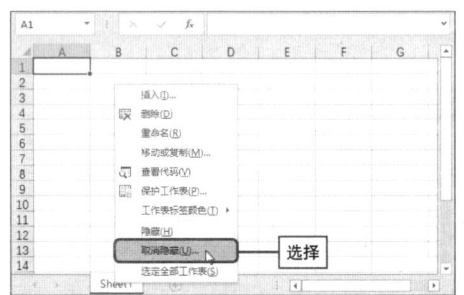

**步骤17** 在"销售业绩统计表"工作表标签上单击鼠标右键，从弹出的快捷菜单中选择"隐藏"命令，隐藏销售业绩统计表。

**步骤18** 此时销售业绩统计表就被隐藏了，系统自动切换到后面一个工作表。

**步骤19** 如果用户想要打开隐藏的工作表，可以在任意工作表标签上单击鼠标右键，从弹出的快捷菜单中选择"取消隐藏"命令。

**步骤20** 弹出"取消隐藏"对话框，在"取消隐藏工作表"列表框中选择要显示的工作表，此处选择"销售业绩统计表"选项，单击"确定"按钮，即可将该工作表显示出来。

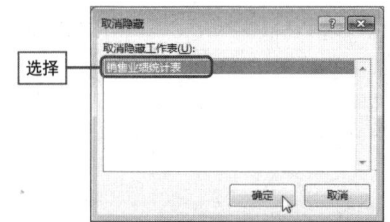

# Chapter 10

229~256

# 财务分析和财务预算

财务分析是在企业经济分析、财务管理和会计基础上发展形成的一门综合性学科。财务分析有专门的技术方法，如水平分析法、垂直分析法、趋势分析法、比率分析法等都是针对财务分析非常有效的方法。财务预算是指企业在计划期内反映有关现金收支、经营成果和财务状况的预算。

**本章所涉及的知识要点：**

- ◆ 核算各种财务比率
- ◆ 杜邦分析
- ◆ 财务对比分析
- ◆ 日常业务预算

## 本章内容预览：

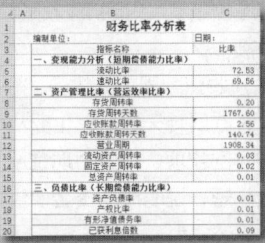

财务比率分析表

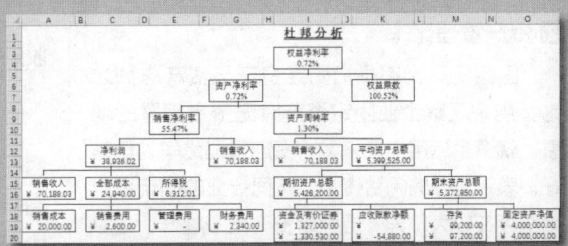

杜邦分析

# 10.1 财务比率

财务比率是以财务报表资料为依据，将两个相关的数据进行相除而得到的比率。财务比率可以评价某项投资在各年之间的收益变化，也可以在某一时点比较某一行业的不同企业。

## 10.1.1 常见比率指标

财务指标大体可以分为四类，分别是变现能力比率、资产管理比率、负债比率和盈利能力比率。

**1 变现能力比率**

变现能力比率是企业产生现金的能力，对企业的稳定性有很大影响，反映企业变现能力的主要指标有流动比率和速动比率。

（1）流动比率

流动比率也称营运资金比率或真实比率，是指企业流动资产与流动负债的比率。一般来说，这两个比率越高，说明企业的变现能力越强，短期偿债能力亦越强，通常认为流动比率应在2:1比较合适。该比率的计算公式为：

流动比率=流动资产/流动负债

（2）速动比率

速动比率，又称酸性测验比率，是指速动资产对流动负债的比率。它是衡量企业流动资产中可以立即变现用于偿还流动负债的能力。速动资金包括货币资金、短期投资、应收票据、应收账款、其他应收款等，可以在短时间内变现，而流动资产中存货、1年内到期的非流动资产及其他流动资产等则不应计入。通常情况下，速动比率保持在1:1比较合适。该比率公式一般表示为：

速动比率=（流动资产–存货）/流动负债

**2 资产管理比率**

固定资产比率是指固定资产与资产总额之比，用来观察企业固定资产有无资金闲置的现象。就资金运用角度来看，资产管理比率越低越好，表示较少的闲置资金。不同行业的固定资产比率存在较大差异，但固定资产比率越低，企业资产才能更快地流动，从资金营运能力来看，固定资产比率越低，企业营运能力越强。

（1）存货周转率

存货周转率又称库存周转率，是衡量和评价企业购入存货、投入生产、销售收回等环节管理状况的综合性指标。它是销货成本被平均存货所除得到的比率，或叫存货周转次数，用时间表示的存货周转率就是存货周转天数。一般情况下，存货周转率越高越好，说明企业销售的能力越强。该比率的计算公式为：

存货周转率=销售成本/平均存货

平均存货=（期初存货余额+期末存货余额）/2

（2）存货周转天数

存货周转天数是指企业从取得存货开始，至消耗、销售为止所经历的天数。周转的天数越少，说明存货变现的速度越快。该比率的计算公式为：

存货周转天数=360/存货周转率=360×平均存货/销售成本

（3）应收账款周转率

应收账款周转率是销售收入除以平均应收账款的比值，它反映公司从取得应收账款的权利到收回款项，转换为现金所需要的时间长度。一般情况下，应收账款周转率越高越好，周转率越高，表明收账迅速，账龄较短，资产流动性强，短期偿债能力强，可以减少坏账损失。该比率的公式为：

应收账款周转率=销售收入/平均应收账款

平均应收账款=（期初应收账款净额+期末应收账款净额）/2

（4）应收账款周转天数

应收账款周转天数是指企业从取得应收账款的权利到收回款项、转换为现金所需要的时间，周转天数越短，说明流动资金使用效率越好。该比率的计算公式为：

应收账款周转天数=360/应收账款周转率

=360×平均应收账款/销售收入

（5）营业周期

营业周期是指从取得存货开始到销售存货并收回资金为止的这段时间，其长短取决于存货周转天数和应收账款周转天数。营业周期的计算公式为：

营业周期=存货周转天数+应收账款周转天数

（6）流动资产周转率

流动资产周转率指一定时期内流动资产平均占用额完成产品销售额的周转次数，反映流动资产周转速度和流动资产利用效果。流动资产周转率的计算公式为：

流动资产周转率=销售收入/平均流动资产

平均流动资产=（流动资产期初余额+流动资产期末余额）/2

（7）固定资产周转率

固定资产周转率表示在一个会计年度内，固定资产周转的次数，或表示1元固定资产支持的销售收入。固定资产周转率的计算公式为：

固定资产周转率=销售收入/固定资产平均净值

固定资产平均净值=（固定资产期初净值+固定资产期末净值）/2

（8）总资产周转率

总资产周转率是指企业在一定时期，业务收入净额同平均资产总额的比率。总资产周转率是考察企业资产运营效率的一项重要指标，体现了企业经营期间全部资产从投入到产出的流转速度，反映了企业全部资产的管理质量和利用效果。总资产周转率的计算公式为：

总资产周转率=销售收入/平均资产总额

平均资产总额=（期初资产总额+期末资产总额）/2

### ❸ 负债比率

负债比率是企业全部负债与全部资金来源的比率，用以表明企业负债占全部资金的比重。负债比率是指债务和资产、净资产的关系，反映企业偿付债务本金和支付债务利息的能力。

（1）资产负债率

资产负债率又称举债经营比率，是负债总额除以资产总额的百分比，也就是负债总额与资产总额的比例关系。资产负债率反映在总资产中有多大比例是通过借债来筹资的，也可以衡量企业在清算时保护债权人利益的程度。资产负债率越高，表明企业偿还能力越差。资产负债率的计算公式为：

资产负债率=负债总额/资产总额

（2）产权比率

产权比率是负债总额与所有者权益总额的比率，是评估资金结构合理性的一种指标。产权比率可反映企业借款经营的长度，是衡量企业长期偿债能力的指标之一。产权比率越低，说明企业的长期财务状况越好，企业的财务风险越小。产权比率的计算公式为：

产权比率=负债总额/所有者权益=负债总额/（资产-负债）

（3）有形净值债务率

有形净值债务率是企业负债总额与有形资产净值的比率。有形净值债务率越低，企业的财务风险越小。有形净值债务率的计算公式为：

有形净值债务率=负债总额/（股东权益-无形资产净值）

（4）已获利息倍数

已获利息倍数是指上市公司息税前利润相对于所支付债务利息的倍数，可用来分析公司在一定盈利水平下支付债务利息的能力。已获利息倍数的计算公式为：

已获利息倍数=息税前利润/利息费用

### ❹ 盈利能力比率

盈利能力比率是指企业正常经营赚取利润的能力，是企业生存发展的基础，是各方面都非常关注的指标，无论是投资人、债权人还是企业经理人员，都会日益重视和关心企业的盈利能力。

（1）销售毛利率

销售毛利率是毛利占销售净值的百分比，通常称为毛利率，其中毛利是销售收入与产品成本的差。销售毛利率越大，说明企业获取利润的能力越强。销售毛利率的计算公式为：

销售毛利率=销售毛利/销售收入净额

销售毛利=销售收入-销售成本

（2）销售净利率

销售净利率是指企业实现净利润与销售收入的对比关系，用以衡量企业在一定时期的销售收入获取利润的能力。销售净利率的计算公式为：

销售净利率=净利润/销售收入净额

（3）资产报酬率

资产报酬率是指税前净利润与平均资产总额的比值，代表资产的获利能力。资产报酬率是评价企业资产运营效益的重要指标。资产报酬率的计算公式为：

资产报酬率=净利润/平均资产总额

（4）股东权益报酬率

股东权益报酬率又称净值报酬率，或者净资产收益率，是一定时期内企业的净利润与股东权益平均总额的比率，是普通持股者获得的投资报酬率。股东权益报酬率越大，说明企业的获利能力越强。股东权益报酬率的计算公式为：

股东权益报酬率=净利润/股东权益平均总额

股东权益平均总额=（期初股东权益+期末股东权益）/2

## 10.1.2 比率分析表的创建

为了综合反映财务比率的情况，用户可以制作表格，将4种指标汇总到一张表格中，综合反映企业的财务状况。下面将介绍比率分析表的创建过程。

**步骤 01** 新建工作表，将其命名为"财务比率分析表"，在其中输入表标题、指标名称，并设置其格式。

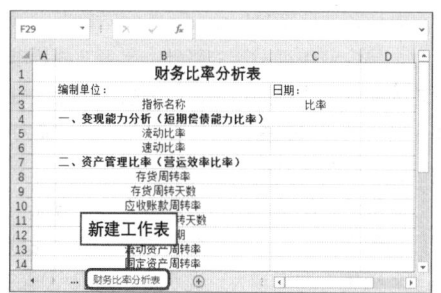

**步骤 02** 选中B3:C25单元格区域，打开"开始"选项卡，单击"样式"选项组中的"条件格式"按钮，从弹出的下拉列表中选择"新建规则"选项。

**步骤 03** 弹出"新建格式规则"对话框，在"选择规则类型"列表框中选择"使用公式确定要设置格式的单元格"选项。

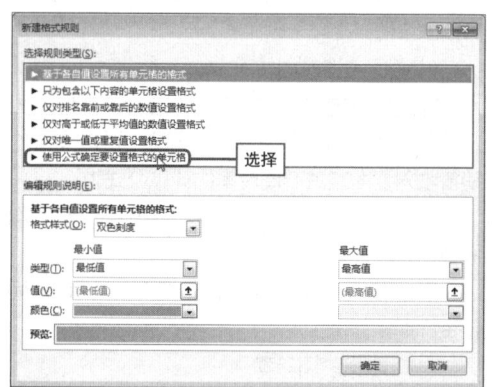

**步骤 04** 在"为符合此公式的值设置格式"文本框中输入公式"=mod(row(),2)=1"，单击"格式"按钮。

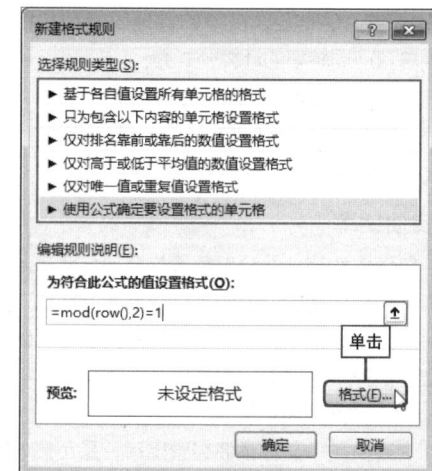

步骤05 弹出"设置单元格格式"对话框,打开"填充"选项卡,单击"填充效果"按钮。

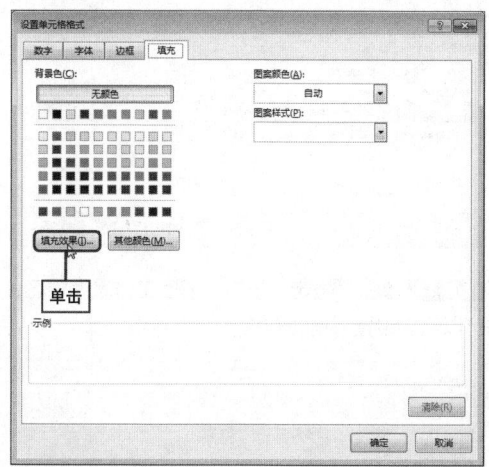

步骤06 弹出"填充效果"对话框,在"颜色"选项区域中选择合适的颜色,在"底纹样式"选项区域中选择"水平"单选按钮,在"变形"选项区域中选择合适的变形样式。

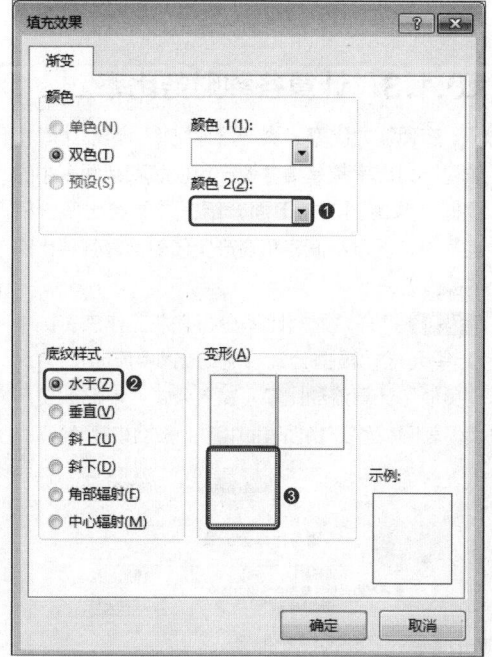

步骤07 单击"确定"按钮后,返回"设置单元格格式"对话框,可以在"示例"区域中看到设置的效果。

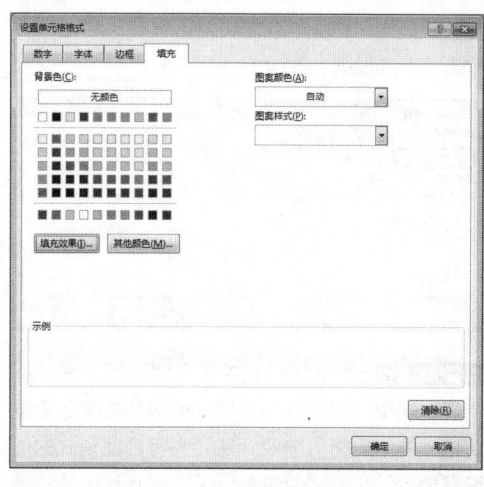

步骤08 单击"确定"按钮后,返回"新建格式规则"对话框,在"预览"区域中可以看到设置后的效果,再次单击"确定"按钮。

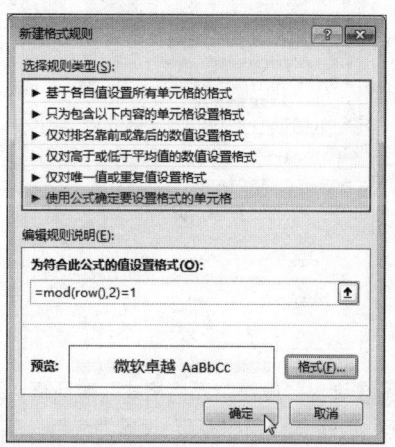

步骤09 此时选中单元格区域中奇数行就被设置了底纹。单击"条件格式"下拉按钮,从弹出的下拉列表中选择"管理规则"选项。

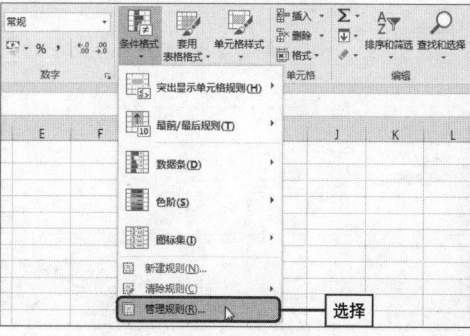

步骤 10 弹出"条件格式规则管理器"对话框,单击"新建规则"按钮。

步骤 11 弹出"新建格式规则"对话框,在"选择规则类型"列表框中选择"使用公式确定要设置格式的单元格"选项,在"为符合此公式的值设置格式"文本框中输入公式"=$b3<>""",单击"格式"按钮。

步骤 12 弹出"设置单元格格式"对话框,打开"边框"选项卡,将边框颜色设置为灰色,在"样式"列表框中选择合适的线条样式,单击"外边框"按钮。

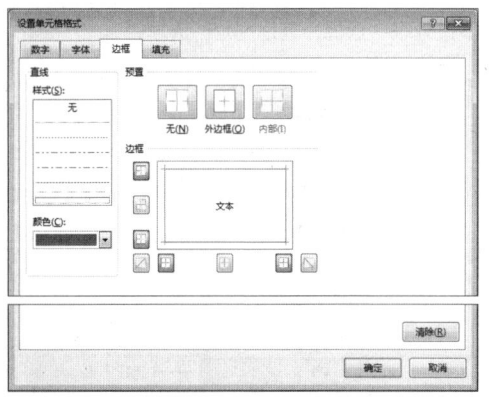

步骤 13 依次单击"确定"按钮,返回"条件格式规则管理器"对话框,可以看到添加的条件格式。

步骤 14 单击"确定"按钮,返回工作表编辑区,可以看到设置好的工作表。

## 10.1.3 计算各种财务比率

变现能力比率、资产管理比率、负债比率和盈利能力比率都是根据资产负债表和利润表中的数据计算得到的。下面介绍在"财务比率分析表"中,通过利润表和资产负债表计算各种比率的操作方法。

步骤 01 打开"财务比率分析表"工作表,选中C5单元格,根据公式"流动比率=流动资产/流动负债"计算流动比率,输入公式"=ABS(资产负债表!D12/资产负债表!H10)",按回车键确认。

**操作提示**

由于资产负债表中负债和所有者权益记在贷方,以负数显示,所以公式中使用ABS函数取绝对值。

**步骤02** 选中C6单元格,根据公式"速动比率=(流动资产-存货)/流动负债",输入计算速动比率公式"=ABS((资产负债表!D12-资产负债表!D11)/资产负债表!H10)",按回车键确认。

**步骤03** 选中C8单元格,根据公式"存货周转率=销售成本/((期初存货余额+期末存货余额)/2)",输入计算存货周转率公式"=ABS(利润表!C5/((资产负债表!C11+资产负债表!D11)/2))",按回车键确认。

**步骤04** 选中C9单元格,根据公式"存货周转天数=360/存货周转率",输入计算存货周转天数公式"=360/C8",按回车键确认。

**步骤05** 选中C10单元格,根据公式"应收账款周转率=销售收入/((期初应收账款净额+期末应收账款金额)/2)",输入计算应收账款周转率公式"= ABS(利润表!C4/((资产负债表! C9+资产负债表!D9)/2))",按回车键确认。

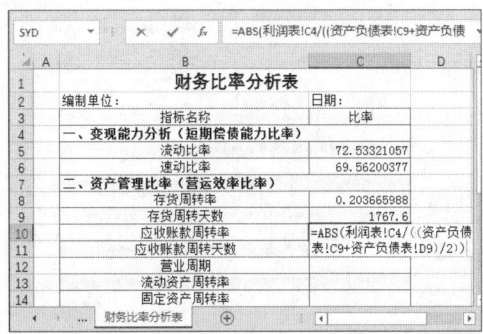

**步骤06** 选中C11单元格,根据公式"应收账款周转天数=360/应收账款周转率",输入计算应收账款周转天数的公式"=360/C10",按回车键确认。

**步骤07** 选中C12单元格,根据公式"营业周期=存货周转天数+应收账款周转天数",输入计算营业周期公式"=C9+C11",按回车键确认。

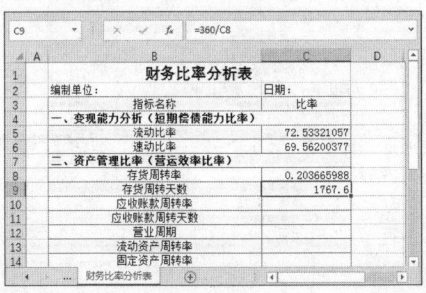

**步骤08** 选中C13单元格，根据公式"流动资产周转率=销售收入/((流动资产期初余额+流动资产期末余额)/2)"，输入计算流动资产周转率公式"=利润表!C4/((资产负债表!C12+资产负债表!D12)/2)"，按回车键确认。

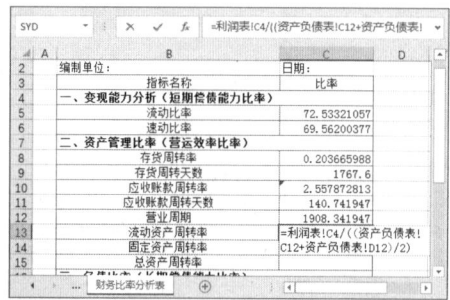

**步骤09** 选中C14单元格，根据公式"固定资产周转率=销售收入/((固定资产期初净值+固定资产期末净值)/2)"，输入计算固定资产周转率公式"=利润表!C4/((资产负债表!C17+资产负债表!D17)/2)"，按回车键确认。

**步骤10** 选中C15单元格，根据公式"总资产周转率=销售收入/((期初资产总额+期末资产总额)/2)"，输入计算总资产周转率公式"=利润表!C4/((资产负债表!C20+资产负债表!D20)/2)"，按回车键确认。

**步骤11** 选中C17单元格，根据公式"资产负债率=负债总额/资产总额"，输入计算资产负债率公式"=ABS(资产负债表!H14/资产负债表!D20)"，按回车键确认。

**步骤12** 选中C18单元格，根据公式"产权比率=负债总额/股东权益"，输入计算产权比率公式"=ABS(资产负债表!H14/资产负债表!H19)"，按回车键确认。

**步骤13** 选中C19单元格，根据公式"有形净值负债率=负债总额/(股东权益-无形资产净值)"，输入计算有形净值债务率公式"=ABS(资产负债表!H14/(资产负债表!H19-0))"，按回车键确认。

步骤 14 选中C20单元格,根据公式"已获利息倍数=息税前利润/利息费用",输入计算已获利息倍数的公式"=利润表!C9/利润表!C16",按回车键确认。

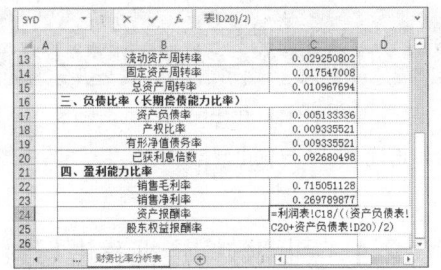

步骤 15 选中C22单元格,根据公式"销售毛利率=(销售收入-销售成本)/销售收入净额",输入计算销售毛利率公式"=(利润表!C4-利润表!C5)/利润表!C4",按回车键确认。

步骤 16 选中C23单元格,根据公式"销售净利率=净利润/销售收入净额",输入计算销售净利率公式"=利润表!C18/利润表!C4",按回车键确认。

步骤 17 选中C24单元格,根据公式"资产报酬率=净利润/平均资产总额",输入计算资产报酬率公式"=利润表!C18/((资产负债表!C20+资产负债表!D20)/2)",按回车键确认。

步骤 18 选中C25单元格,根据公式"股东权益报酬率=净利润/((期初股东权益+期末股东权益)/2)",输入计算股东权益报酬率公式"=ABS(利润表!C18/((资产负债表!C19+资产负债表!D19)/2))",按回车键确认。

步骤 19 选中C5:C6、C8:C15、C17:C20和C22:C25单元格区域,将其单元格格式设置为数值格式,小数位数设置为2。

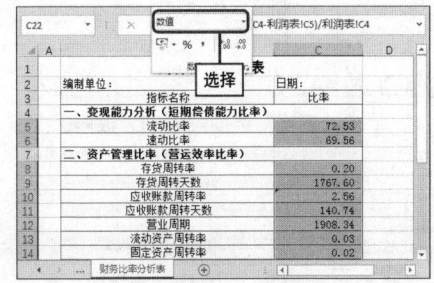

步骤 20 查看设置后的效果。

## 10.2 财务对比分析

财务对比分析是通过将企业的财务比率与标准财务比率进行对比，从而得出差距，再从差距中查找原因，这样可以帮助企业更好地进行经营管理。

### 10.2.1 利用数据透视表进行财务对比分析

数据透视表不仅具有分类汇总的能力，还可以添加字段，计算财务比率与标准比率之间的差异值。

下面将介绍使用数据透视表对财务比率进行对比分析的操作方法。

**步骤01** 新建工作表，将其命名为"对比分析"，在其中构建财务对比分析表，输入标准值和实际值。

**步骤02** 选中A2:D14单元格，打开"插入"选项卡，单击"表格"选项组中的"数据透视表"按钮。

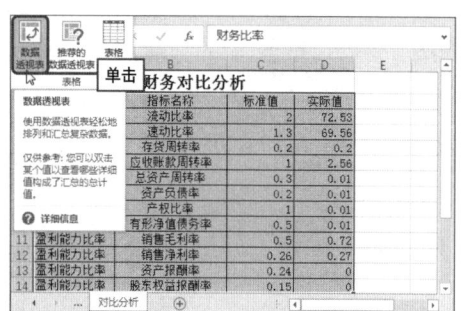

**步骤03** 弹出"创建数据透视表"对话框，核对所选区域是否正确，选中"新工作表"单选按钮，单击"确定"按钮。

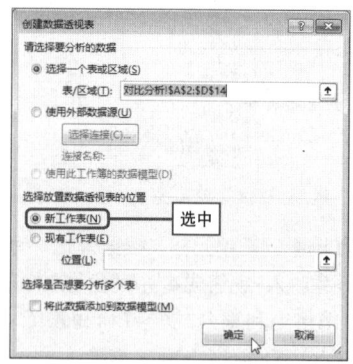

**步骤04** 弹出空白的数据透视表和"数据透视表字段"窗格，在"数据透视表字段"窗格中，将所需字段拖至合适的区域。

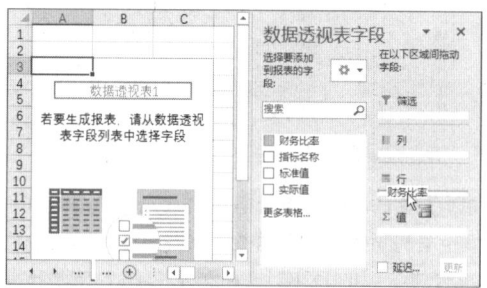

**步骤05** 关闭"数据透视表字段"窗格，单击数据透视表任意单元格，打开"数据透视表工具-设计"选项卡，单击"布局"选项组中的"报表布局"下拉按钮，从弹出的下拉列表中选择"以表格形式显示"选项。

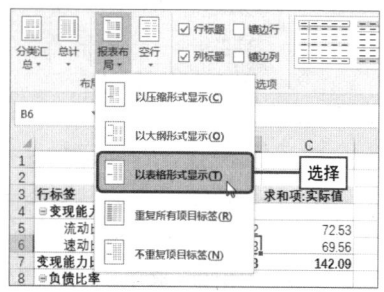

步骤 06 单击"布局"选项组中的"分类汇总"下拉按钮,从弹出的下拉列表中选择"不显示分类汇总"选项。

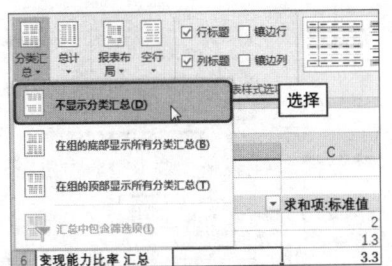

步骤 07 打开"数据透视表工具-分析"选项卡,单击"数据透视表"选项组中的"选项"按钮。

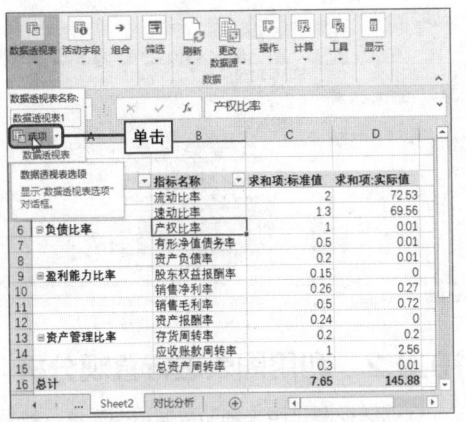

步骤 08 弹出"数据透视表选项"对话框,打开"布局和格式"选项卡,勾选"合并且居中排列带标签的单元格"复选框,单击"确定"按钮。

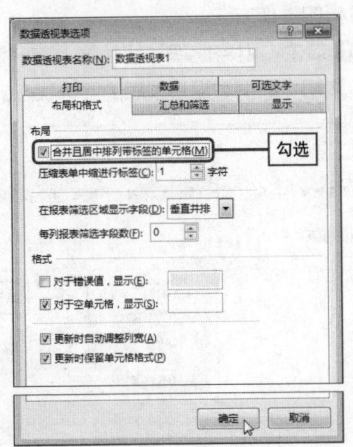

步骤 09 打开"数据透视表工具-分析"选项卡,单击"计算"选项组中的"字段、项目和集"下拉按钮,从弹出的下拉列表中选择"计算字段"选项。

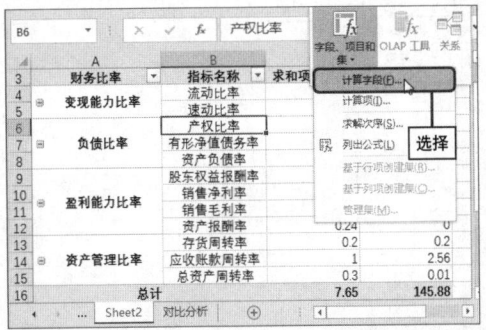

步骤 10 弹出"插入计算字段"对话框,在"名称"文本框中输入"差异",在"公式"文本框中输入公式"=实际值-标准值",单击"确定"按钮。

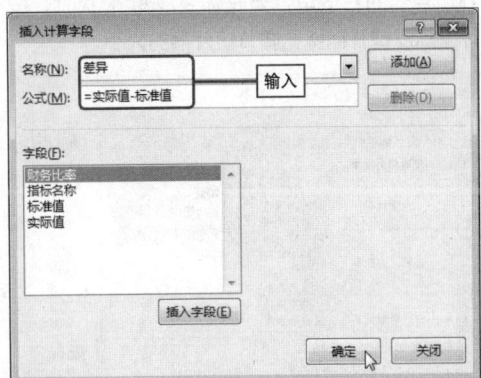

步骤 11 此时,数据透视表中就多了一个名为"差异"的字段。单击"筛选"选项组中的"插入切片器"按钮。

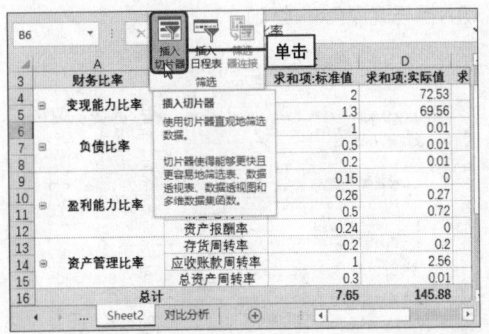

**步骤 12** 弹出"插入切片器"对话框，勾选"财务比率"复选框，单击"确定"按钮。

**步骤 13** 弹出"财务比率"切片器，将光标移动到切片器的右下角，当光标变成形状时，按住鼠标左键并拖曳，调节切片器的大小。

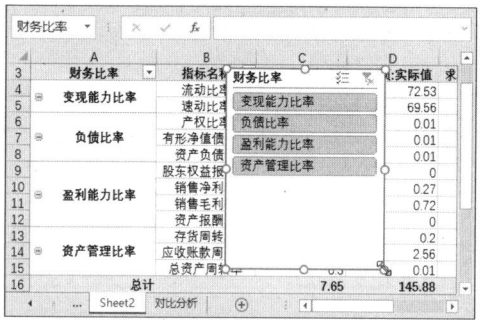

**步骤 14** 选中切片器，打开"切片器工具-选项"选项卡，单击"切片器样式"选项组中的"其他"按钮，从弹出的下拉列表中选择"浅黄，切片器样式深色4"选项。

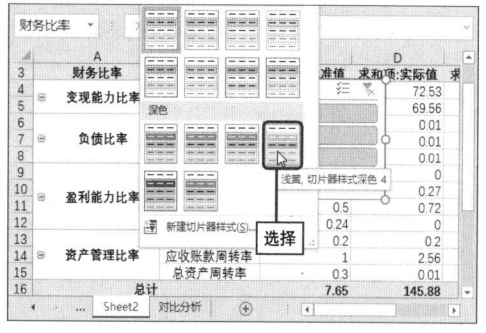

**步骤 15** 设置好切片器样式后，选择切片器中"盈利能力比率"选项。

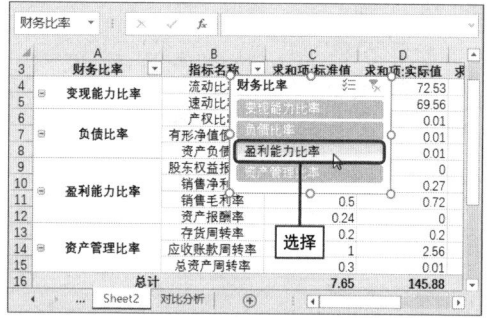

**步骤 16** 即可对数据透视表中的数据进行筛选，查看最终效果。

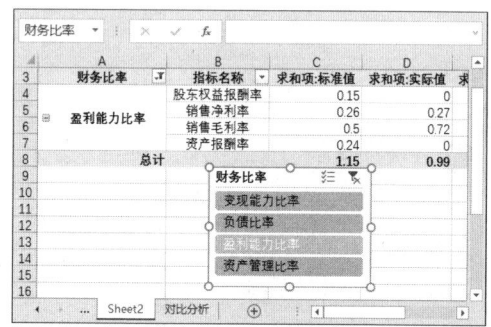

## 10.2.2 利用图表进行直观分析

数据透视图是用来辅助数据透视表进行数据分析的，使用数据透视图可以使数据透视表中的数据更加直观地显示出来，也更加容易进行比较。下面将介绍使用数据透视图对财务比率进行对比分析的操作方法。

**步骤 01** 单击"财务比率"切片器上的"清除筛选器"按钮，取消数据透视表的筛选状态。

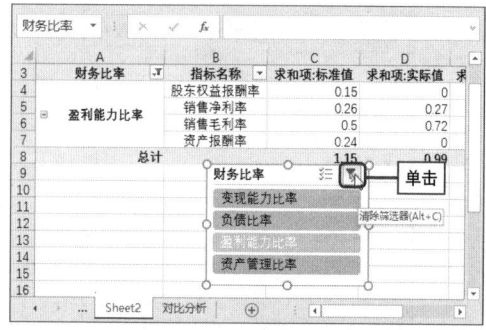

步骤 02 打开"数据透视表工具-分析"选项卡,单击"工具"选项组中的"数据透视图"按钮。

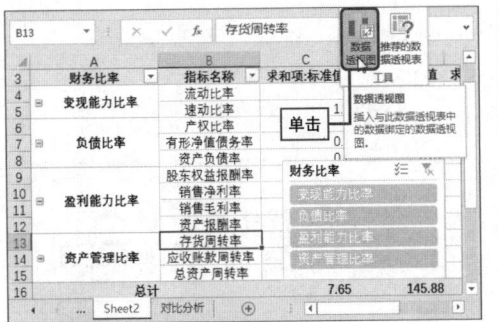

步骤 03 弹出"插入图表"对话框,选择"折线图>带数据标记的折线图"选项。

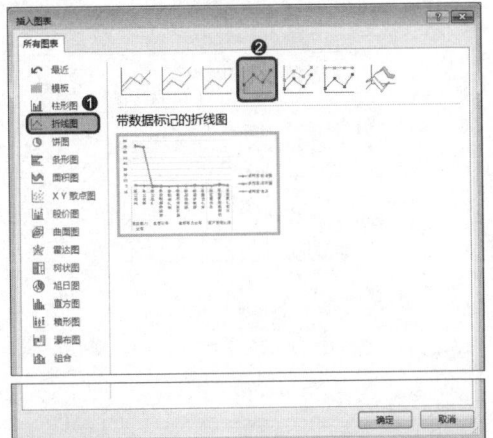

步骤 04 单击"确定"按钮,创建常数据标记的折线数据透视图,在图上分别显示了各类指标的标准值、实际值和差异值。

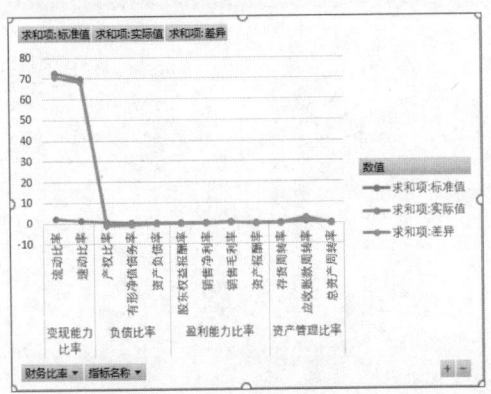

步骤 05 打开"数据透视图工具-分析"选项卡,单击"显示/隐藏"选项组中的"字段按钮"下拉按钮,从弹出的下拉列表中取消"显示值字段按钮"选项的勾选。

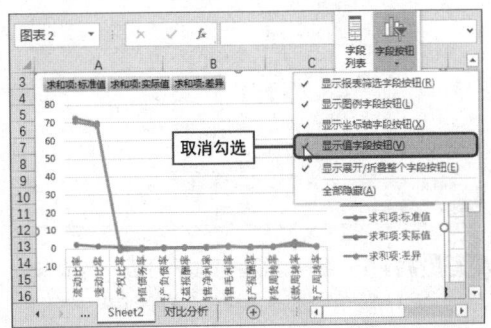

步骤 06 返回数据透视图,此时,值字段按钮就不显示了。接着为数据透视图添加标题为"财务比率对比分析"。

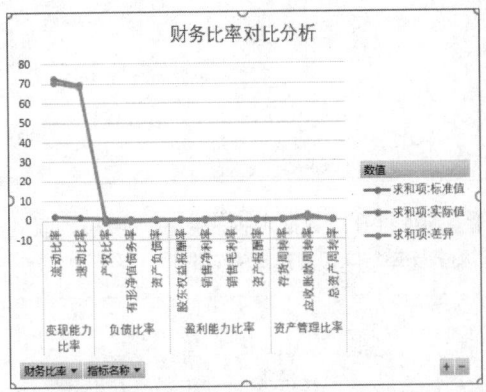

步骤 07 选中图例,按Delete键将其删除。打开"数据透视图工具-设计"选项卡,单击"图表布局"选项组中的"添加图表元素"下拉按钮,从弹出的下拉列表中选择"数据表>显示图例项标示"选项。

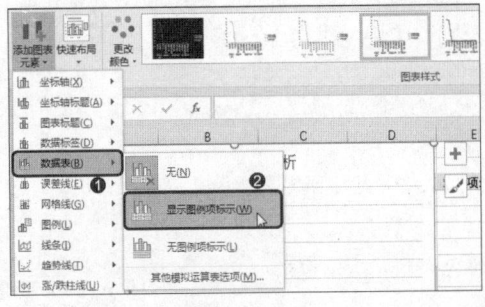

步骤 08 此时，数据透视图中添加了带图例项标示的数据表，在表中详细列出了各个比率的值。

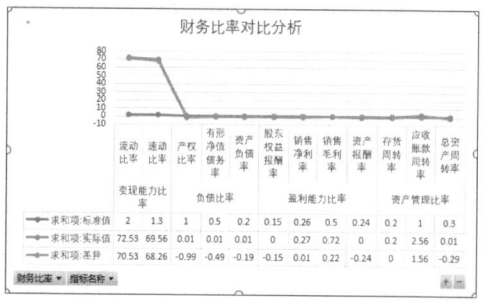

步骤 09 打开"数据透视图工具-分析"选项卡，单击"显示/隐藏"选项组中的"字段列表"按钮。

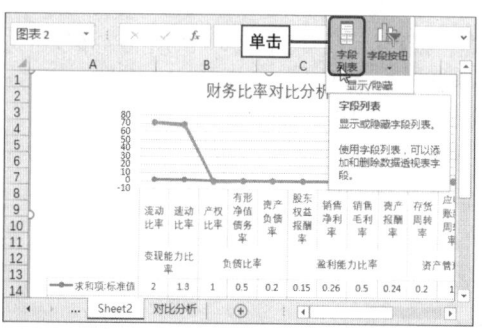

步骤 10 打开"数据透视表字段"窗格，取消"财务比率"字段复选框的勾选。

步骤 11 此时，在数据透视图上财务比率字段就消失了。选择财务比率切片器中的"盈利能力比率"选项。

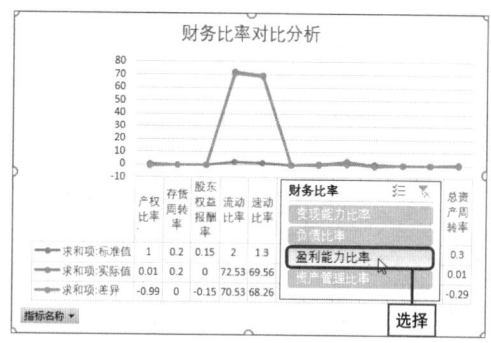

步骤 12 此时，在数据透视图上就只显示关于盈利能力的4个财务指标的值。通过切片器也可以对数据透视图进行筛选分析。

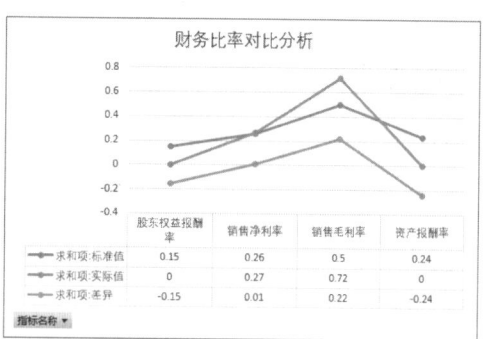

# 10.3 杜邦分析

杜邦分析法是利用几种主要财务比率之间的关系来综合地分析企业的财务状况。具体来说，它是一种用来评价公司盈利能力和股东权益回报水平，并从财务角度评价企业绩效的一种经典方法。杜邦分析法有助于企业管理层更加清晰地看到权益基本收益率的决定因素，以及销售净利润与总资产周转率、债务比率之间的相互关联关系，给管理层提供了一张明晰考察公司资产管理效率和是否最大化股东投资回报的路线图。

## 10.3.1 初识杜邦分析体系

杜邦分析法利用几种重要的财务比率之间的关系来综合的分析企业的财务状况，这种分析方法最早由美国杜邦公司使用，故名杜邦分析法。杜邦分析法是将净资产收益率分解为三部分进行分析，这三部分分别是利润率、总资产周转率和财务杠杆。

### 1 分析的基本思路

（1）净资产收益率是一个综合性最强的财务分析指标，是杜邦分析系统的核心。

（2）资产净利率是影响权益净利率的最重要指标，具有很强的综合性，而资产净利率取决于销售净利率和总资产周转率的高低。总资产周转率是反映总资产的周转速度。对于资产周转率的分析，需要对影响资产周转的各因素进行分析，以判明影响公司资产周转的主要问题在哪里。销售净利率反映销售收入的收益水平。扩大销售收入，降低成本费用是提高企业销售利润率的根本途径，而扩大销售，同时也是提高资产周转率的必要条件和途径。

（3）权益乘数表示企业的负债程度，反映了公司利用财务杠杆进行经营活动的程度。资产负债率高，权益乘数就大，这说明公司负债程度高，公司会有较多的杠杆收益，但风险也高，反之，资产负债率低，权益乘数就小，这说明公司负债程度低，公司会有较少的杠杆利益，但相应所承担的风险也低。

### 2 涉及的财务指标

（1）净资产收益率=资产净利率×权益乘数
=销售净利率×资产周转率×权益乘数

（2）资产净利率 = 销售净利率×总资产周转率

（3）权益乘数 =1/（1-资产负债率）

（4）净资产收益率 =（利润总额/销售收入）×（销售收入/总资产）×（总资产/总权益）

### 3 分析步骤

（1）从权益报酬率开始，根据会计资料，主要是资产负债表和利润表，逐步分解计算各指标。

（2）将计算出的指标填入杜邦分析图。

（3）逐步进行前后期比较分析，也可以进一步进行企业间的横向比较分析。

## 10.3.2 利用杜邦指标进行分析

下面将详细介绍杜邦分析图的创建过程。

**步骤 01** 新建工作表，将其命名为"杜邦分析"，在其中构建杜邦分析模型的基本框架，设置字体格式和边框。

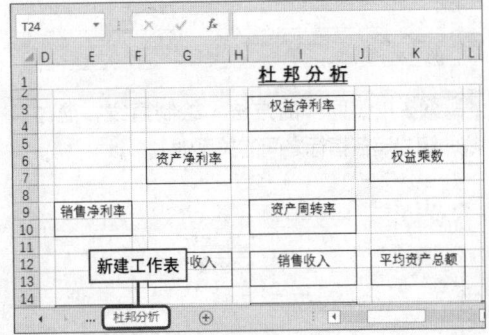

**步骤 02** 打开"插入"选项卡，单击"插图"选项组中的"形状"按钮，从弹出的下拉列表中选择"直线"选项。

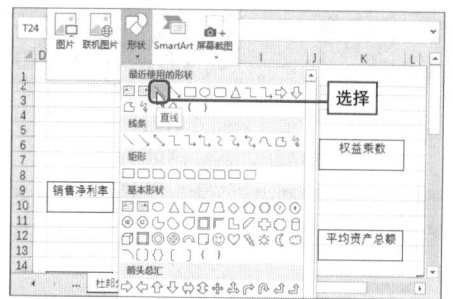

**步骤03** 此时，光标变成+形状，按住鼠标左键不放并拖动，绘制直线。

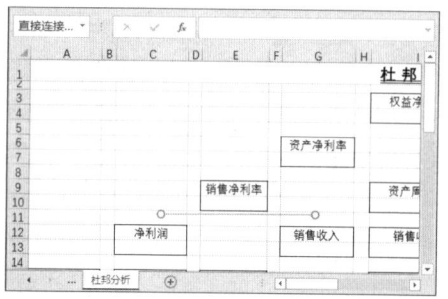

**步骤04** 复制直线，然后将光标放置到直线右端的控制点上，按住鼠标左键，待光标变成十字形状时拖动，可以调整直线的长短和方向。

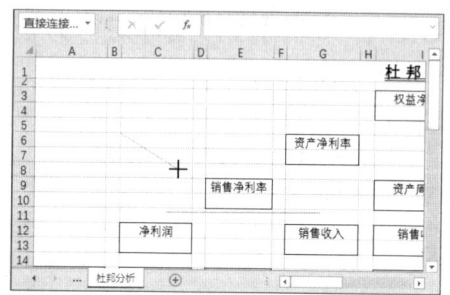

**步骤05** 按照同样的方法，绘制直线，通过直线，建立起各指标之间的关系图。

**步骤06** 按住Ctrl键，同时选中插入的直线，打开"绘图工具-格式"选项卡，单击"排列"选项组中的"组合"按钮，从弹出的下拉列表中选择"组合"选项。

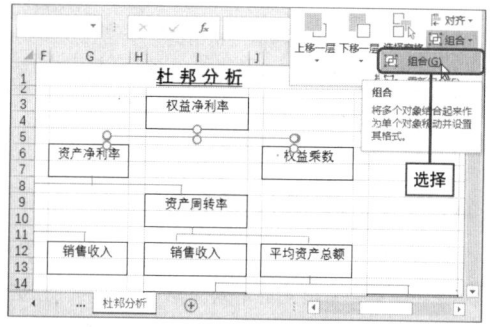

**步骤07** 按照同样的方法，组合其他直线，然后选中所有的组合。

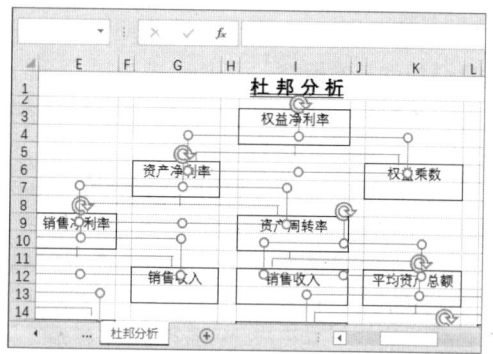

**步骤08** 打开"绘图工具-格式"选项卡，单击"形状样式"选项组中的"其他"按钮，从弹出的下拉列表中选择"细线-深色1"选项。

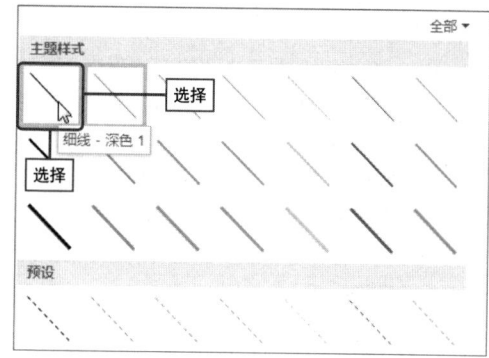

**步骤09** 选中A16单元格，在其中输入公式"=利润表!C4"，按回车键确认。

**步骤10** 使用同样的方法，引入利润表和资产负债表中的数据。

**步骤11** 选中C16单元格，根据"全部成本=销售成本+销售费用+管理费用+财务费用"，输入计算全部成本的公式"=A19+C19+E19+G19"，按回车键确认。

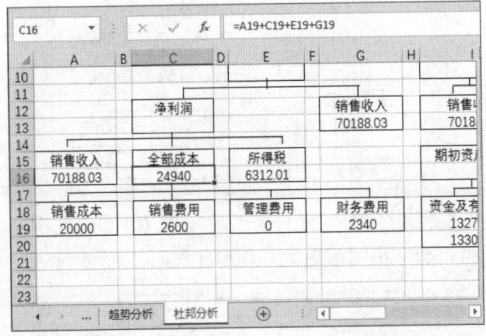

**步骤12** 选中C13单元格，根据"净利润=销售收入-全部成本-所得税"，输入计算净利润公式"=A16-C16-E16"，按回车键确认。

**步骤13** 选中E10单元格，根据"销售净利率=净利润/销售收入净额"，输入计算销售净利率公式"=C13/G13"，按回车键确认。

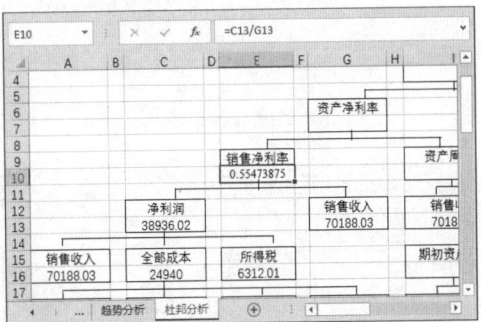

**步骤14** 选中I16单元格，根据"期初资产总额=资金及有价证券期初余额+应收账款净额期初余额+存货期初余额+固定资产净值期初余额"，输入计算期初资产总额的公式"=I19+K19+M19+O19"，按回车键确认。

**步骤15** 选中M16单元格，根据"期末资产总额=资金及有价证券期末余额+应收账款净额期末余额+存货期末余额+固定资产净值期末余额"，输入计算期末资产总额的公式"=I20+K20+M20+O20"，按回车键确认。

**步骤16** 选中K13单元格，根据"平均资产总额=（期初资产总额+期末资产总额）/2"，输入计算平均资产总额公式"=(I16+M16)/2"，按回车键确认。

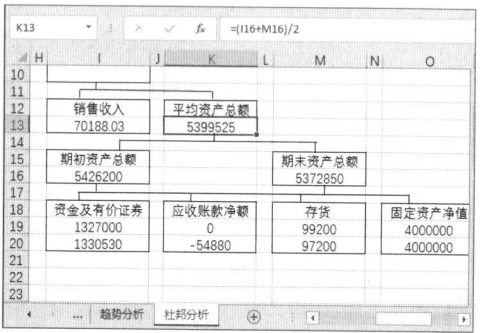

**步骤17** 选中I10单元格，根据"总资产周转率=销售收入/平均资产总额"，输入计算资产周转率公式"=I13/K13"，按回车键确认。

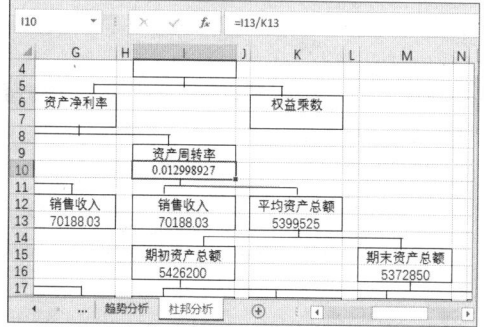

**步骤18** 选中G7单元格，根据"资产净利率=销售净利率×总资产周转率"，输入计算资产净利率公式"=E10*I10"，按回车键确认。

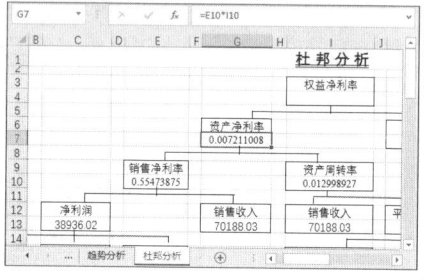

**步骤19** 选中K7单元格，根据"权益乘数=1/（1-资产负债率）"，输入计算权益乘数公式"=1/(1-ABS(资产负债表!H14/资产负债表!D20))"，按回车键确认。

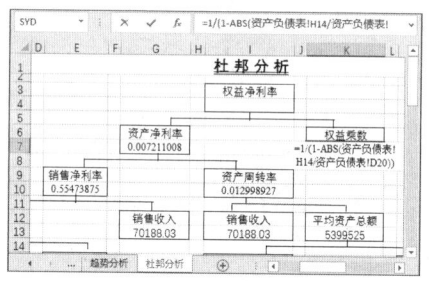

**步骤20** 选中I4单元格，根据"权益净利率=资产净利率×权益乘数"，输入计算权益净利率公式"=G7*K7"，按回车键确认。

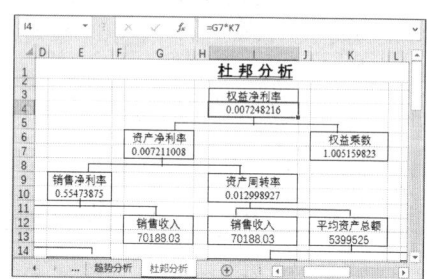

**步骤21** 选中I4、G7、K7、E10和I10单元格，将其数字格式设置为"百分比"。

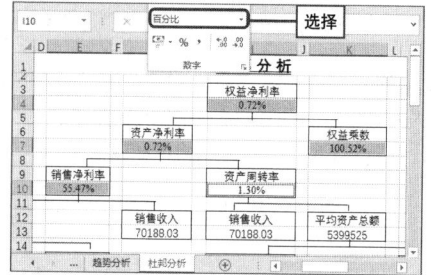

步骤22 将其余包含数字的单元格格式设置为"会计专用"。

步骤23 将光标移动到状态栏中的缩放滑块上,将显示比例设置为80%,然后打开"视图"选项卡,在"显示"选项组中取消"网格线"复选框的勾选,查看最终效果。

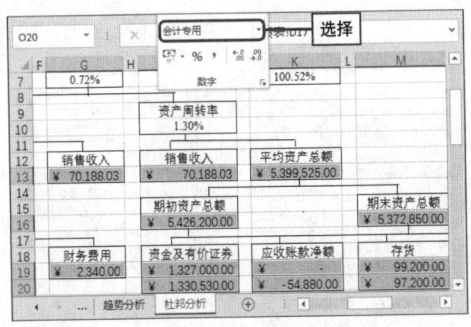

## 10.4 日常业务预算

财务预算是指企业在计划期内反映有关现金收支、经营成果和财务状况的预算。财务预算实际上就是对企业整体的预算,财务预算包括销售预算、生产预算、现金预算等。

### 10.4.1 销售预算

销售预算一般是企业生产经营全面预算的编制起点,生产、材料采购、存货费用等方面的预算,都要以销售预算为基础。销售预算是一个财务计划,它包括完成销售计划的每一个目标所需要的费用,以此来保证公司销售利润的实现。

下面将介绍销售预算表的创建过程。

步骤01 单击"新工作表"按钮,新建工作表,将工作表命名为"销售预算表"。

步骤02 在工作表中输入基本数据,设置其格式,并为表格添加边框。

步骤03 选中D3单元格,在其中输入公式"=B3*C3",按回车键确认,计算预计的销售收入。

步骤04 选中D3:D14单元格区域,打开"开始"选项卡,单击"编辑"选项组中的"填充"下拉按钮,从弹出的下拉列表中选择"向下"选项。

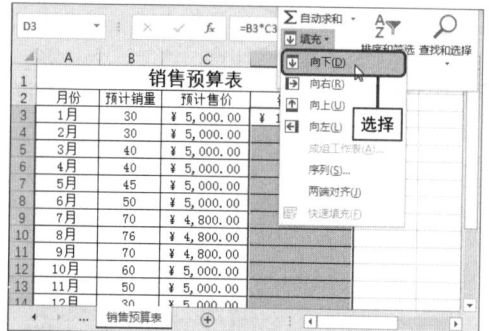
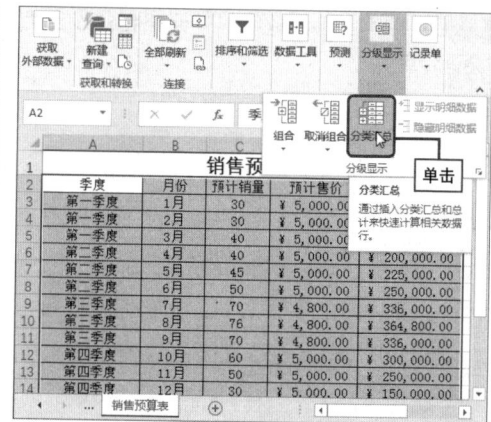

**步骤 05** 选中表格第一列，然后单击鼠标右键，从弹出的快捷菜单中选择"插入"命令。

**步骤 06** 在工作表中插入一列，在其中按照季度输入"第一季度"、"第二季度"等，并为其添加边框。

**步骤 07** 选中A2:E14单元格区域，打开"数据"选项卡，单击"分级显示"选项组中的"分类汇总"按钮。

**步骤 08** 弹出"分类汇总"对话框，在"分类字段"下拉列表中选择"季度"选项，在"选定汇总项"列表框中勾选"预计销量"、"销售收入"复选框，取消勾选"替换当前分类汇总"复选框，其他保持默认设置。

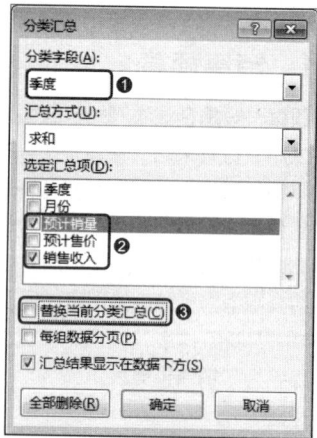

**步骤 09** 单击"确定"按钮，返回工作表编辑区后，可以看到系统对工作表进行了分类汇总。

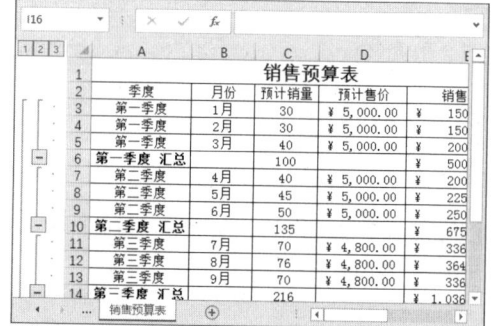

步骤10 单击 − 按钮，即可隐藏明细数据，查看显示汇总的季度和年份数据。

## 10.4.2 生产预算

生产预算是根据销售预算编制的，用来计划为满足预算的销售以及期末存货所需的资源。计划期间除必须有足够的产品以供销售之外，还必须考虑到计划期初和期末存货的预计水平，避免存货太多形成积压，或存货太少影响下期销售。

在生产预算表中，计划期初存货是财务人员预算出来的，期末存货量是根据销售趋势获得的。在本案例将按不高于20%的比例预留存货来介绍生产预算表的创建过程。

步骤01 新建名称为"生产预算表"的工作表，在其中构建生产预算表的基本框架，输入基本数据，设置其格式并添加边框。

步骤02 选中C3单元格，在其中输入公式"=销售预算表!C3"，按回车键确认。按照同样的方法，导入预算表中其他对应的数据。

步骤03 选中E3单元格，在其中输入公式"=INT(C3*0.2)"，按回车键确认，计算预计期末存货量。按照同样的方法，计算其他月份的预计期末存货量。

步骤04 在D3单元格中输入1月份的预计期初存货量后，选中D4单元格，在其中输入"=E3"，按回车键确认。向下填充公式，计算其他月份的预计期初存货量。

步骤05 选中F3单元格，输入公式"=C3+E3-D3"，按回车键确认，计算预计生产量。

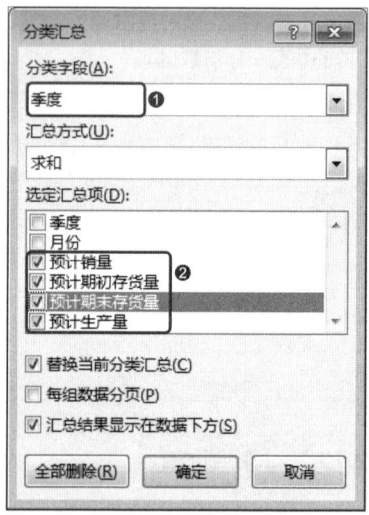

**步骤06** 将光标移动到F3单元格的右下角,当光标变成+形状时,按住鼠标左键不放,向下拖动填充公式。

**步骤07** 选中A2:F14单元格区域,打开"数据"选项卡,单击"分级显示"选项组中的"分类汇总"按钮。

**步骤08** 弹出"分类汇总"对话框,在"分类字段"下拉列表中选择"季度"选项,在"选定汇总项"列表框中选择"预计销量"、"预计期初存货量"、"预计期末存货量"和"预计生产量"复选框,其他保持默认设置。

**步骤09** 单击"确定"按钮,查看对工作表进行分类汇总的效果。选中A6:F6、A10:F10、A14:F14和A18:F19单元格区域,打开"开始"选项卡,单击"填充颜色"下拉按钮,从弹出的下拉列表中选择"红色"选项。

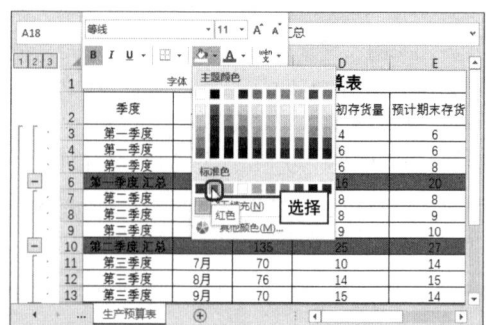

**步骤10** 此时,所有的汇总行都被填充了红色底纹。在表格中可以清晰地看到每个月、每个季度以及全年的预算情况。

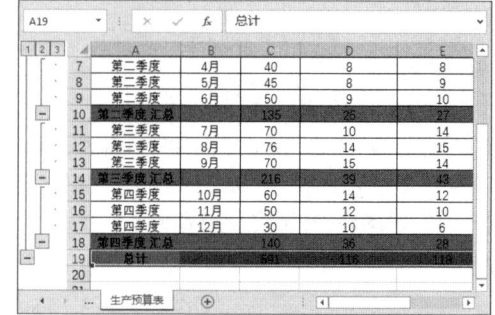

# 动手练习 | 制作采购预算表

通过对本章内容的学习，用户对使用Excel进行财务分析和财务预算有了一定的了解。下面通过制作采购预算表的操作过程，来温习前面所学的知识。

**步骤01** 新建名称为"材料采购"工作表，在其中构建采购预算表的基本框架，设置文本格式和表格边框样式。

**步骤02** 选中C3单元格，在其中输入公式"=生产预算表!F3"，按回车键确认。同样的方法，导入生产预算表中的其他数据。

**步骤03** 选中E3单元格，在其中输入公式"=D3*C3"，按回车键确认。然后将公式填充到下方的相关单元格中。

**步骤04** 选中G3单元格，在其中输入公式"= E3*0.15"，按回车键确认，计算预计期末存量。然后将公式填充到下方的相关单元格中。

**步骤05** 在F3单元格中输入1月份的预计期初存量。选中F4单元格，在其中输入"=G3"，按回车键确认。然后将公式填充到下方的相关单元格中。

**步骤06** 选中H3单元格，在其中输入公式"= E3+G3-F3"，按回车键确认，计算预计材料采购量。然后将公式填充到下方的相关单元格中。

**步骤 07** 输入单价数据，然后选中J3单元格，在其中输入公式"=I3*H3"，按回车键确认，计算预计采购金额。然后将公式填充到下方的相关单元格中。

**步骤 08** 选中A2:J14单元格区域，打开"数据"选项卡，单击"分级显示"选项组中的"分类汇总"按钮。

**步骤 09** 弹出"分类汇总"对话框，在"分类字段"下拉列表中选择"季度"选项，在"选定汇总项"列表框中勾选"生产需求量"、"预计期初存量"、"预计期末存量"、"预计材料采购量"和"预计采购金额"复选框，其他保持默认设置。

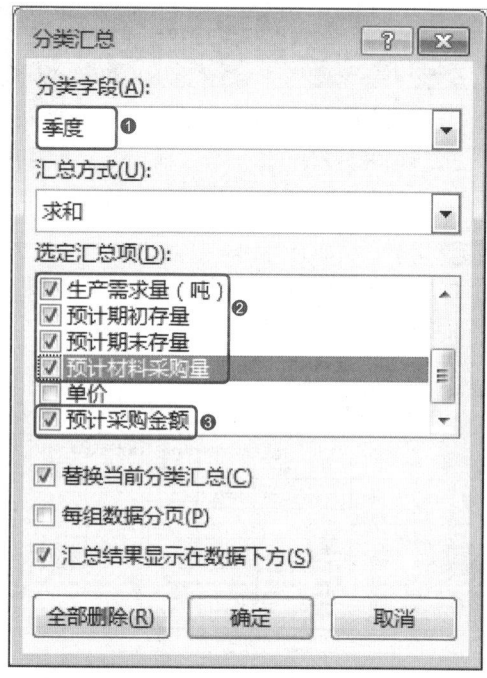

**步骤 10** 单击"确定"按钮，返回工作表编辑区，选中汇总行，将其单元格样式设置为"汇总"，查看最终效果。

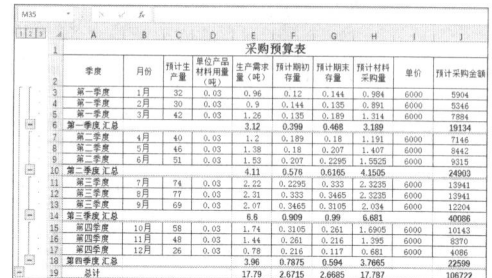

# 高手进阶｜创建财务分析导航页面

当一个工作簿中包含很多的工作表时，为了尽快找到指定的工作表，用户可以设置导航页面，通过超链接来进行定位。下面介绍创建财务分析导航页面的相关操作。

**步骤01** 新建工作表，将其命名为"财务分析导航"，打开"插入"选项卡，单击"插图"选项组中的SmartArt按钮。

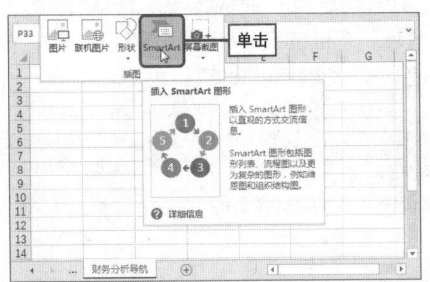

**步骤02** 弹出"选择SmartArt图形"对话框，从中选择"层次结构>水平多层层次结构"选项。然后单击"确定"按钮。

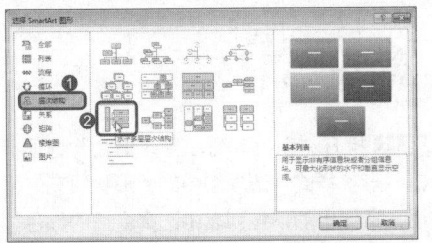

**步骤03** 创建SmartArt图形后，选中其中一个图形，打开"SmartArt工具-设计"选项卡，单击"创建图形"选项组中的"添加形状"按钮，从弹出的下拉列表中选择"在后面添加形状"选项。

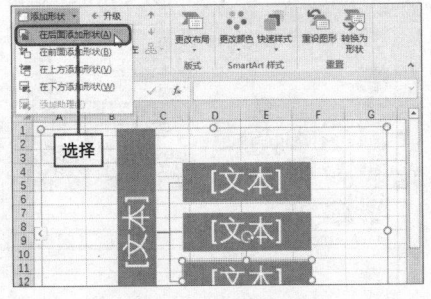

**步骤04** 此时，在选中图形的下方又添加了一个图形，在图形中输入文字。

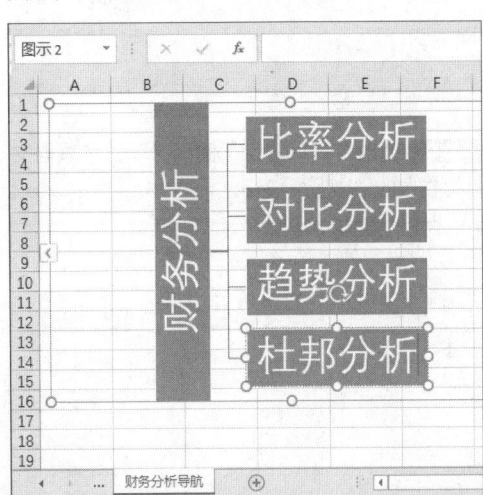

**步骤05** 打开"SmartArt工具-设计"选项卡，单击"更改布局"下拉按钮，从弹出的下拉列表中选择"圆形图片层次结构"选项。

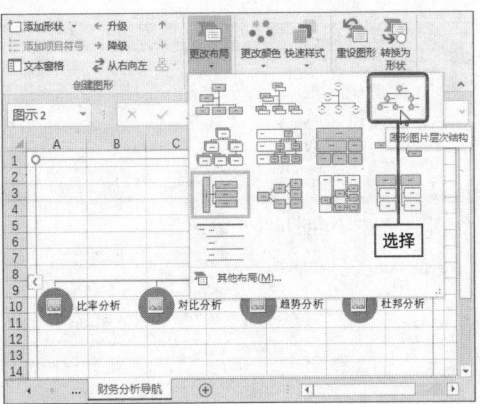

**步骤06** 此时，原先的SmartArt图形更改为带有图片的SmartArt图形，单击其中的图片占位符。

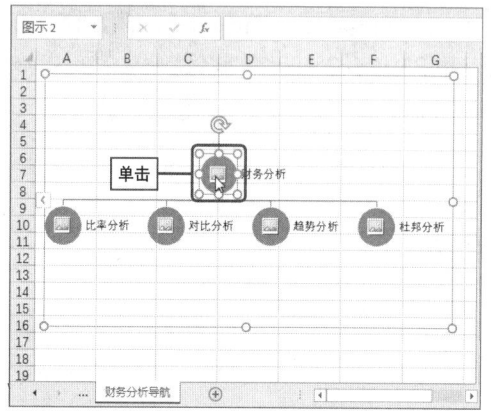

步骤07 弹出"插入图片"面板,单击"来自文件"右侧的"浏览"按钮。

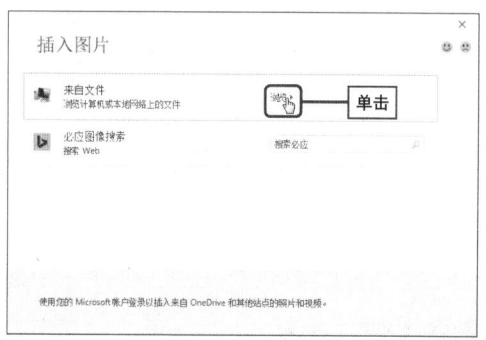

步骤08 弹出"插入图片"对话框,选择合适的图片,单击"插入"按钮。

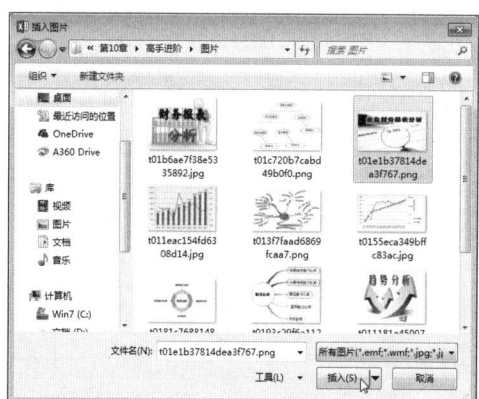

步骤09 按照同样的方法,为每个图形都添加图片,然后选中"财务分析"文本框,调整文本框的大小。同样的方法,调整其他图形的大小。

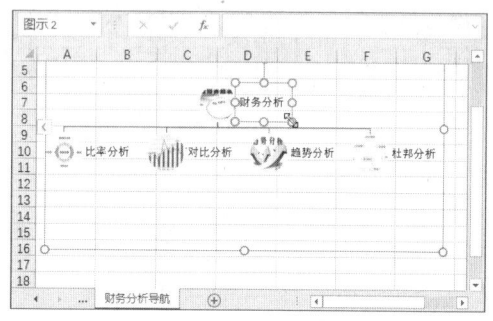

步骤10 单击"SmartArt样式"选项组中的"更改颜色"下拉按钮,从弹出的下拉列表中选择"彩色轮廓-个性色4"选项。

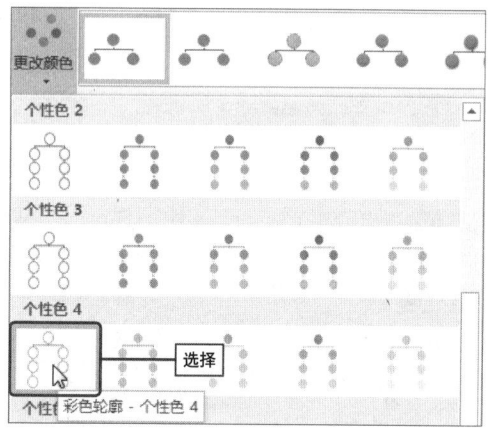

步骤11 打开"SmartArt工具-格式"选项卡,单击"形状样式"选项组中的"形状填充"下拉按钮,从弹出的下拉列表中选择合适的颜色,然后再次单击该按钮,从弹出的下拉列表中选择"渐变>从右下角"选项。

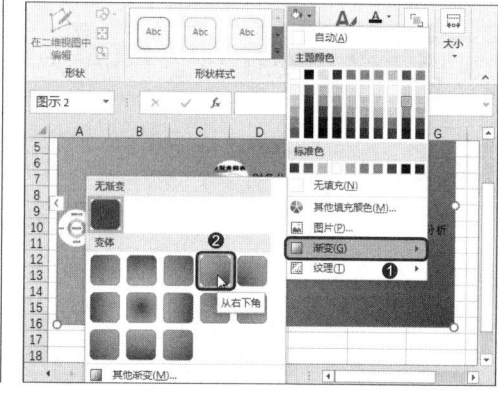

步骤 12 选中所有的文本框,单击"形状样式"选项组中的"其他"按钮,从弹出的下拉列表中选择"细微效果-蓝色,强调颜色1"选项。

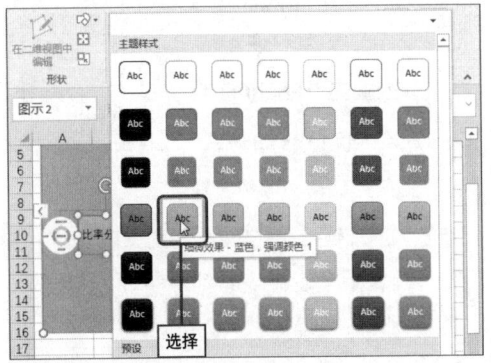

步骤 13 调整文本框的位置,然后选中所有的图片。

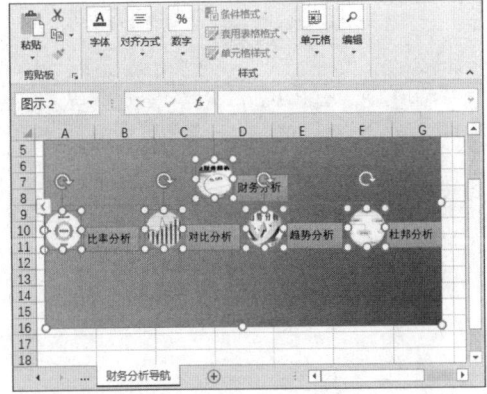

步骤 14 打开"图片工具-格式"选项卡,单击"图片样式"选项组中的"图片效果"下拉按钮,从弹出的下拉列表中选择"预设>预设2"选项。

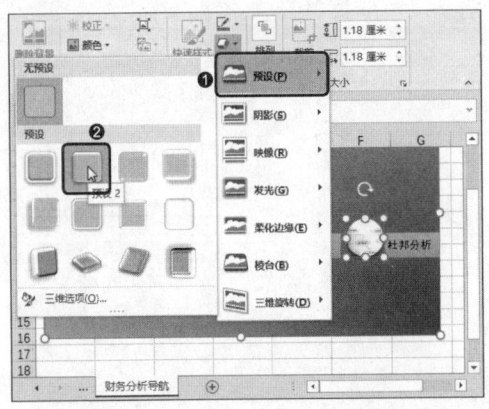

步骤 15 选中最左边的图片并单击鼠标右键,从弹出的快捷菜单中选择"链接"命令。

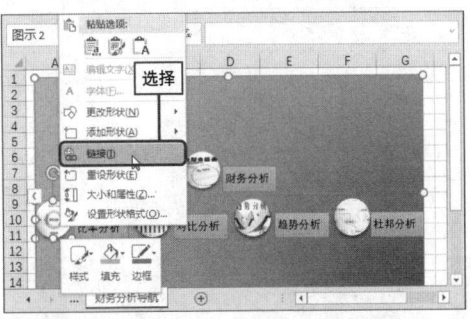

步骤 16 弹出"插入超链接"对话框,在"链接到"列表框中选择"本文档中的位置"选项,单击"屏幕提示"按钮。

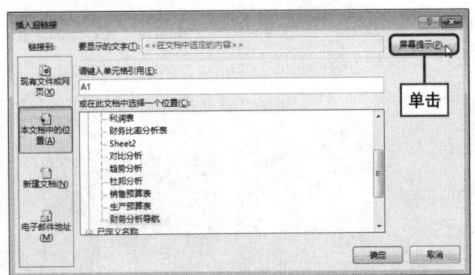

步骤 17 弹出"设置超链接屏幕提示"对话框,在"屏幕提示文字"文本框中输入"切换到'财务比率分析表'",单击"确定"按钮。

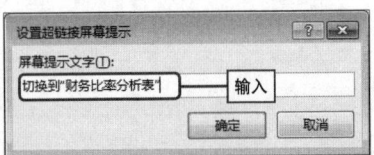

步骤 18 返回到"插入超链接"对话框,选择"或在此文档中选择一个位置"列表框中的"财务比率分析表"选项,单击"确定"按钮。

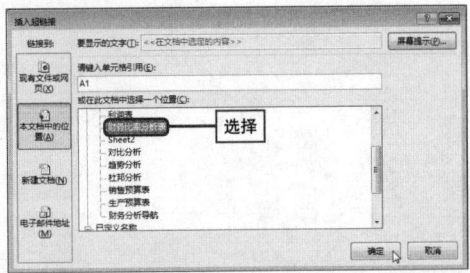

**步骤 19** 同样的方法，为其他图片也添加超链接。然后打开"SmartArt工具-设计"选项卡，单击"重置"选项组中的"转换为形状"按钮。

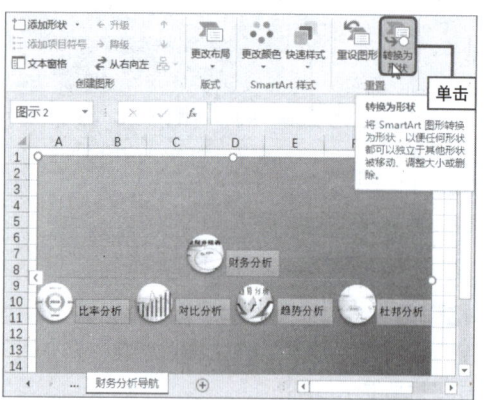

**步骤 20** 此时，将光标移动到添加了超链接的图片上，将显示屏幕提示信息。

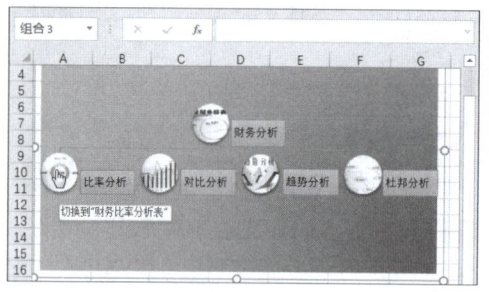

**步骤 21** 单击该图片，即可切换到对应的工作表，这里切换到了"财务比率分析表"工作表。

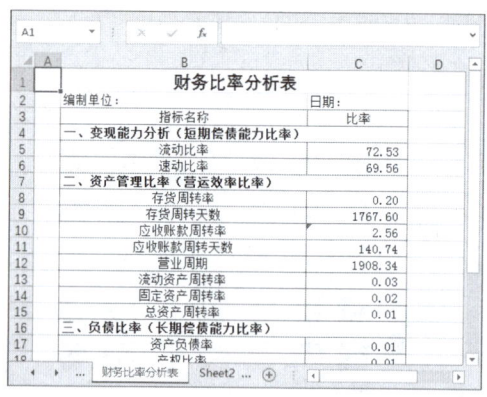

**步骤 22** 对图形进行适当的调整，查看制作财务分析导航的效果。

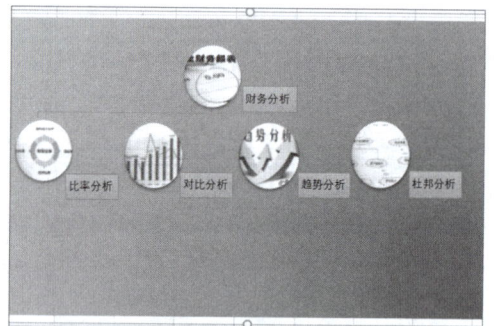